Ce livre est un petit ouvrage ~~xxxx~~ de M. Deprez de St. Sarin, sur la
fortification; l'année suivante 1736. Il en fit paroître un autre intitulé
d'attaq. et de la deffense des places suivant le système de Vauban

Nouuelle Ecole
Militaire Dedié a
Son Altesse Serenissime
Monseigneur le Prince de
Conty
Par P. S. Desprez de S.t Sauin Inge
nieur et professeur de mathemat.e
le Roux In.
Guilard Sculp.

NOUVELLE ECOLE MILITAIRE,

OU

LA FORTIFICATION MODERNE,

DIVISÉE EN QUATRE PARTIES,

ORNÉE DE CENT-CINQUANTE PLANCHES EN TAILLE-DOUCE;

CONTENANT

LA MANIERE D'APPRENDRE FACILEMENT LES FORTIFICATIONS, & tout ce qui en dépend, suivant les Siftêmes François, Efpagnols, Allemands, Italiens & Hollandois, avec Plans, Coupes, Profils & Elévations.

Les Marches & Conduite des Armées en général.

Les Diftributions & Conftructions des Lignes & Campemens des Troupes; la Conduite & Conftruction des Tranchées, des Sapes, Logement dans les Ouvrages, &c. pour les Siéges & Attaques des Places.

La Défenfe des Places contre toutes fortes de Siéges, Capitulations, Réditions, &c. Diftributions des Troupes pour combattre & la maniere de lemettre en bataille rangée.

Les Conftructions des différentes Mines, Fourneaux, &c. le tout avec des Plans, Coupes, Profils & Elévations.

Dédiée à S. A. S. Monfeigneur le Prince DE CONTY.

Par P. S. DESPREZ DE S. SAVIN, Ingénieur & Profeffeur des Mathématiques. *Vol. in-8°. Le prix eft de aouze livres, relié.*

A PARIS,

Chez P. G. LE MERCIER, Imprimeur-Libraire, ruë S. Jacques, au Livre d'or.

M. DCC. XXXV.

AVEC PRIVILEGE DU ROY.

A

SON ALTESSE SÉRÉNISSIME,

MONSEIGNEUR LE PRINCE DE CONTY,

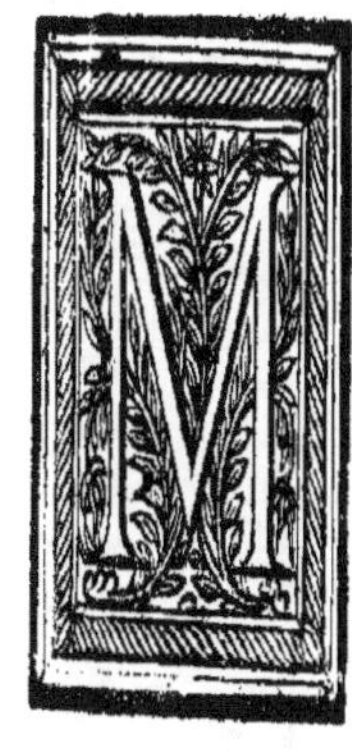

ONSEIGNEUR,

VOUS avez fait dès vos premieres années votre étude favorite de tout ce qui appartient à l'Art Militaire; & le Livre que j'ai l'honneur de presenter à Votre Altesse Serenissime,

ã

n'eſt qu'un Recueil des differentes parties des Fortifications que je vous expliquois, MONSEIGNEUR, dans votre enfance : votre pénétration auſſi juſte que vive , auſſi ſolide qu'étenduë, me donnoit un continuel exercice , auquel je dois tout le mérite de mon Ouvrage ; ſi l'on regarde comme quelque choſe de loüable , l'exactitude & la préciſion qui le caracteriſent : je ſuis avec le plus profond reſpect,

MONSEIGNEUR,

DE VOTRE ALTESSE SÉRÉNISSIME,

Le très-humble & très-obéïſſant ſerviteur
DESPREZ DE S. SAVIN.

TABLE DES MATIERES
CONTENUES DANS CE VOLUME.

PREMIERE PARTIE.

TABLE DES MATIERES.

TABLE DES MATIERES.

TABLE DES MATIERES.

SECONDE PARTIE.

TABLE DES MATIERES.

TABLE DES MATIERES.

L'Auteur professe les Fortifications & autres parties de Mathématique, il demeure ruë de Bussy, Fauxbourg S. Germain, chez un Marchand de Draps, au Nom de Jesus.

LA

LA NOUVELLE ECOLE MILITAIRE,

OU

LA FORTIFICATION MODERNE,

TANT RE'GULIERE QU'IRRE'GULIERE.

PREMIERE PARTIE.

TRAITE' DES FORTIFICATIONS.

PAR le mot de Fortification nous entendons non-feulement l'art de fortifier une Place, mais encore la maniere de l'attaquer & de la défendre; c'eft pourquoi nous diviferons ce Traité en quatre Parties.

La premiere comprendra la maniere de fortifier une Place, felon les différens fyftêmes.

La feconde, celle de l'attaquer.

La troifiéme, celle de la défendre.

La quatriéme & derniere Partie traitera de l'Artillerie & compofitions de différentes Mines, Fourneaux & Fougades.

A

DEFINITION DE LA FORTIFICATION,
& ce qu'elle étoit anciennement.

Fortifier une Place, c'est la renfermer, de maniere qu'avec un petit nombre d'homme on puisse résister à un plus grand, & l'obliger au moins, s'il s'en rend le maître, à y employer un tems considérable.

Les Places sont fortifiées ou par la nature, ou par l'art, ou par les deux ensemble.

Les Places qu'on a fortifié par l'art, l'ont été différemment, selon qu'elles ont eu à résister à différentes machines. Car d'abord ce fut assez d'environner une Place d'une simple muraille, lorsque les hommes n'avoient pas inventé de grosses machines pour les abattre ; mais lorsque l'on eut trouvé l'usage des Belliers, & de la Sape, l'on fût obligé de faire des murs plus forts, percez de crénaux & flanquez de Tours rondes & de quarrées.

Les Places & les Châteaux qui se trouvent être fortifiez de la sorte, sont dits être fortifiez à l'antique.

LEs tours & les murailles se trouverent trop foibles pour résister à la violence de la Poudre, que Berthole Schuart Cordelier, natif de la Comté de Bergue en Allemagne, inventa à Cologne environ l'an 1354. qui fut peu après suivie de celle du Canon, dont les premieres piéces commencerent à être mises en usage vers l'an 1379 ; ce qui obligea de fortifier plus exactement avec des murs, qu'on a fait extrêmement solides pour résister à la force du Canon ; & l'on a disposé les pans de ces murs en Bastions, ensorte qu'il ne se trouve aucune partie autour de la Place qui n'en soit défenduë. Enfin l'usage des Bombes a encore donné lieu à quelque augmentation aux Places fortifiées.

L'on divise la Fortification en plusieurs parties ; en offensive, défensive, naturelle, artificielle, ancienne, moderne, réguliere & irréguliere.

La Fortification offensive enseigne à un Général d'armée l'ordre qu'il doit tenir, tant pour la conduite de ses Troupes, que la maniere de les faire camper, assiéger, & prendre les Places.

La défensive fait connoître à un Gouverneur le fort & le foible de sa Place, aussi-bien que tout ce qui lui est nécessaire pour la défense de ses habitans.

La naturelle donne à l'Ingénieur la connoissance de l'avantage des lieux que la nature a fortifiez.

L'artificielle montre les ouvrages que les Ingénieurs doivent ajoûter pour suppléer aux défauts de la naturelle.

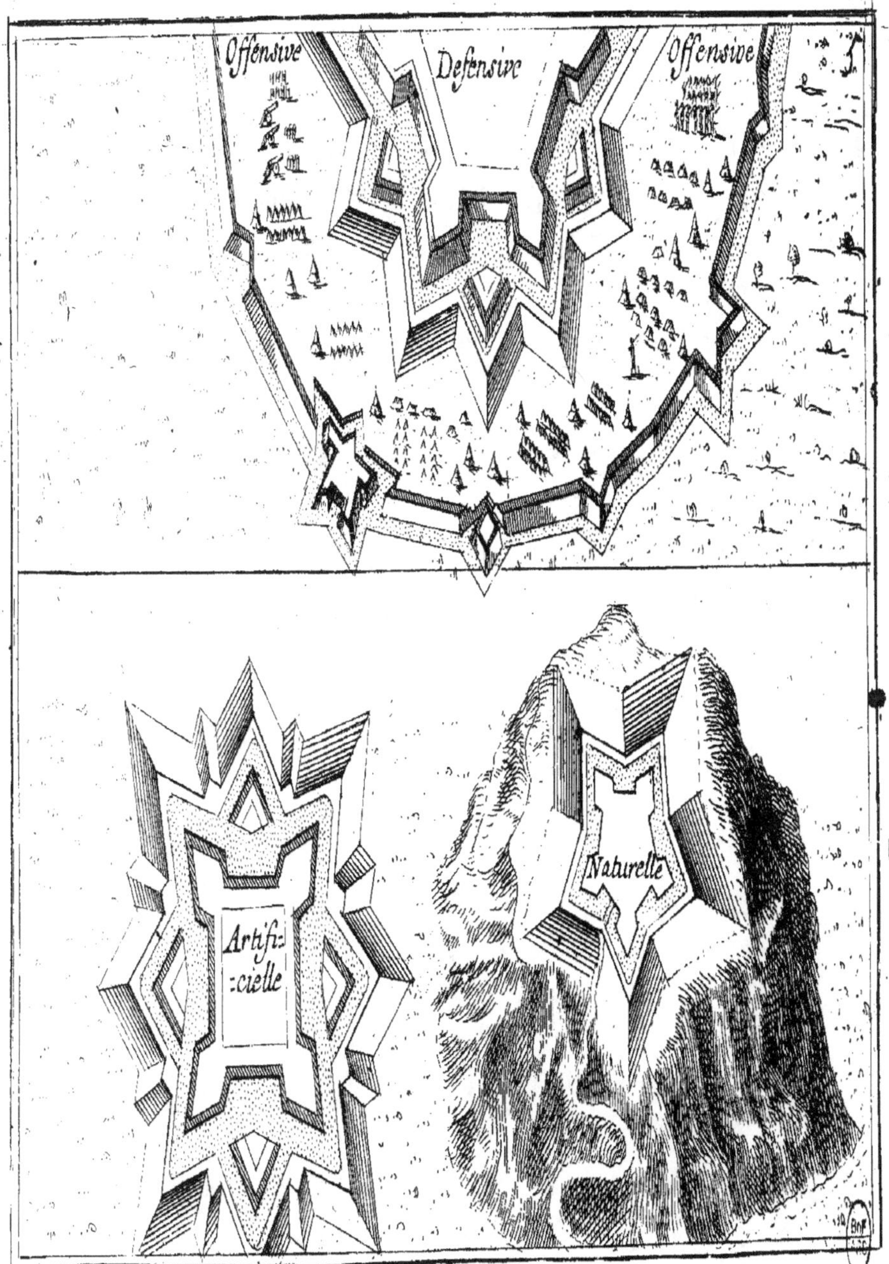
Offensive
Deffensive
Offensive
Artifi:-cielle
Naturelle

ancienne & moderne, réguliere & irréguliere.

LA Fortification ancienne repréfente les Places feulement environnées de Tours.

La moderne repréfente celles qui font fortifiées avec des Baftions.

La réguliere eft celle qui a tous fes côtez, Baftions, & angles correfpondans les uns aux autres, femblables & égaux.

L'irréguliere eft celle qui a fes côtez, Baftions, & angles correfpondans auffi les uns aux autres de différentes grandeurs.

Entre le corps de la Place on fait d'autres ouvrages au-delà de fon foffé, qui fervent à la couvrir, & que l'on nomme dehors.

Dans les grandes Villes ou dans celles dont les Habitans font fufpects au Prince, on fait des Citadelles & des Réduits pour les retenir dans leur devoir, & pour les garder avec moins de monde.

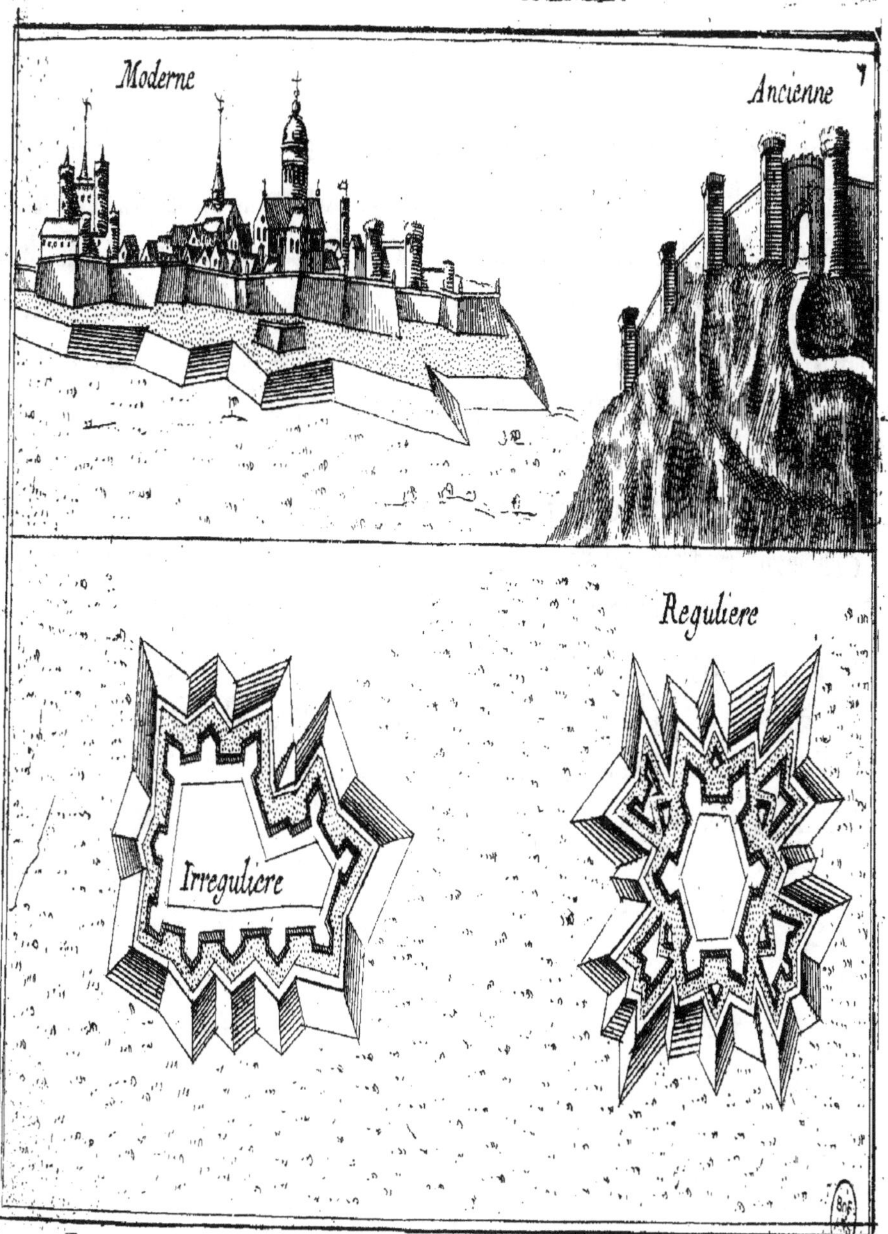
Moderne
Ancienne
Irreguliere
Reguliere

Cette partie de la Fortification est la plus difficile à concevoir de toute cette science ; mais aussi elle est la plus utile, puisqu'elle enseigne aux Gouverneurs les moyens d'entretenir leur Place, aux Intendans combien il faut faire de dépenses pour leurs élevations, & aux Ingénieurs quelle doit être la mesure qu'on y doit observer : En un mot, c'est elle qui traite de tous les matereaux & des frais qu'on est obligé de faire pour fortifier une Place, dont on représente ordinairement toutes les parties par une section ou profil. En voici les noms.

A B est la distance des maisons de la Ville au Rampart ; B C est la Base du Rampart par le bas.

D E est le sommet ou la largeur du Rampart par le haut ; B F est le Talus intérieur ou le penchant du Rampart en dedans de la Ville ; O C est le Talus extérieur ; F D est la hauteur du Rampart.

D I est le terreplein du Rampart ; I Q Q sont les Banquettes pour aider au Soldat à tirer par-dessus le parapet ; M E Q le parapet ; V G H L le fossé ; C Q la largeur du fossé par le haut ; V L est la largeur par le bas ; G N P H est la Cuvette ou Cunette ; Q R est le chemin couvert ; R T sont les Banquettes pour tirer par-dessus le glacis.

T S est le glacis ou esplanade.

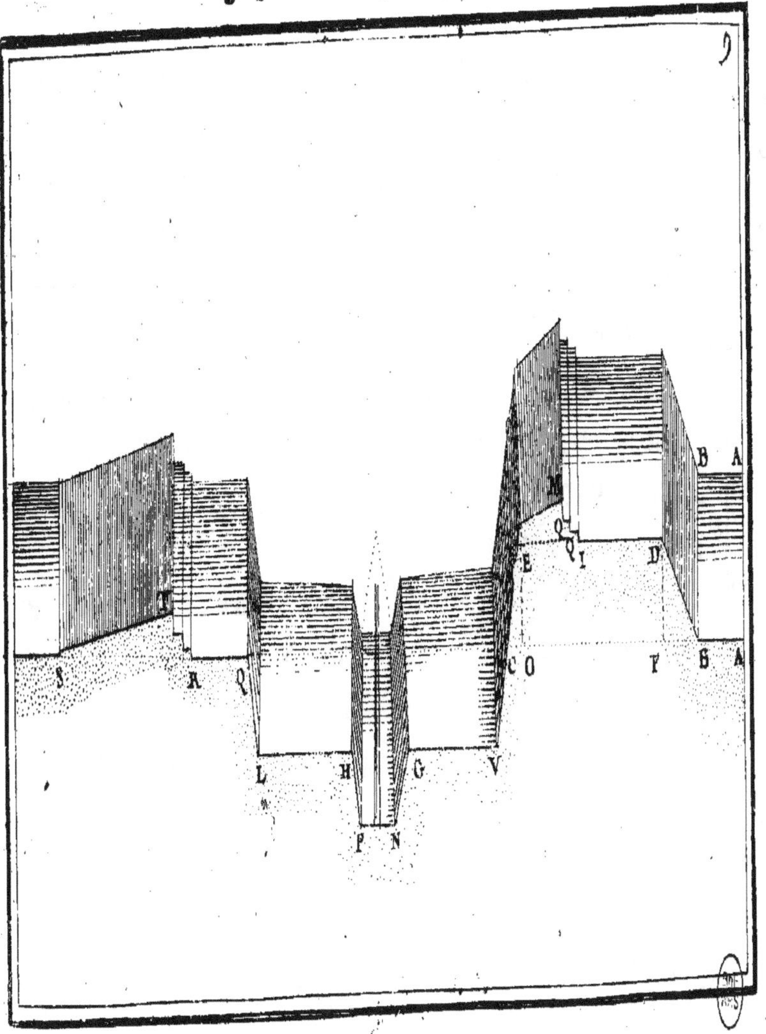
S
T
Q
A
Q
L
H
G
V
P N
C O
E
Q
I
M
F
B A
D
B A
B

DE quelque figure que foit une Place que l'on fortifie, on creufe ordinairement un foffé qui l'environne, & un autre qui environne les ouvrages qui font au-dehors de la Place ; & de la terre que l'on en tire, on forme du côté de la Ville une élevation, qu'on appelle Rampart. Sur le bord du foffé du côté de la campagne l'on fait un chemin qui eft couvert d'une petite hauteur avec quelques accompagnemens, & l'on donne à ce chemin & à fes accompagnemens le nom général de Contrefcarpe.

C'eft ce Rampart, ce Foffé & cette Contrefcarpe, que nous appellons la commune enceinte d'une Place, dont nous examinerons les ufages, pour en conclure les mefures & les circonftances dans lefquelles elle doit être conftruite, en ne confidérant point d'abord la figure que la Place doit avoir, pour fe bien défendre.

Cette fimple enceinte peut être repréfentée de plufieurs manieres ; fçavoir, en Plan ou Icnhographie, en Profil ou Ortographie, & en Elevation ou Secnhographie.

L E Plan eſt la repréſentation de la longueur & largeur de ſes parties , comme ſi on les avoit coupées parallélement à l'horiſon.

Les Ingénieurs prennent pour principal trait d'une Place les lignes qui paſſent par les ſommets des ouvrages, & ils appellent ce principal trait, ligne magiſtrale ; de ſorte que comme ces ſommets ſont tantôt au-deſſus du rez-de-chauſſée , ou ſur le rez-de-chauſſée, tantôt au-deſſous, cette ligne magiſtrale ou le principal trait dont ils ſe ſervent pour tracer ſur le terrain & ſur le papier, le Plan d'une Fortification , repréſente des lignes qui ſont dans des Plans différens à l'égard de l'horiſon. La raiſon de tracer de cette maniere les ouvrages, vient de la différence des pentes ou talus qui ſe trouvent grands ou petits , ſelon l'inégalité des lieux où paſſe la Fortification ; enſorte que le trait qui paſſe par le pied , eſt beaucoup plus en dehors que celui qui paſſe par le ſommet, & eſt plus régulier, & ſert à regler l'autre.

LE Profil eſt une coupe du ſommet à la fondation, qui paſſe par une ligne qui traverſe perpendiculairement toute la largeur de l'édifice, comme la ligne ponctuée A B.

Pour concevoir la repréſentation de ce Profil, il faut s'imaginer que la Fortification eſt coupée perpendiculairement à l'horiſon dans toute ſa largeur, & que l'on a ôté tout ce qui eſt en deçà de la coupe.

On remarque dans cette coupe toutes les hauteurs & largeurs de la Fortification.

L'élévation d'une Fortification ou d'un édifice ne marque que les parties exterieures de cet édifice avec tous ces ornemens.

DE LA PERSPECTIVE.

LEs repréſentations en perſpectives ne ſont de nul uſage dans la Fortification ; parce que l'Ingénieur n'y peut prendre aucune meſure déterminée : c'eſt pourquoi nous n'en donnerons qu'une très-legere explication.

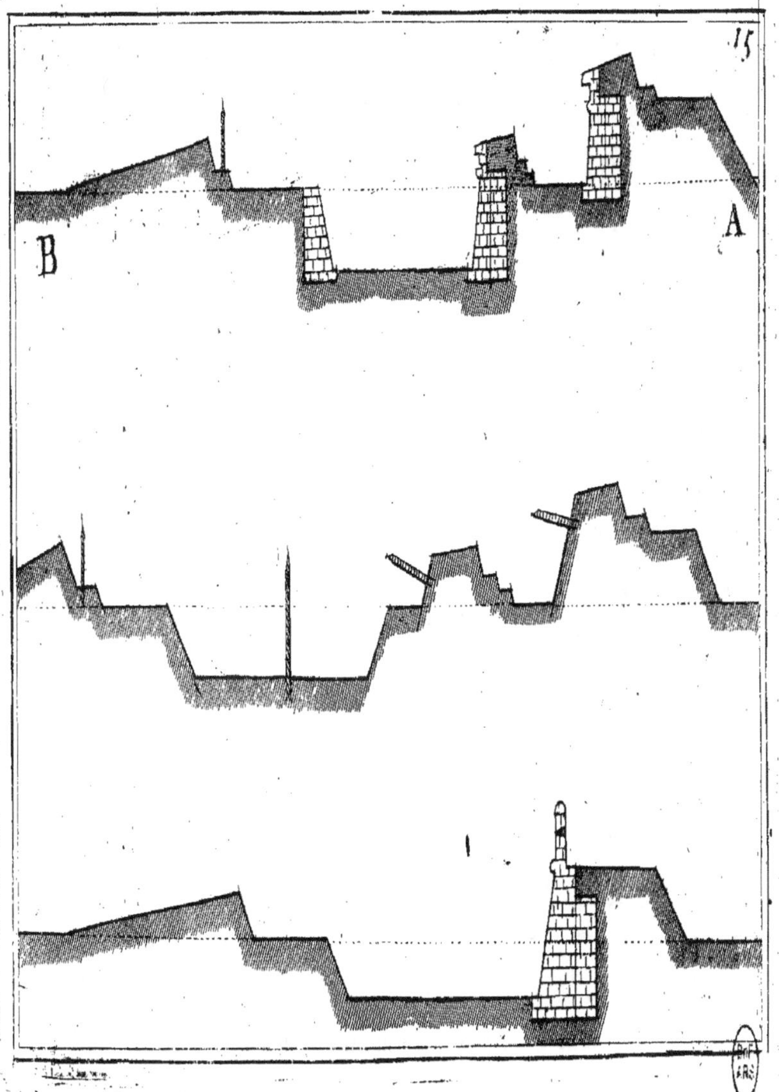
15
B
A

POur tracer le Plan d'une fimple enceinte , il faut après être convenu de la figure de la Place , fixer un devis des longueurs, largeurs & hauteurs que l'on veut donner aux parties de fon enceinte qui foit femblable à celui-ci, fçavoir :

V O	Largeur du Rampart,	14. toifes	3. pieds.
D E	Son Talus ,	4.	3.
K Z	Talus exterieur,	1.	1.
O Z	Hauteur du Rampart,	3.	0.
H I	Son Parapet ,	3.	0.
F G	La Banquette,	0.	4.
F	Talus de la Banquette ,	0.	4.
F 4	Hauteur de la Banquette,	0.	2. ou 3. pieds.
H G	Hauteur du Parapet compris la Banquette,	0.	6. $\frac{1}{2}$
L O	Profondeur du foffé ,	3.	0.
O N	Largeur du foffé ,	15.	0.
N 3	Talus de la contrefcarpe ,	0.	4.
N P	Largeur du chemin couvert ,	5.	0.
P Q	La Banquette avec fon Talus ,	1.	2.
Q R	Hauteur du Parapet du chemin couvert,	0.	6. $\frac{1}{2}$
S T	Largeur du glacis,	15.	0.

Remarquez que lorfque la Place n'eft revêtue que de Gazon , le Talus de l'Efcarpe eft les deux tiers de fa hauteur; fi au contraire elle l'eft de maffonnerie, ce fera la 5ᵉ. Partie de fa hauteur.

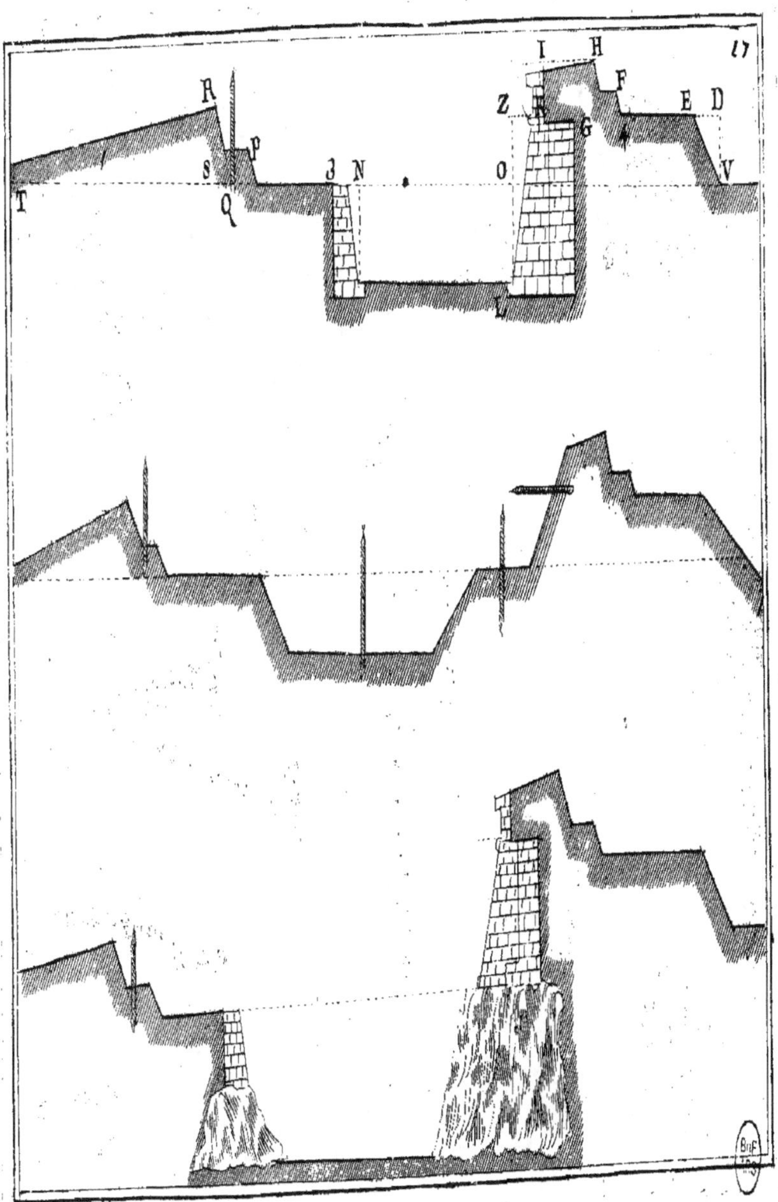
R
S P
T N
Q
O
I H
Z F E D
K G
V
C

qui fait connoître ce qui est nécessaire pour la construction & défense des Places.

S'Il n'y a rien de plus loüable à un Officier qui fait profession de suivre les armes que de discourir dans les propres termes de son mêtier ; il n'y a rien aussi de plus insuportable que d'entendre parler ceux qui n'en ont aucune connoissance ; c'est pourquoi j'invite ici ceux qui veulent se rendre recommandables dans cette science, de s'attacher avec soin à cette partie ; puisqu'elle contient les termes généraux & particuliers de tout ce qui sert à la Fortification.

A est le Profil d'une Place ou son aspect par un de ses côtez.

B est la fraize ou plusieurs piéces de bois fichez au-dessous du parapet.

C est l'escalade au moyen des échelles.

D est la brêche.

E est une mine qui joüe, & qui fait son effet.

F sont les palissades.

G est le glacis.

E
A
C
B
D
G
F
G

A est la Ville ; B la Place d'arme ; C les marchez ; D les maisons ; E les ruës.

F La Citadelle ; G le réduit ou maison du Gouverneur, où est d'ordinaire la cloche des allarmes ; H les cazernes ou logemens des Soldats ; I bastion ou boulevart ; L bastion à orillon ; M platte-forme ; N. Cavalier.

O Contre-mine ; P retranchement ; Q partie intérieure comme les arsenaux, prisons, Eglises & autres lieux publics ; R Rampart.

S Parapets ; T fossez ; V guérites ; X cordon ; Y portes ; X ravelin ou demi-lune ; Z demi-lune ; 1. ouvrage à tenaille simple ; 2. ouvrage à tenaille double ; 3. ouvrage à queuë d'ironde ; 4. ouvrage à corne ; 5. ouvrage à couronne.

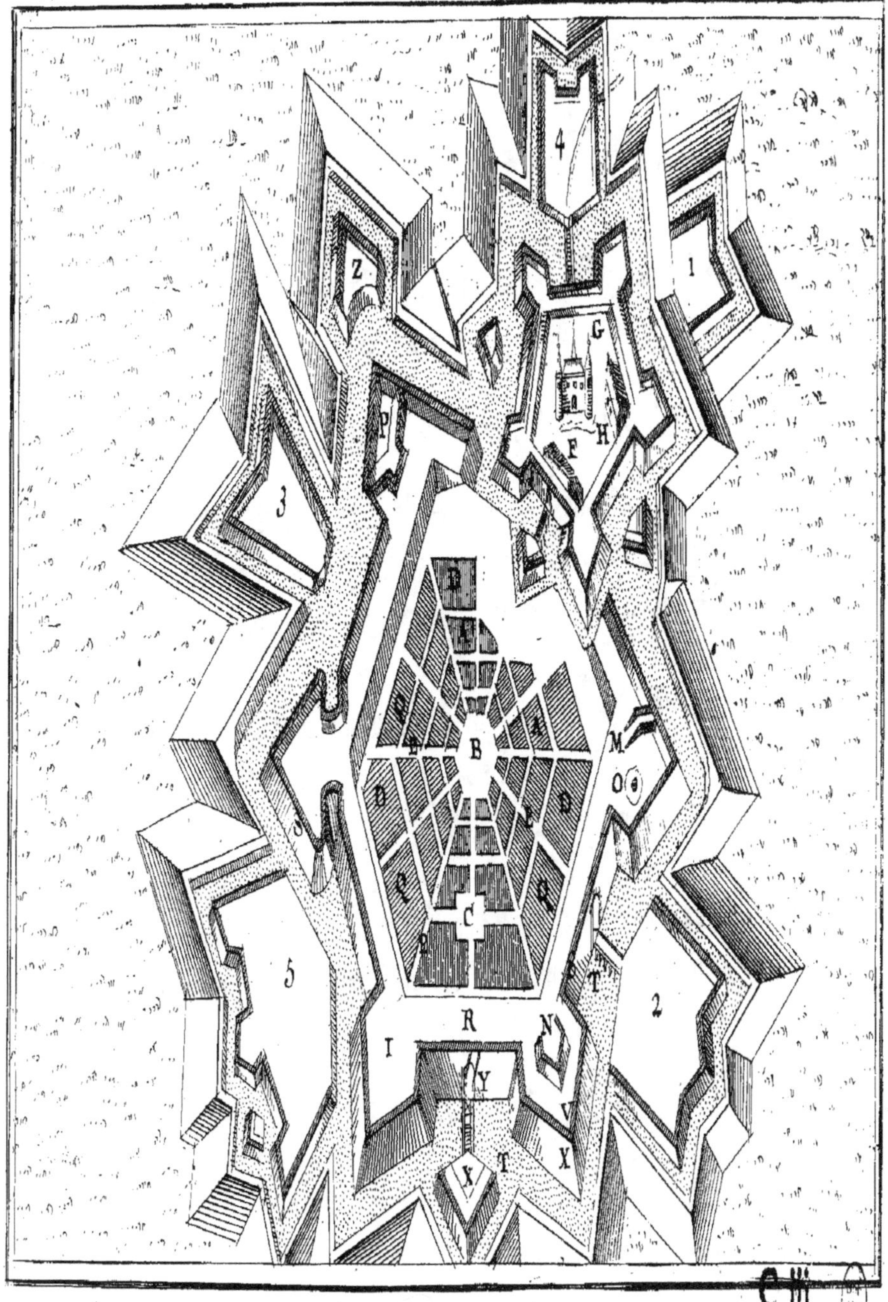
Z
I
G
P
F H
3
G
F
D
E
M
B
A
O
D
D
S
Q
R
C
5
R
N
2
I
R
Y
X T Y

Comme dans l'architecture civile, les Architectes pour faire leurs ouvrages dans la perfection, ont coutume de deſſiner des Plans pour les bâtimens qu'ils veulent élever ; auſſi les Ingénieurs dans l'architecture militaire ſont obligez de faire pluſieurs plans des Places qu'ils veulent fortifier, afin d'agir avec plus de juſteſſe dans leurs conſtructions, leurs fautes étant bien plus conſidérables que celles d'une maiſon : c'eſt pourquoi ils doivent étudier avec ſoin cette Partie qui contient tous les principaux termes des Plans.

DÉFINITION DES PARTIES DE L'ENCEINTE D'UNE PLACE.

A *Baſtion*, c'eſt une élévation de terre formée de deux faces B C, & de deux flancs C D, ordinairement revêtus de briques ou de pierres ; le milieu A eſt ſon terreplein.

D H *Courtine*, c'eſt la diſtance d'un baſtion à un autre baſtion, oppoſée depuis l'extrêmité d'un flanc à l'autre flanc.

E *Rampart*, c'eſt une élévation de terre qui regne autour de la Place, revêtuë en-dehors de pierre ou de brique. Il ſert à couvrir les bâtimens de la Place, & à mettre des troupes & du canon au-deſſus pour défendre les approches.

G *Parapet*, c'eſt une autre élévation de terre ou de brique au-deſſus du Rampart qui regne le long des faces, flancs & courtines. Il ſert à couvrir les Soldats ſur le Rampart.

I *Banquettes*, c'eſt un petit degré qui ſert à élever les Soldats pour tirer par-deſſus le parapet.

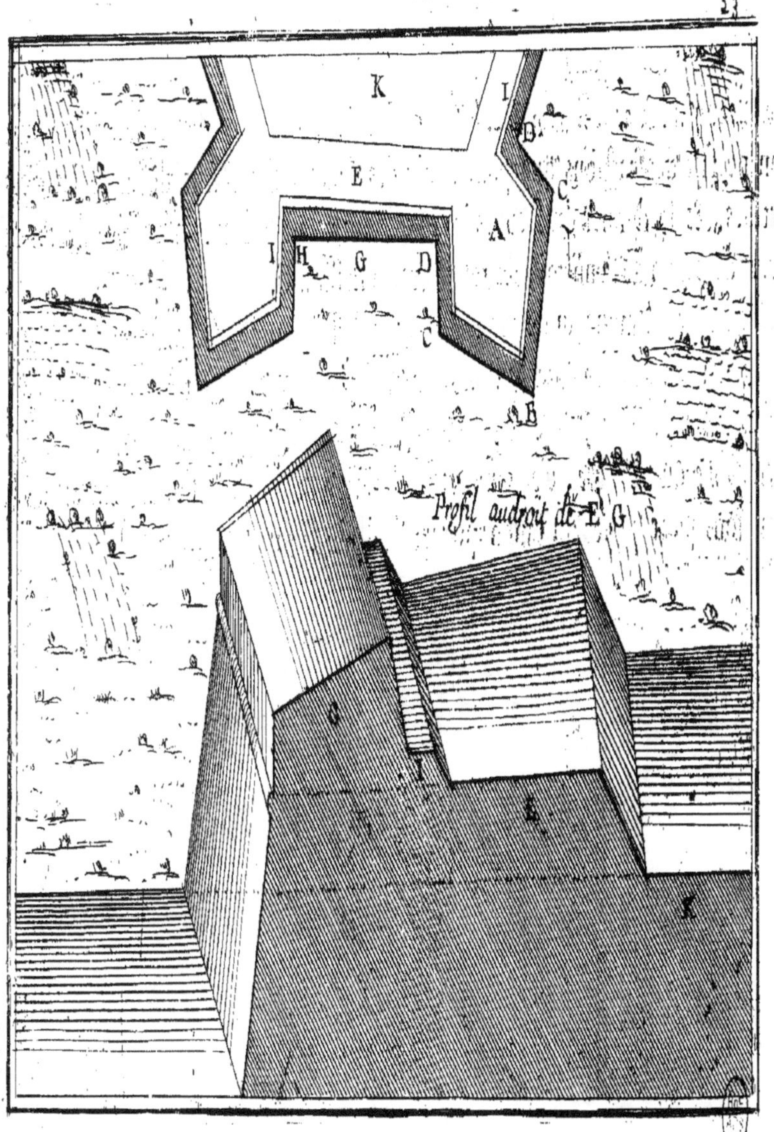
23
K
I
B
E
C
A
I H G D
C
A B
Profil audroit de E G

A *Bastion avec flanc à orillon.* Comme les flancs font les principales parties de la Fortification, & qu'on ne fait des bastions que pour avoir des flancs qui puissent défendre les faces & les courtines, & se donner du secours les uns les autres, il est très-nécessaire de les mettre à couvert du canon de l'ennemi, les retirant d'un orillon **C.**

F *Cavalier*, c'est un monceau de terre placée au-dessus du terreplein du bastion, revêtu de brique; il a son parapet & sa banquette comme le bastion; il sert à mettre du canon & des mousquetaires pour battre de revers dans les tranchées, & commander aux éminences.

G *Platte-forme* ou *Barbette*, c'est une petite élevation de terre que l'on fait aux angles flanquez des bastions pour placer du canon qui tire de dessus le parapet.

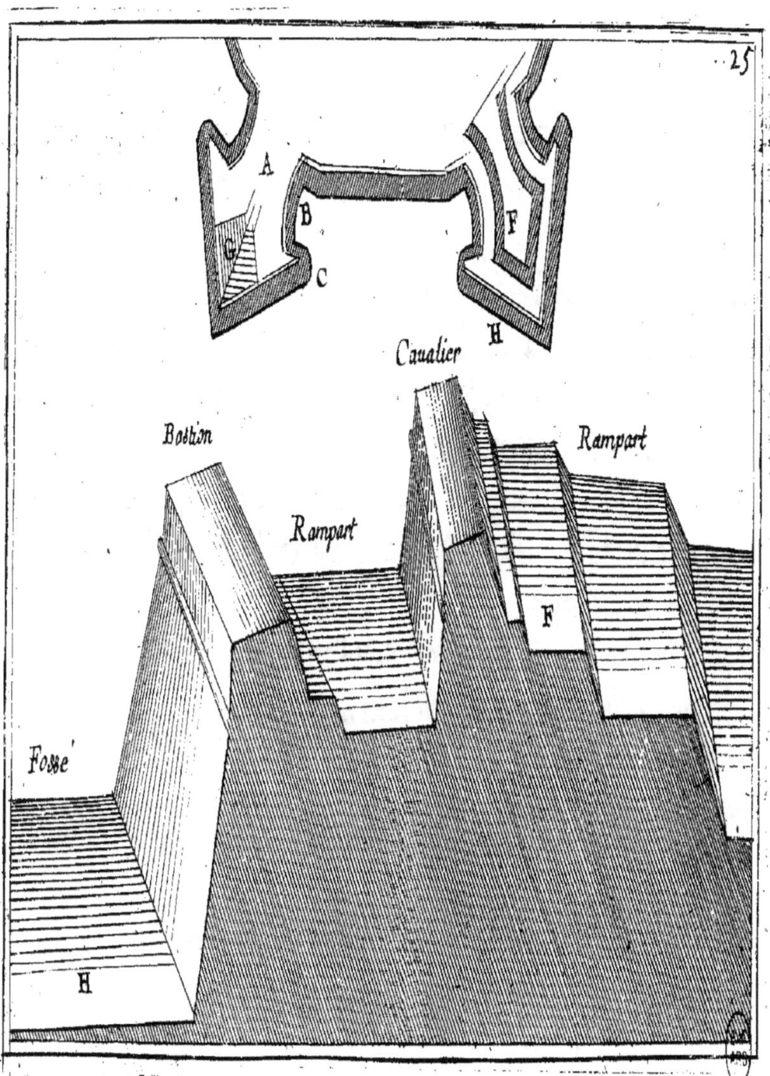

D

A *Embrasures* font des coupures obliques en tout fens que l'on fait dans le parapet, des flancs & dans ceux des Cavaliers ; elles fervent à paffer la bouche du canon pour le pointer facilement.

B *Merlons* font les diftances d'une embrafure à l'autre.

C *Platte-forme de Batterie*, c'eft un plancher de bois de chêne, conftruit fur de groffes poutres pour foûtenir le canon, afin que les rouës des affuts ne s'entérent pas. On en fait à tous les endroits où l'on conftruit des batteries.

D *Guérite*, c'eft un petit bâtiment en forme de lanterne de 3. ou 4. pieds de diametre, percée de plufieurs petites bayes ; elle fert à mettre à couvert les Sentinelles ; on en met à tous les angles faillans des ouvrages.

E *Fauffe-porte* ou poterne que l'on pratique dans l'orillon.

F *Degré* pratiqué auffi dans l'orillon pour le fervice des dehors.

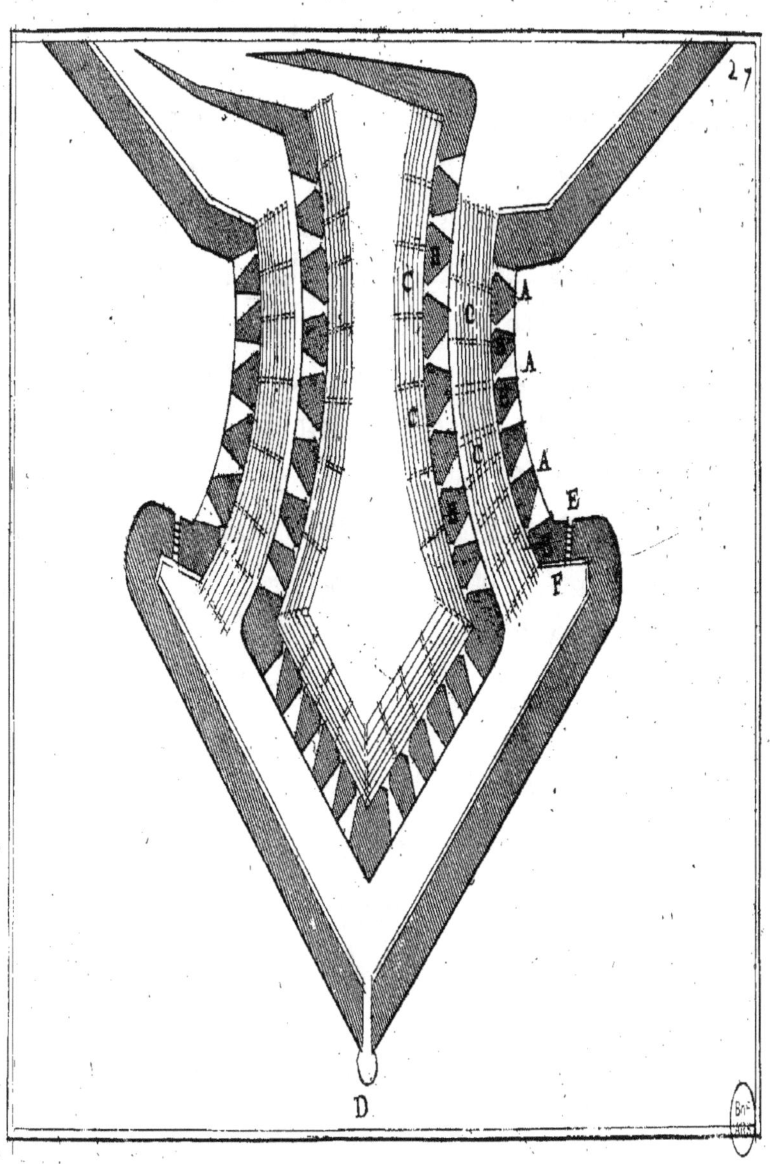
27
C
C
A
C
A
C
A
C
A
E
F
D

F *Fossé*, c'eft une profondeur & largeur de l'efcarpe; E à la contrefcarpe; G à-peu-près paralléle aux faces des baftions.

T *Tenaille double* compofée de deux faces, deux flancs & une courtine.

A *Tenaille fimple* compofée de deux faces; elles ont un Rampart, un parapet & une banquette; elles font ifolées, le foffé de la Place regne autour; elles font féparées en deux par un petit foffé, & fe rejoignent par un petit pont O pour la communication; elles font d'un grand fecours pour la défenfe du foffé & du chemin couvert.

C *Caponiere*, c'eft un chemin par où paffent les Soldats pour le fervice des dehors; elle a un parapet de chaque côté & des paliffades; elle fert auffi à empêcher le paffage du foffé.

D *Cunette* ou *Cuvette*, c'eft un petit foffé creufé dans le milieu du grand, paliffadé du côté de la Place, pour empêcher les furprifes.

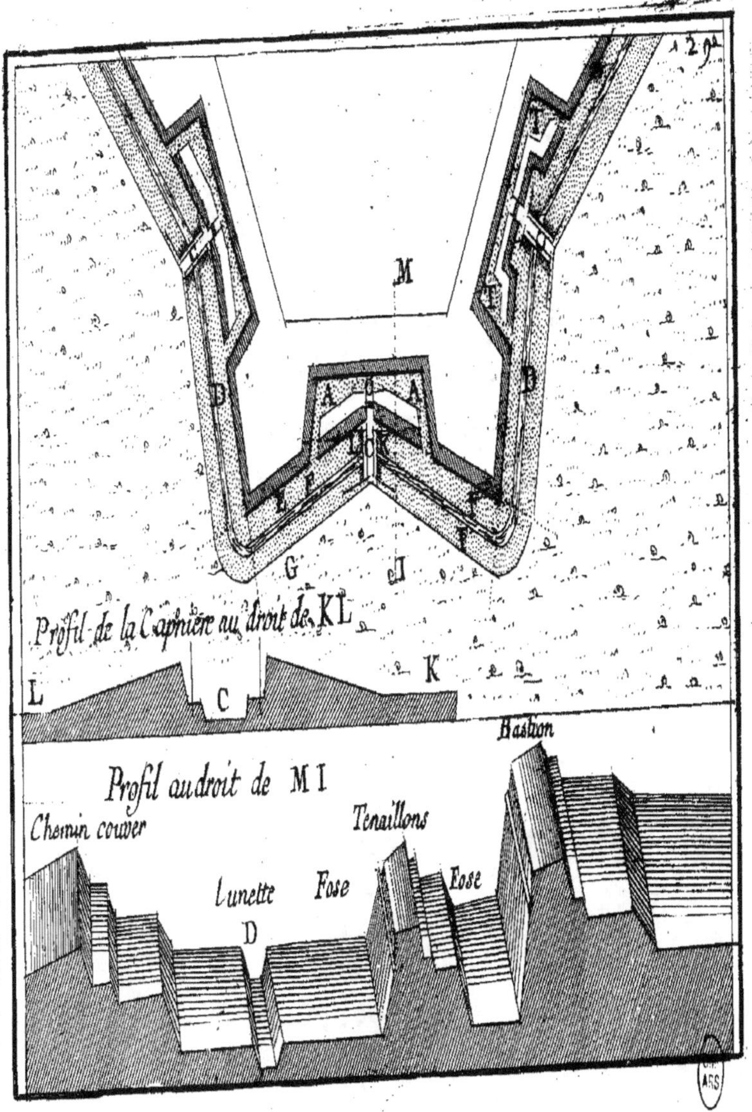
M
D
A A
B
G
H
Profil de la Caponière au droit de KL
L
C
K
Profil au droit de M I
Bastion
Chemin couver
Ténaillons
Lunette
Fose
Fose
D

ON nomme Dehors tous les ouvrages faits au-delà du foſſé de la Place.

A *Demi-Lune*, c'eſt une eſpece de baſtion détaché, que l'on conſtruit devant les courtines ; on les fait avec flancs comme **A**, ou ſans flancs comme **B** ; elles ſervent à couvrir les portes & les ponts.

D *Foſſez des demi-Lunes* qui ſe joignent à celui de la Place.

E *Places d'armes*, que l'on fait ordinairement dans les foſſez des demi-Lunes, & dans les foſſez des Dehors pour empêcher le paſſage ; elles ſont couvertes d'un parapet paliſſadé comme celui de la Caponiere.

F *Petit corps de garde retranché*, c'eſt un petit bâtiment dont les murs ſont percez de creneaux, environnez d'un foſſé pour ſe retirer, lorſque l'on ne peut ſoûtenir l'aſſaut de la demi-Lune.

31
G
L
H
K
A
B
I
E
D

attachées au-dehors du Fossé.

A *Petites lunettes* font des Places d'armes retranchées qui ont deux faces & deux demi-gorges avec parapet & banquettes ; leurs foffez font moins larges que ceux des demi-Lunes, & fe joignent aux foffez de la Place & de la demi-Lune.

B *Grandes lunettes*, ce font des efpeces de contre-gardes qui couvrent entiérement les demi-Lunes, elles ont un rampart, un parapet & une banquette ; dans le milieu on fait un retranchement dans leurs foffez, comme dans ceux des demi-Lunes.

C *Chemin couvert*, c'eft une efpace que l'on obferve le long des foffez au niveau de la campagne, qui eft couvert d'un parapet ; F paliffadées, & qui regne autour de la Place.

D *Places d'armes* où on affemble des Soldats pour faire des forties, ou pour foûtenir un affaut ; on obferve des Places d'armes à tous les angles rentrans & faillans de la contrefcarpe

Petite

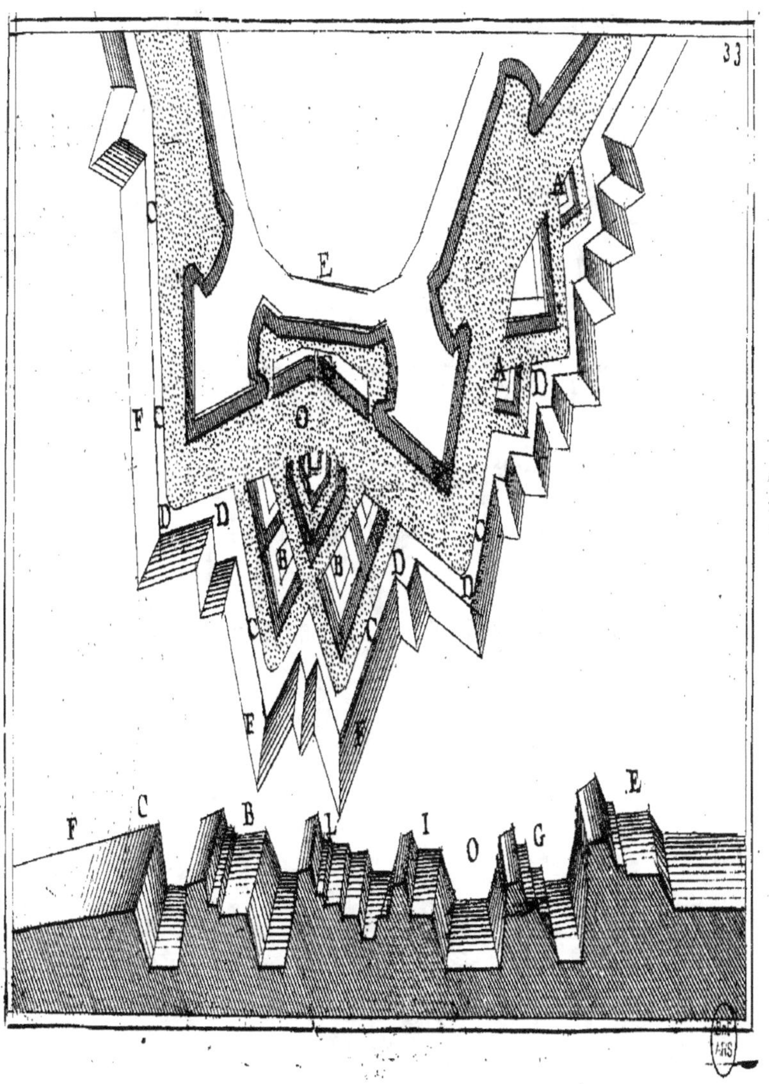

attachées au-dehors & au-dedans du chemin couvert.

A *Traverses*, ce sont des parapets qui ferment les Places d'armes, & mettent les Soldats à couvert de l'enfilade.

B *Glacis* ou *Esplanade*, c'est la largeur du parapet du chemin couvert, qui se perd insensiblement en Talus, jusqu'au niveau de la campagne à 20 ou 30 toises du chemin couvert, & regne autour de la Place.

C *Coupures* que l'on fait dans le glacis pour faire des forties ; on les ferme d'une barriere de bois de chêne.

E *Avant-fossé*, qui doit regner autour de la Place.

F *Lunette* que l'on fait quelquefois aux angles rentrans de l'avant-fossé pour empêcher les approches.

G *Redoutes*, on leur donne telle figure que l'on veut ; on les fait de terre seulement.

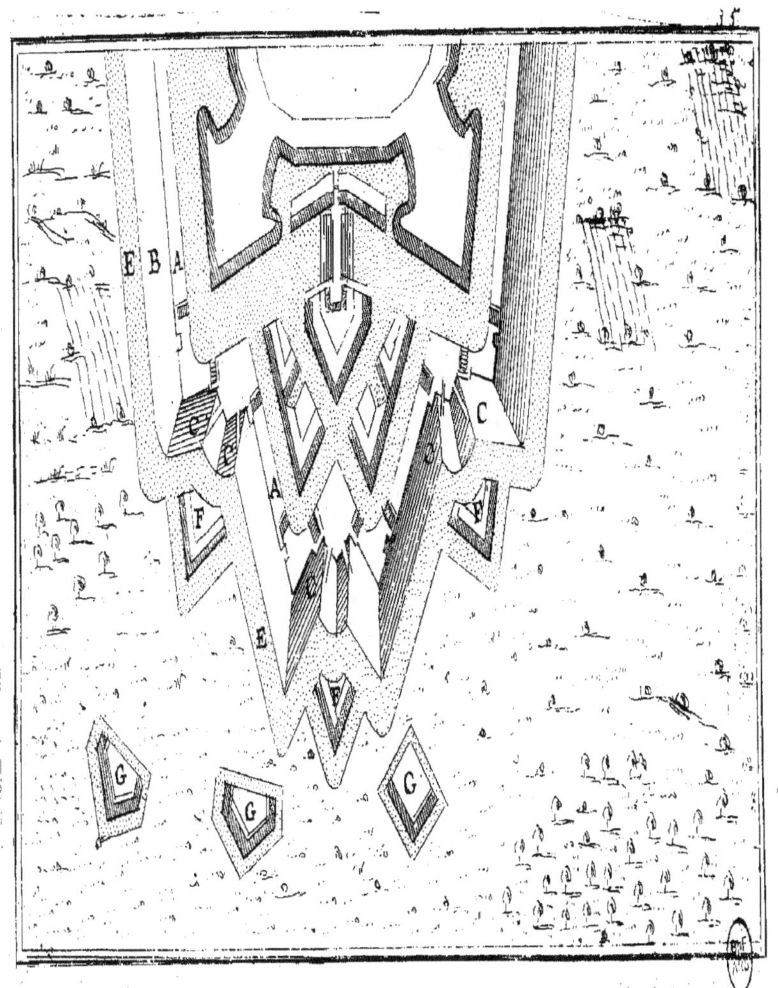
E B A
C
C
C
C
F
A
F
E
C
G
F
E
G
G
G

A angle flanqué, ou angle du baftion formé par les deux faces.

B angle de l'épaule formé de la face & du flanc.

C angle du flanc formé du flanc & de la courtine.

D angle de la tenaille.

E angle rentrant de la contrefcarpe.

DES LIGNES RE'ELLES.

A B face, depuis l'angle flanqué jufqu'à l'angle de l'épaule.

B C flanc, depuis l'angle de l'épaule jufqu'à l'angle du flanc.

F C courtine, depuis l'angle du flanc à l'autre oppofé.

A B C F ligne magiftrale ou ligne du cordon ; elle comprend les faces , flancs & courtines faifant le contour de la Place : on ajoûte à cette ligne les talus vers le foffé ; c'eft ce que l'on nomme l'efcarpe.

E G la contrefcarpe, eft celle qui termine la largeur du foffé, & qui eft oppofé à l'efcarpe.

F N flanc retiré, ou concave du flanc.

H angle flanqué des lunettes.

I   angle flanqué de la demi-Lune.

H K face des lunettes.

I L face de la demi-Lune.

K O demi-gorge des lunettes.

L M demi-gorge de la demi-Lune.

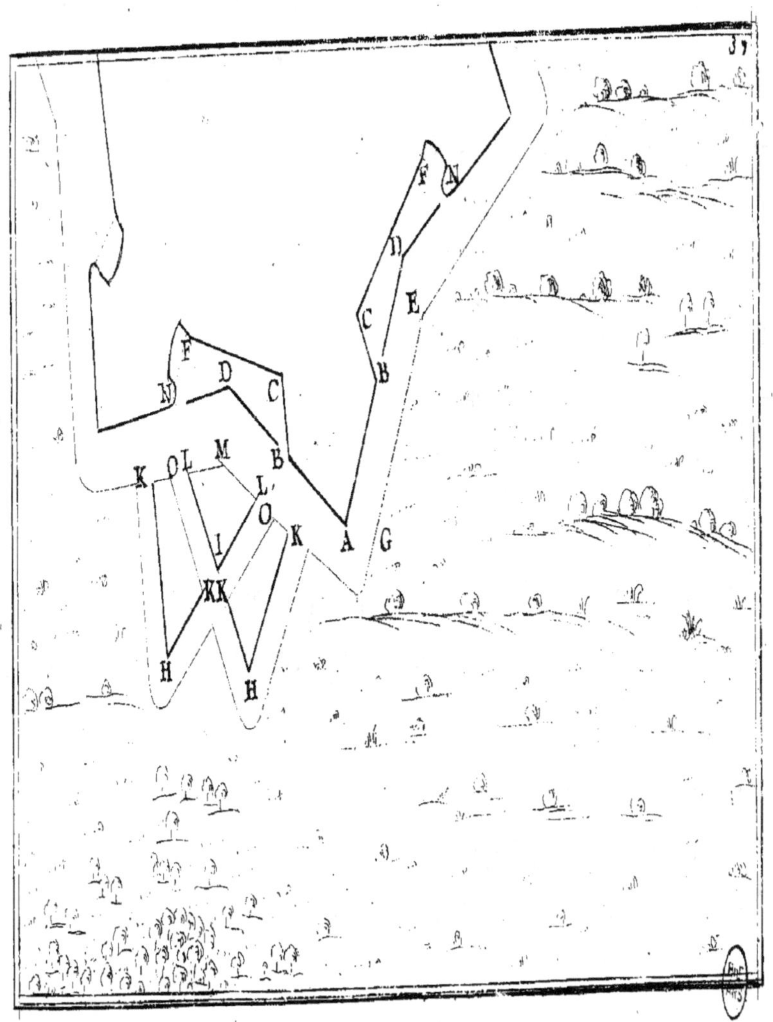
F
N
H
C
E
B
F
D
C
N
B
K O L M
L
O
K
I
K
A G
KK
H
H

DES ANGLES ET LIGNES OCCULTES

qui ne servent qu'à la construction, & ne subsistent plus lorsque la Fortification est tracée ; on les marque en lignes ponctuées.

A   angle du centre formé par deux rayons.

B   angle extérieur du poligone.

C   angle intérieur du poligone.

D   angle flanquant extérieur.

E   angle flanquant intérieur.

F   angle saillant de la contrescarpe.

A B rayons ou lignes tirées du centre aux angles.

B B côtez extérieurs du poligone.

C C côtez intérieurs du poligone.

C B ligne capitale, c'est la prolongation du rayon de l'angle intérieur à l'extérieur.

K I flanc que l'on tire en ligne occulte, lorsque l'on veut construire le flanc retiré.

I C demi-gorge.

I I gorge du bastion.

N B défense rasante & flanquante.

M B défense fichante ; M N second flanc.

A L rayon droit que M. de Vauban nomme perpendiculaire.

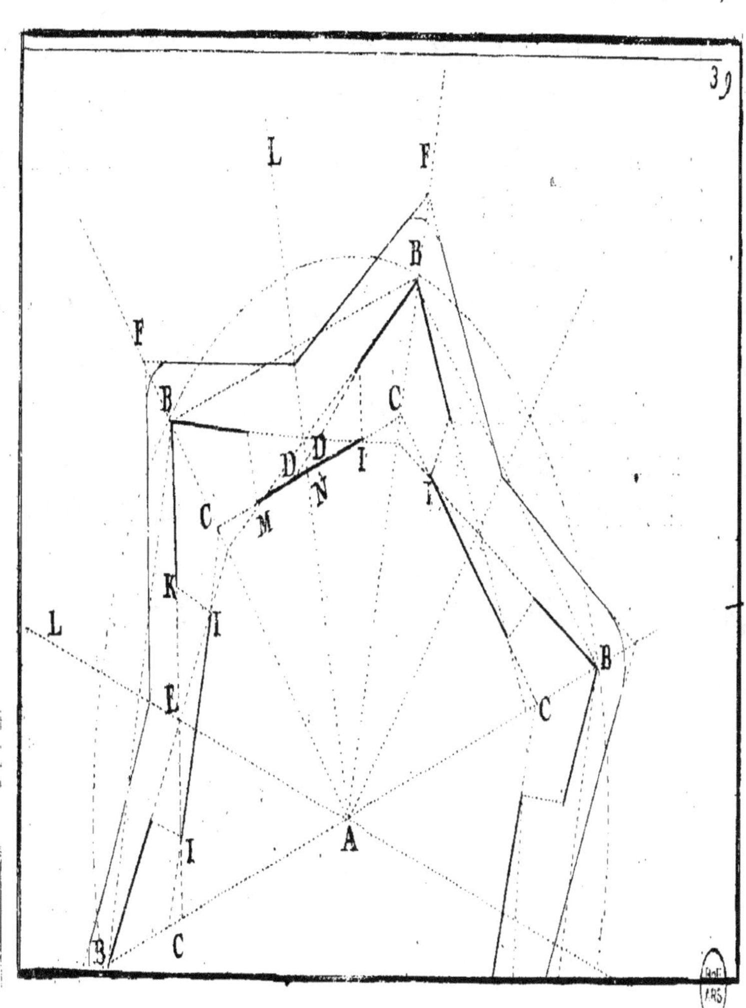
L
F
B
F
B
C
D D I
N
C M
C
K
I
L
E
I
B
C
A
I
B
C

LE Maréchal de Vauban eſt celui de tous ceux qui ſe ſont attachez aux Fortifications , qui a eu le plus d'expérience ; toutes ces grandes qualitez l'ont fait conſidérer comme le premier homme de ſon tems pour tout ce qui concerne la guerre ; & ſa méthode de fortifier a été adoptée chez tous les Princes de l'Europe.

Voici ſes maximes particulieres :

Il commence à déterminer le poligone extérieur depuis 160 toiſes juſqu'à 200 ; il fait preſque toujours les lignes de défenſes raſantes , & leurs plus grandes longueurs va juſqu'à 150 toiſes , mais alors il racourcit la défenſe par des tenailles.

Il fait la longueur du flanc depuis 10 toiſes juſqu'à 30 ; & lorſque le flanc a plus de 12 toiſes, il fait ordinairement des orillons, dont le diamettre eſt le tiers du flanc ou au moins de 5 toiſes, & le flanc couvert eſt un arc de 60 degrez.

La longueur des faces eſt deux ſeptiémes du côté du poligone extérieur.

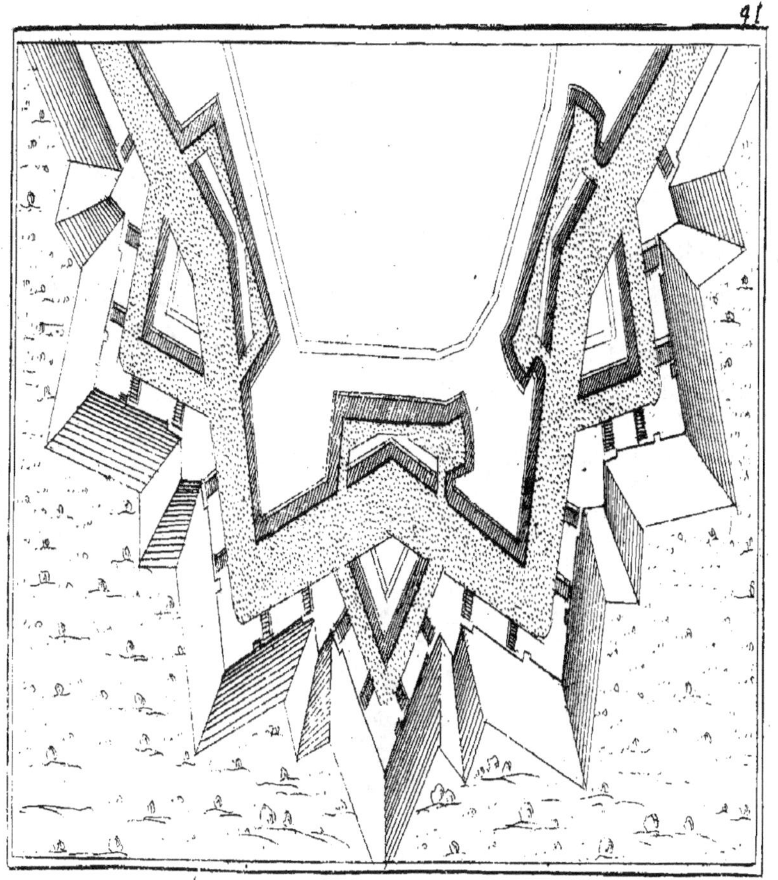

LA toise est une mesure dont on se sert en France, laquelle contient 6 pieds de Roy, le pied contient 12 pouces, le pouce contient 12 lignes.

Pour représenter sur le papier les Plans & Profils d'une Fortification, on se sert d'une échelle dont on fait valoir chaque partie une toise, ou 5 toises, ou 10 toises, selon l'étenduë du papier, c'est ce qu'on appelle réduire au petit pied.

La Méthode de M. de Vauban est de porter la longueur d'un des côtez du poligone en quelque coin du papier, & de le diviser en 18 parties égales, faisant valoir chaque partie 10 toises, ce qui fait 180 toises pour chaque côté du poligone.

C'est sur ce principe que la table qui suit a été construite.

Noms des Poligones.	Côté extérieur.	Perpendiculaire.	Face.	Rayon.
Quarré.	180 toises.	22 toises 3 pieds.	51 toises 2 pieds.	127 toises.
Pentagone.	180 t.	25 toises 4 pieds.	51 t. 2 p.	152 t.
Exagone.	180 t.	30 t.	51 t. 2 p.	180 t.
Eptagone.	180 t.	30 t.	51 t. 2 p.	205 t. 3 p.
Octogone.	180. t.	30 t.	51 t. 2 p.	234. t. 3 p.
Encagone.	180 t.	30 t.	51 t. 2 p.	260 t. 2 p.
Decagone.	180 t.	30 t.	51 t. 2 p.	291 t.
Endécagone.	180 t.	30 t.	51 t. 2 p.	314 t.
Dodécagone.	180 t.	30 t.	51 t. 2 p.	346 t. 4 p.

CONSTRUCTION
pour fortifier un quarré & autres poligones.

FAites un cercle, & y inscrivez un poligone d'autant de côtez que vous voudrez. Par exemple, un quarré A B C D qui servira pour la construction de la Fortification de tous les autres poligones ; faites une échelle M N, comme il est ci-devant expliqué.

Divisez chaque côté, comme A B en deux parties égales au point F, & du centre E, par le point F, vous tirerez une ligne à l'infini du même point E aux angles B, C, D : tirez tous les rayons à l'infini ; divisez le côté A B en huit parties égales pour le quarré, en sept pour le pentagone, & en six pour l'exagone, & pour tous les autres poligones au-dessus, comme il est marqué dans la table ci-devant.

Portez une de ces parties de F en G, & par le point G vous tirerez les lignes de défenses indéfinies A G H, & B G I sur lesquelles vous déterminerez les faces, comme nous dirons ci-après.

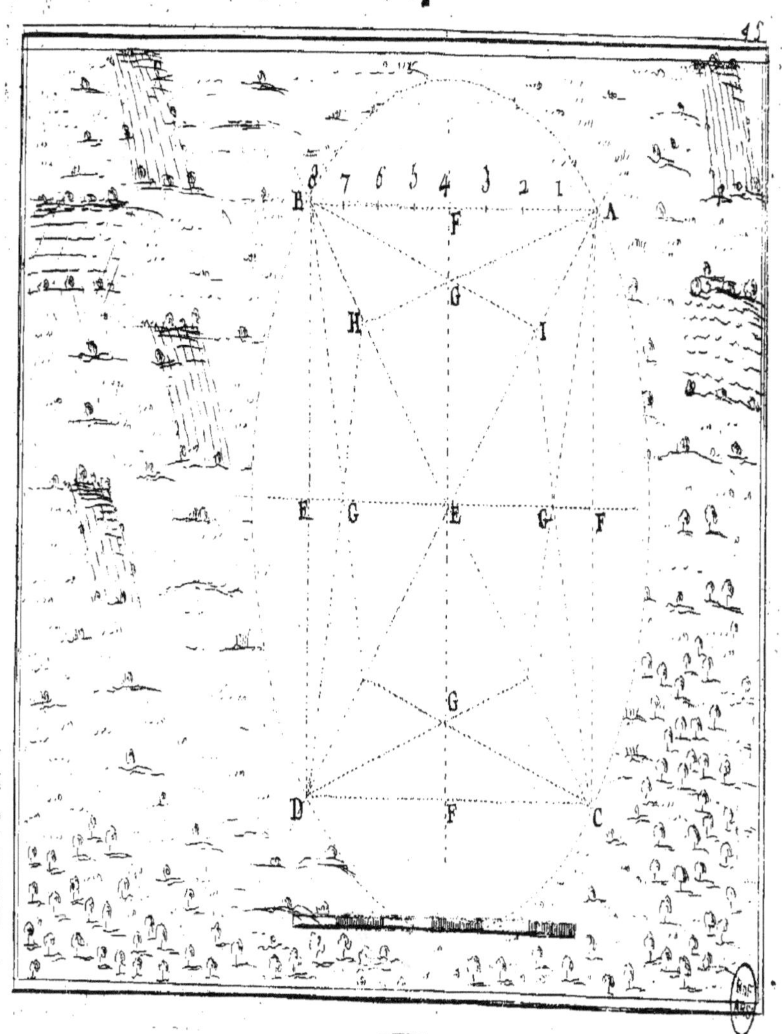
8 7 6 5 4 3 2 1
B A
F
G
H I
E G E G F
G
D F C

APrès avoir tiré toutes les lignes occultes comme ci-devant, vous diviferez un côté comme CD en fept parties égales, comme elles font marquées; portez deux de fes parties fur chaque ligne de défenfe de A en K, & B en L, &c. vous aurez les faces qui feront felon la table de 51 toifes 2 pieds, ce qui fe fera de même pour tous les autres poligones.

Enfuite prenez la diftance KL que vous porterez fur les lignes de défenfes de K en H, & L en I, &c.

Tirez la ligne IH, vous aurez la courtine, tirez les lignes KI & LH, vous aurez les flancs.

Faites de même fur chaque côté du poligone, vous aurez la ligne magiftrale qui comprend les faces, flancs & courtines.

On fait cette ligne plus groffe que les autres pour marquer le revêtement.

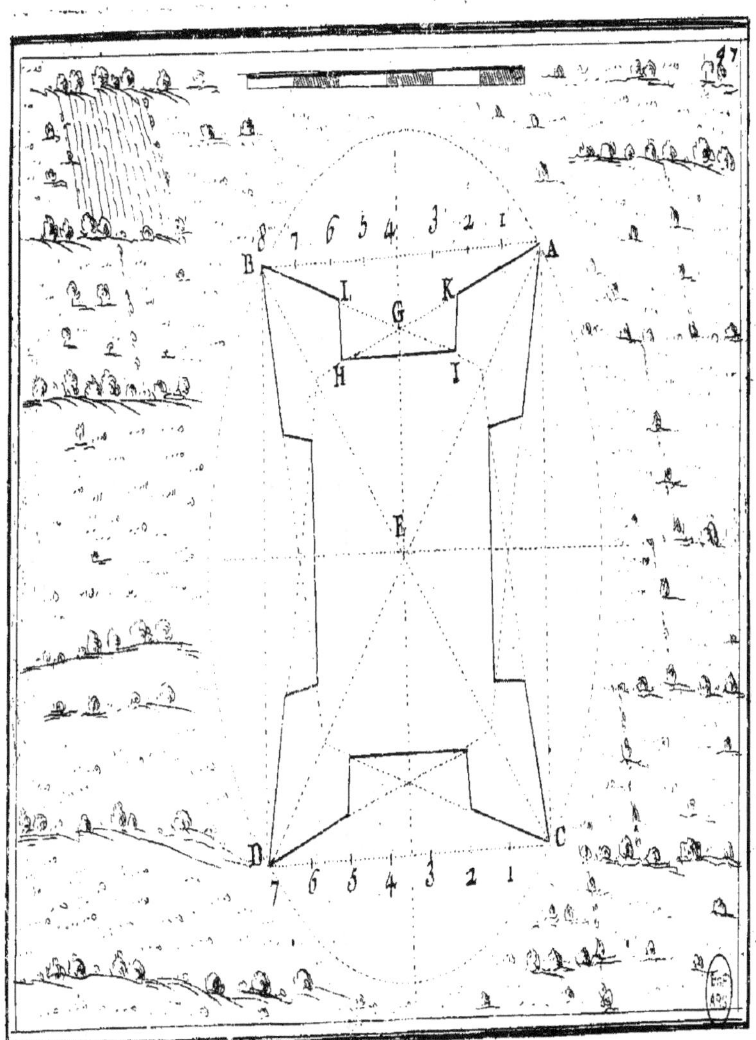
8 7 6 5 4 3 2 1
B A
L G K
H I
E
D C
7 6 5 4 3 2 1

VOus tracerez la ligne magiſtrale comme ci-devant, à la reſerve des flancs que vous tirerez en lignes occultes comme A B.

Diviſez le flanc A B en trois parties égales, dont une pour l'orillon, & les deux autres parties pour le concave du flanc.

Diviſez la partie A C en deux également au point I, ſur lequel vous éléverez une perpendiculaire occulte, & à l'extrêmité de la face au point A, abaiſſez un autre perpendiculaire, laquelle coupera la premiere au point L; ce point ſera le centre, d'où vous formerez l'orillon A C. Pour former le concave du flanc D E, prolongez la ligne de défenſe dans le baſtion de B en E de 5 toiſes; mettez la regle ſur l'angle du baſtion oppoſé H; & ſur l'extrêmité de l'orillon C, tirez la ligne C D de 5 toiſes; prenez la diſtance D E, & des points D & E faites deux petits arcs qui ſe couperont au point F qui ſera le centre, duquel vous formerez le flanc concave D E.

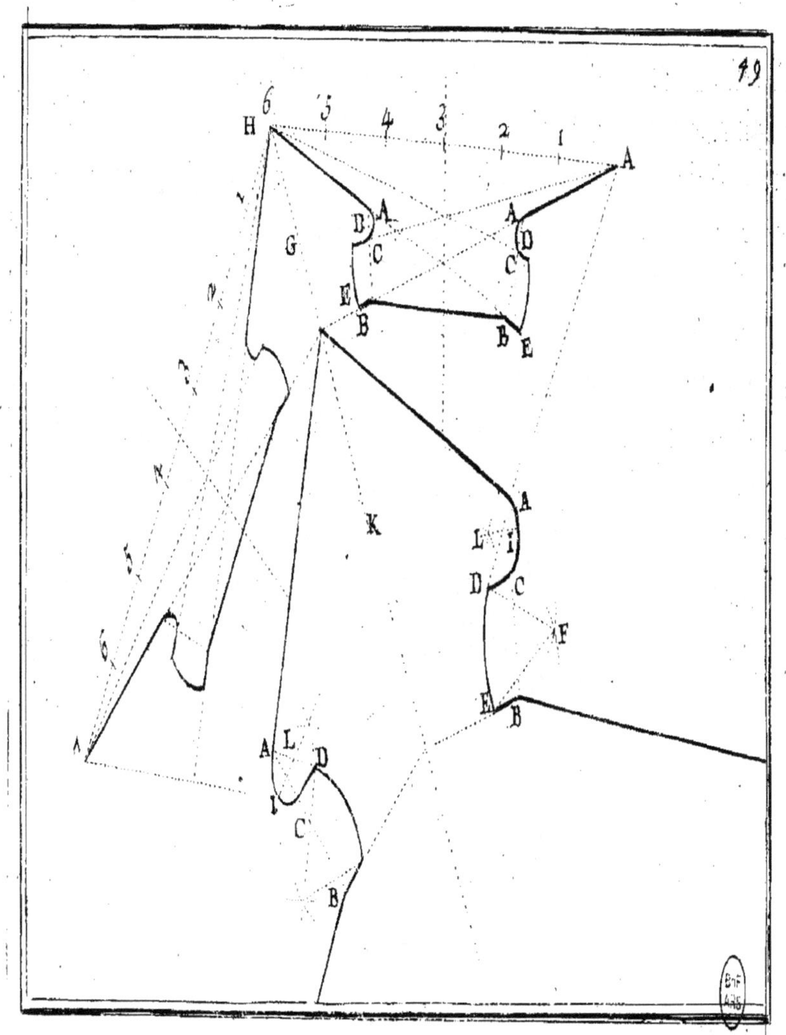
49
H 6 5 4 3 2 1 A
B A A D
G C C
E B E
B
A
K L i
D C
F
E B
A L D
I C
B

LA base du Rampart A B se trace sur le plan par une ligne A, paralléle & distante de la ligne magistrale de 12 toises; sa hauteur B E ou F C de 18 ou 20 pieds; son talus du côté de la Place est égal à sa hauteur, c'est-à-dire, que A F est égal à F C. Le talus du côté du fossé étant revêtu de pierre, doit prendre sa naissance du fond du fossé jusqu'au cordon E; ce talus G H sera de la sixiéme partie de toute la hauteur G E, suivant les occasions.

Le parapet L E se trace sur le plan par une ligne L, paralléle & distante de la ligne magistrale de trois toises; sa hauteur L I du côté de la Place est de 6 pieds; sa hauteur E K du côté du fossé est déterminée par une ligne tirée de l'extrêmité I jusqu'à la contrescarpe O, afin que le dessus du parapet I K soit en pente; de sorte que les Soldats puissent défendre le chemin couvert O N. La banquette D se trace sur le plan par une ligne D, paralléle & distante de celle du parapet de trois pieds; sa hauteur d'un pied & demi, & autant de talus.

Lorsque les bastions sont pleins, le Rampart se tire paralléle aux courtines seulement, & fait angle aux gorges comme au bastion P.

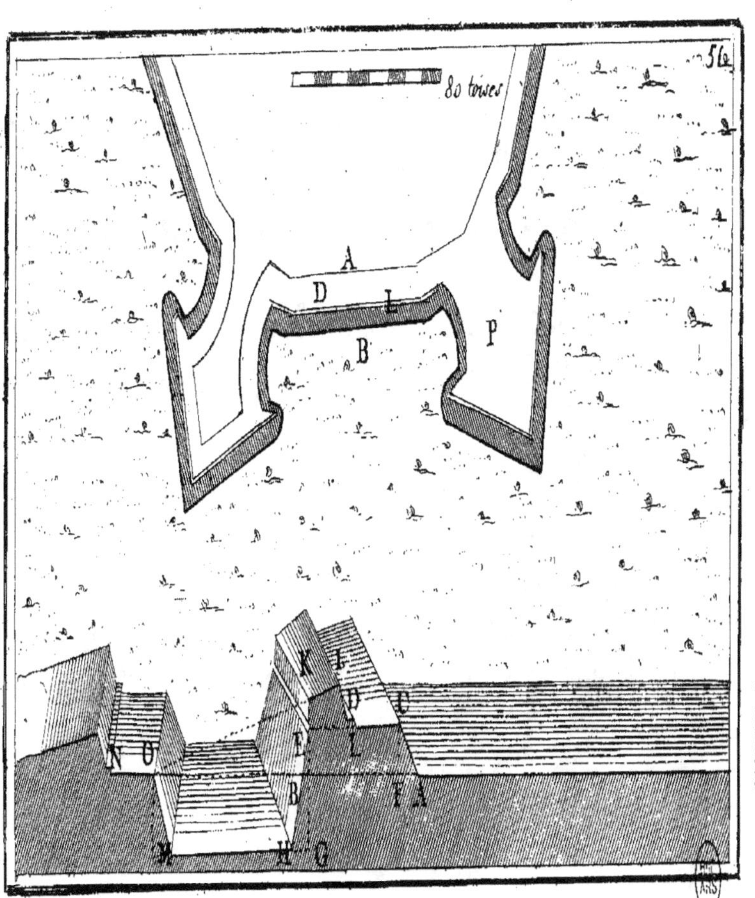
80 toises
A
D L
B P
K I
D C
E
L
B F A
N O
M N G
56

POur conſtruire le Cavalier A ſur le terreplein d'un baſtion, donnez-lui la forme du baſtion, en tirant les faces B C, paralléles aux faces du baſtion, & à trois toiſes de diſtance du parapet ; les flancs C D ſe tirent auſſi paralléles aux flancs du baſtion, & à quatre toiſes de diſtance du parapet.

On les éleve de 10, 12 ou 15 pieds ſelon la néceſſité ; lorſqu'ils ſont revêtus, on leur donne de talus la ſixiéme partie de leurs hauteurs, leurs parapets & banquettes comme au baſtion.

Pour monter ſur les Cavaliers, on fait une élévation de terre en pente douce D E de 5 ou 6 toiſes de longueur ; ſa largeur E E de 10 ou 12 pieds.

Pour conſtruire la Plate-forme K, portez ſix toiſes ſur chaque face du baſtion de K en G ; tirez les lignes G H perpendiculaires aux faces que vous éleverez de trois pieds & demi de terre bien battuë, ſur laquelle vous conſtruirez un plancher de bois de chêne pour porter le canon.

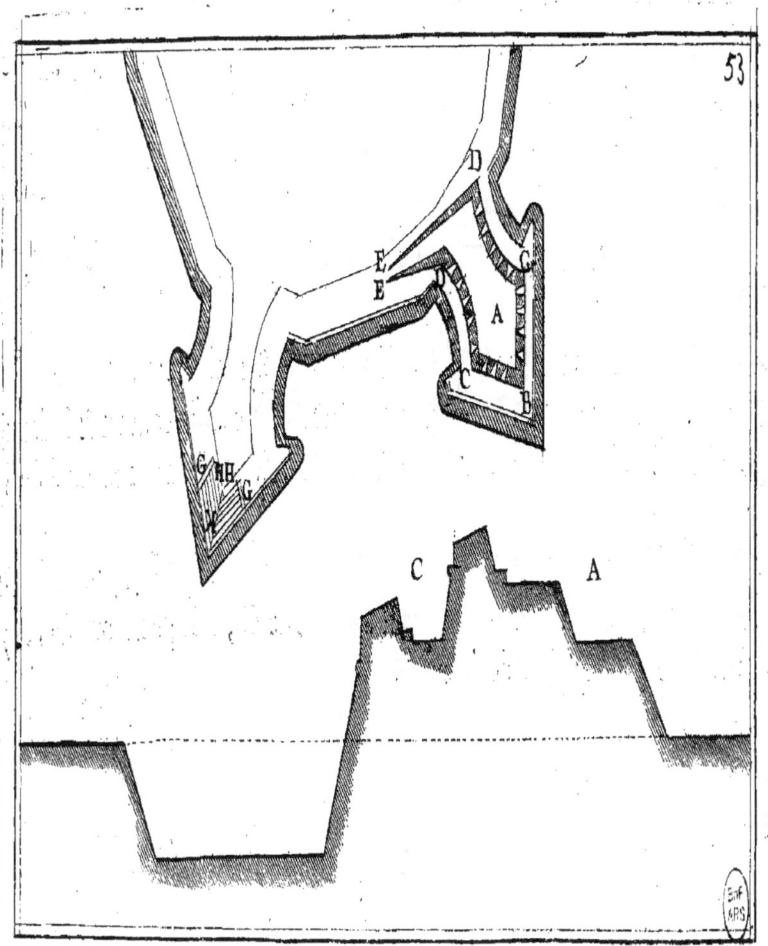
53
D
E
E
G
A
G
C
B
G H H G
C
A

Chaque Embrasure A, a trois ouvertures différentes. La premiere est du côté de la Place ; sa largeur est de deux pieds & demi ; la seconde est à un pied de distance de la premiere ; sa largeur est de deux pieds ; & la troisiéme est du côté de la campagne ; sa largeur est de neuf pieds ; comme elles sont dessinées dans le Plan particulier en grand marqué B.

La distance d'une embrasure à l'autre, du côté de la Place, est de trois toises ; cette distance se nomme Merlon.

Dans chaque flanc concave on y peut construire 6, 7 ou 8 Embrasures.

Il faut les distribuer de maniere que la premiere C défende le chemin couvert & la demi-Lune, & que la derniere D puisse battre la bréche que l'ennemi auroit fait à l'angle flanqué du bastion opposé.

Pour construire la guérite G, on coupe le parapet dans toute son épaisseur, pour former une petite allée de deux pieds de largeur qui conduit à la guérite G, à laquelle on donne 7 ou 8 pieds sous clef, & 3 ou 4 pieds de diametre.

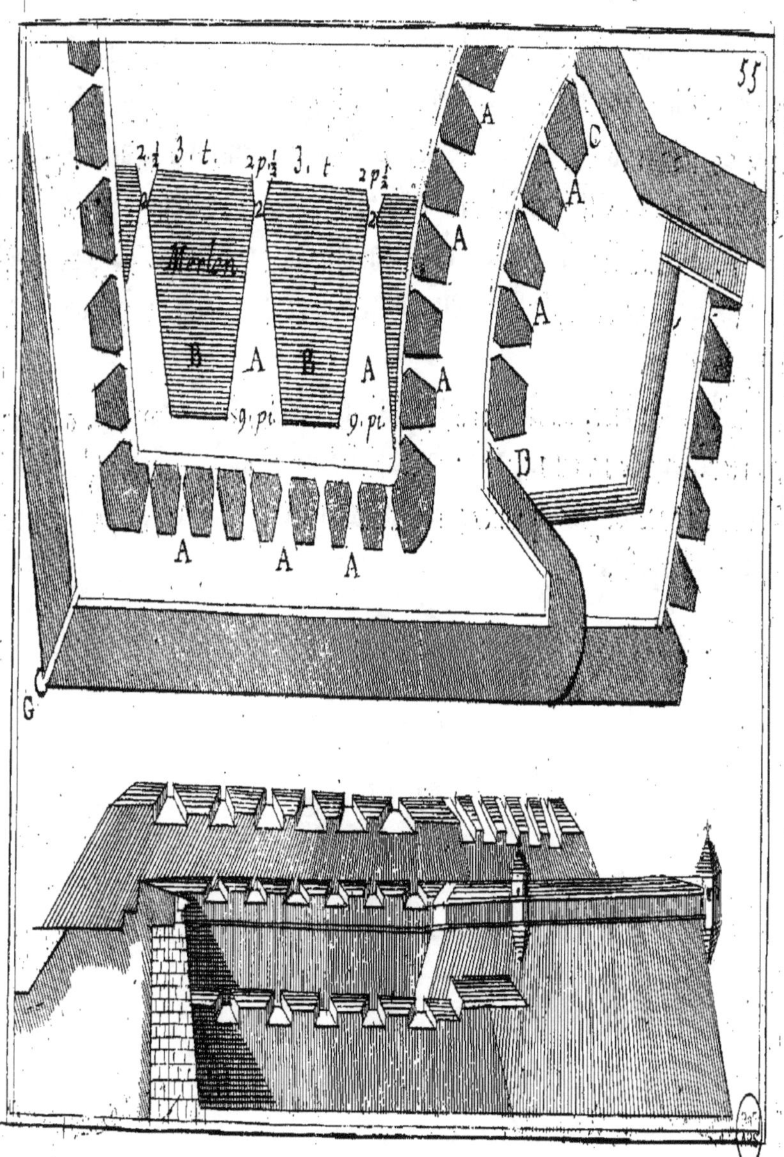
55
2½ 3. t. 2p⅓ 3. t. 2p½
Merlon
B A B A
9. pi. 9. pi.
A A A
A
A
A
C
A
A
D
G

PRolongez les faces du baſtion en ligne occulte comme A B & A C; prenez 18 toiſes; & du point A, faites l'arc B C, qui coupera les deux lignes occultes au point B & C.

Prenez 20 toiſes, & des angles de l'épaule D, faites les petits arcs occultes E; & des points B & C, tirez les lignes B F & C F qui touchent les petits arcs E juſqu'à la perpendiculaire, au point F, qui ſera l'angle rentrant de la contreſcarpe, faiſant ainſi devant toutes les faces; vous aurez la largeur du foſſé; ſa profondeur eſt de 18 ou 20 pieds; ſon talus de la ſixiéme partie de ſa hauteur.

Lorſque le Foſſé eſt ſec, on fait un autre petit Foſſé dans le milieu marqué C, que l'on creuſe juſqu'à l'eau, large de 12 ou 15 pieds; on le paliſſade du côté de la Place avec des pieux de bois de chêne de 6 pouces de gros, plantez perpendiculairement, & eſpacez de 3 ou 4 pouces, pour empêcher les ſurpriſes.

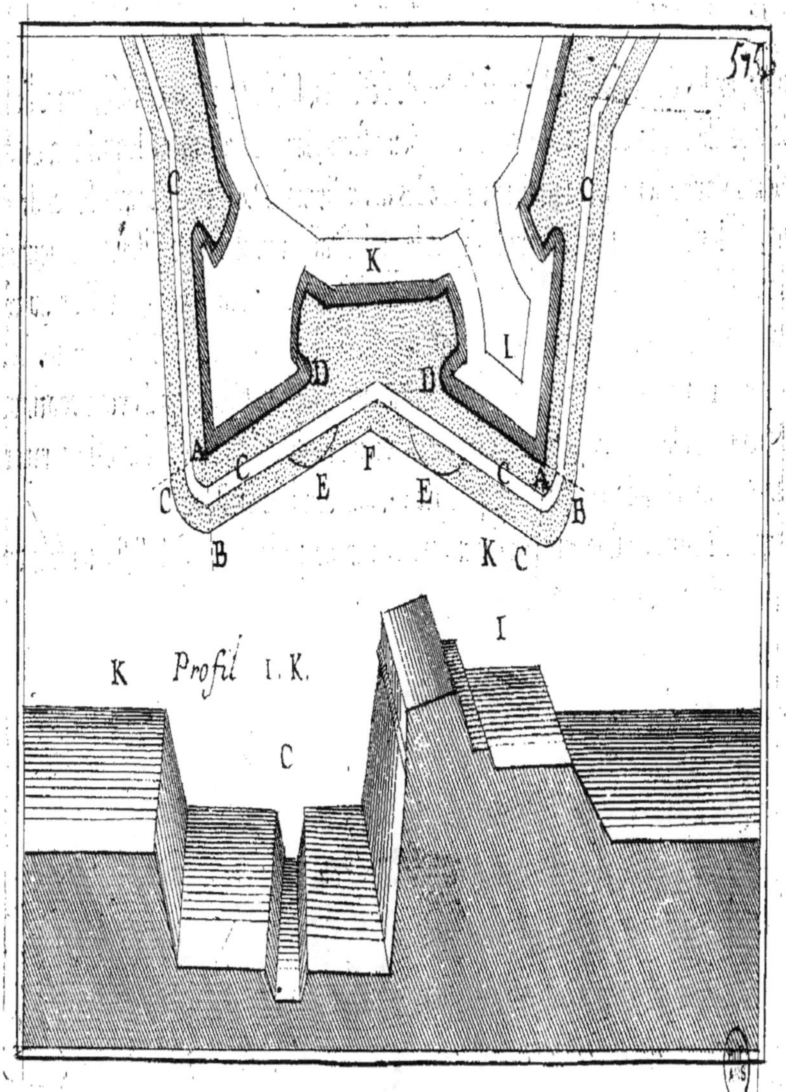

H

PRolongez les deux faces Q B ſur les lignes de défenſes, laiſſant 3 toiſes de foſſez entre l'orillon, & la tenaille B, & un autre foſſé entre les deux faces, large de 2 toiſes, lequel ſert de chemin aux Soldats pour aller à la Caponiere ; tirez les deux lignes B D, paralléles aux flancs droits des baſtions, & les deux lignes C F qui forment le petit foſſé, paralléles & diſtantes chacunes de la perpendiculaire O P de 6 pieds ; leurs longueurs ſeront déterminées par l'épaiſſeur du rampart que vous ferez en tirant les lignes D G paralléles & diſtantes des faces B C de 7 toiſes, & ſe termineront à la rencontre des lignes de défenſes aux points G G, deſquels vous continuerez le rampart en tirant les lignes G F paralléles à la courtine de la Place ; on éleve le rampart juſ-qu'au niveau du chemin couvert, le parapet comme celui de la Place.

Comme la Tenaille eſt ſéparée en deux parties par ce petit foſſé C C F F, on fait un petit pont de communication, large de 4 ou 5 pieds.

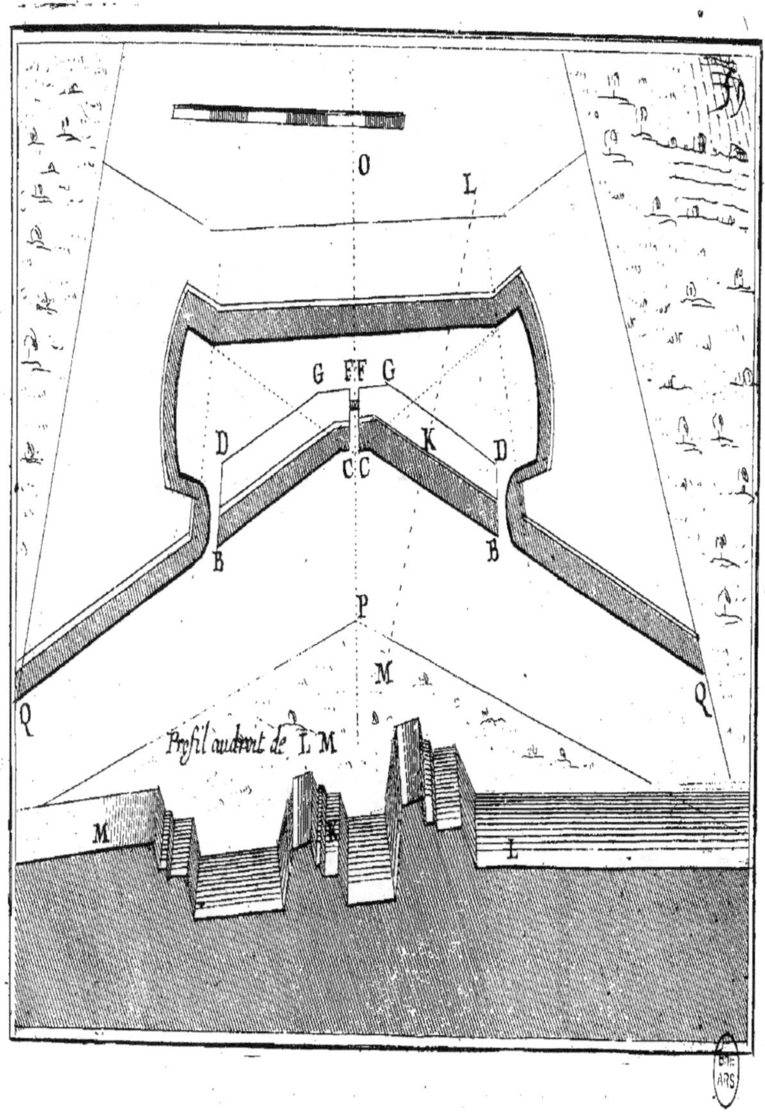
O
L
G FF G
D
K
D
C C
B
B
P
M
Q
Q
Profil audroit de L M
M
L

COupez l'angle rentrant de la contrescarpe par la ligne C D de 2 toiſes de longueur ; tirez les deux lignes A B, paralléles & diſtantes chacunes de la perpendiculaire E G de 6 pieds, laiſſant 3 pieds à chaque extrêmité de ces deux lignes pour le paſſage des Soldats commandez pour les dehors ; vous creuſerez entre ces deux lignes une eſpéce de foſſé de 3 pieds de profondeur ; & de la terre qui en ſortira, on élevera les parapets H H de 3 pieds de hauteur au-deſſus du niveau du fond du grand foſſé : le deſſus I K ſera en pente, comme il eſt marqué par le profil ; au pied de chaque parapet on fait une banquette de 3 pieds de largeur, & de 2 pieds de hauteur.

On y ajoûte des paliſſades que l'on plante ſur la banquette à un pied de diſtance du parapet.

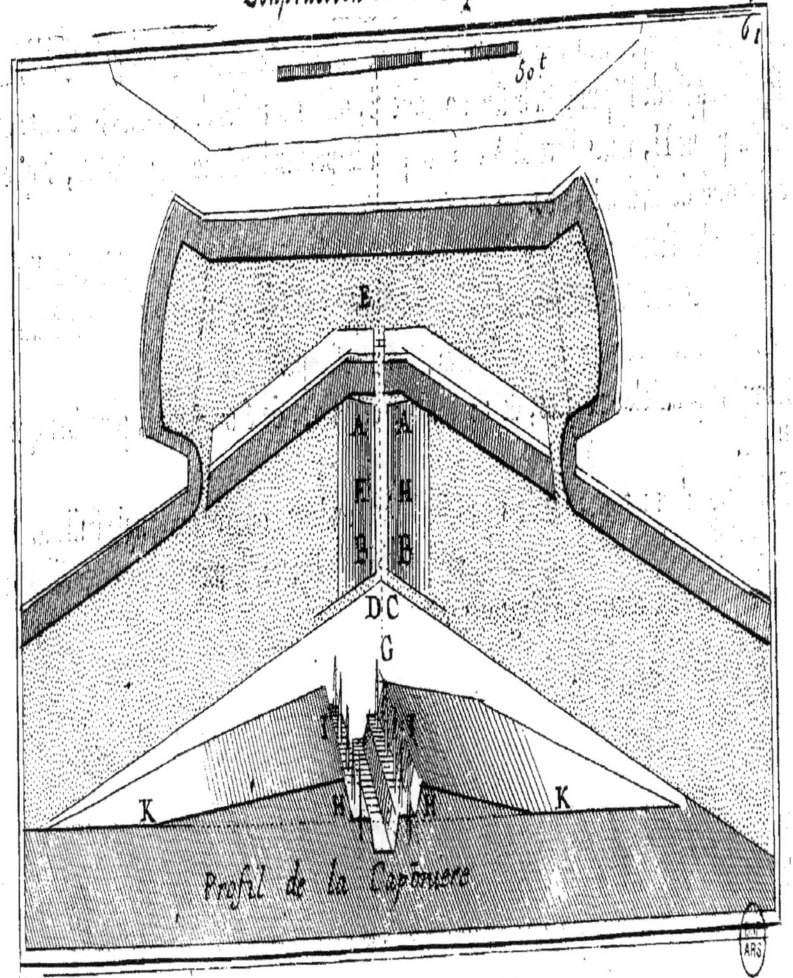

Profil de la Caponiere.

Prolongez la perpendiculaire vers la campagne, & prenez la diſtance de l'angle du flanc H, juſqu'à l'angle de l'épaule du baſtion oppoſé E, ou à 10 toiſes des épaules ; de cette ouverture & du point H, faites l'arc E A qui coupera la perpendiculaire au point A, lequel ſera l'angle flanqué de la demi-Lune.

Pour avoir les faces, tirez du point A aux angles d'épaule E, ou à 10 toiſes, des lignes qui feront terminées par la rencontre de la contreſcarpe aux points B & C ; les deux demi-gorges DB & DC, ſe trouveront tracées ſuivant la contreſcarpe.

Le Rampart paralléle aux faces, de 10 toiſes d'épaiſſeur, de 6 ou 7 pieds plus bas que celui de la Place.

Le foſſé large de 12 toiſes, & de 15 pieds de profondeur, on arondit l'angle ſaillant.

Dans ce foſſé & dans tous ceux des dehors, on fait des Places d'armes K couvertes d'un parapet, & paliſſadées comme celui de la Caponiere.

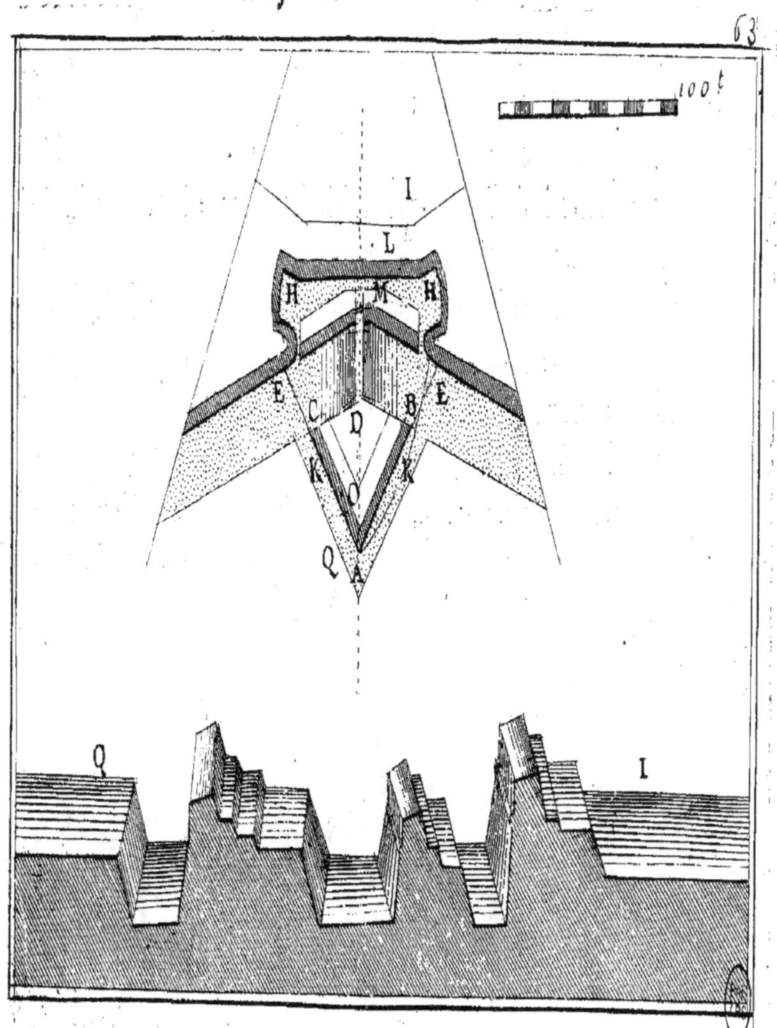
100 t
63
I
L
H M H
E E
C D B
K O K
O
Q A
Q
I

PRolongez les faces de la demi-Lune au-delà du fossé de D en C de 30 toises ; portez 15 toises sur la contrescarpe de la Place de A en B ; tirez les lignes B C & D C ; vous aurez les faces, & les lignes A B & A D seront les demi-gorges.

Le rampart, le parapet & le fossé se fait comme à la demi-Lune ; la hauteur du rampart sera de 3 ou 4 pieds plus bas que celui de la demi-Lune.

Dans le milieu des Lunettes on fait un retranchement I composé d'un rampart & son parapet qui se joint à celui de la grande face, & paralléle à la petite face, son fossé sera de 3 toises de largeur & 10 pieds de profondeur, & se joint à celui de la demi-Lune.

On fait aussi dans les demi-Lunes un corps de garde retranché H, que l'on appelle aussi Réduit, dont les murs sont percez de créneaux, qui sont des trous obliques qui ont 2 pouces ou 2 pouces & demi d'ouverture en dehors, & 18 ou 20 pouces en dedans ; on fait aussi un fossé L, large de 3 toises, & profond de 10 pieds.

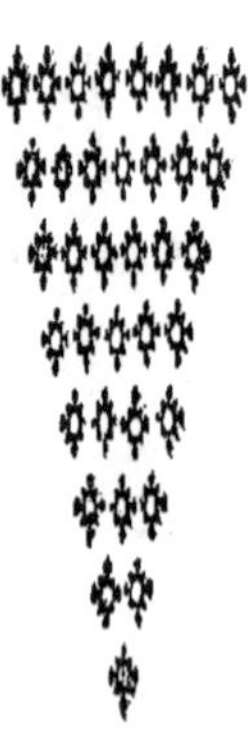

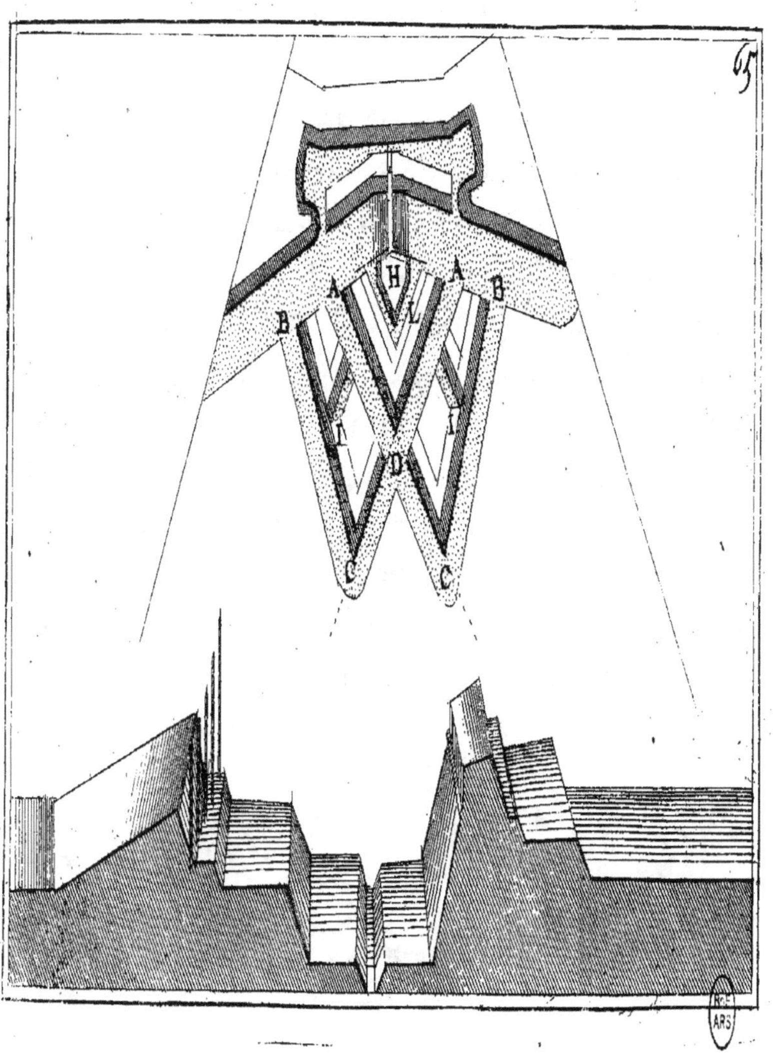

I

avec flancs & des petites Lunettes.

Lorſque l'on veut faire des flancs à une demi-Lune, on la trace comme la précédente, & on retranche de chaque demi-gorge de C en D, & de B en E, depuis 4 juſqu'à 10 toiſes; & des points D & E vous tirerez les flancs EF & DG perpendiculaires à la courtine; vous ferez le petit corps-de-garde comme ci-devant.

A tous les angles rentrans des demi-Lunes, des grandes & petites Lunettes, & à tous les angles rentrans de la contreſcarpe, on fait des dégrez pour le ſervice des dehors.

Pour conſtruire les petites Lunettes L, donnez 15 ou 18 toiſes à chaque demi-gorge HI; prenez 20 ou 24 toiſes, & des points I vous ferez des arcs qui ſe couperont au point K, duquel vous tirerez les faces KI; on ne fait point de rampart, mais ſeulement un parapet & un foſſé de 6 toiſes. Lorſque les foſſez ſont pleins d'eau, on ne fait point de Caponiere ni de degrez, on fait ſeulement de petits ponts de communication d'un ouvrage à l'autre, aiſés à rompre dans les occaſions; on fait un corps-de-garde dans chaque ouvrage détaché.

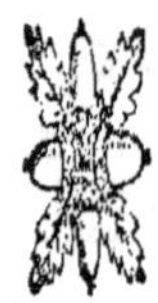

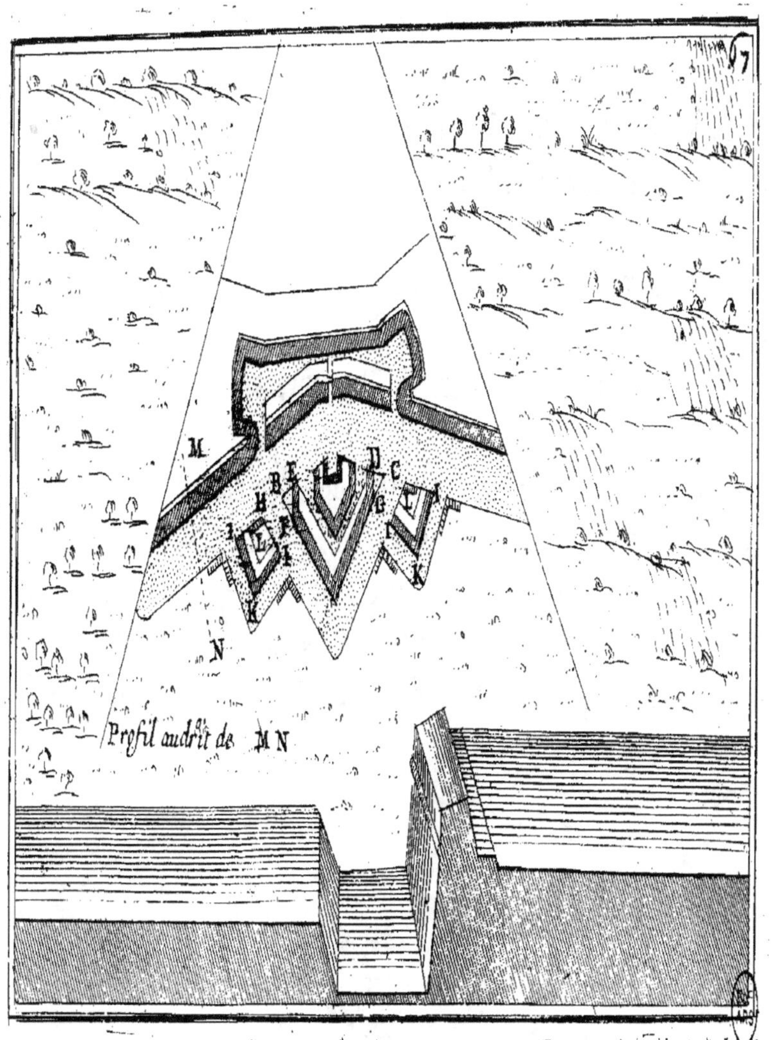

M
N
B
D
C
H
A
G
I
L
F
K
K
Profil audrit de M N

LOrsque le corps de la Place & les dehors sont tracez, on tracera le chemin couvert A, paralléle & distant de la contrescarpe de 5 toises; il doit regner autour de la Place & des dehors.

A tous les angles rentrans on fait des Places d'armes, on donne à chaque demi-gorge B D 10 toises, & à chaque face D E 12 toises.

A tous les angles saillans, les Places d'armes I se trouvent naturellement par l'arrondissement du fossé.

Ensuite tracez le parapet du chemin couvert F, que l'on nomme Glacis, large de 15 ou 20 toises; sa hauteur du côté du chemin couvert sera de 6 pieds, & va en talus vers la campagne.

Au pied du parapet sur le chemin couvert on fait une banquette G de 3 pieds de largeur & d'un pied & demi de hauteur; sur cette banquette à un pied de distance du parapet, on plante des pieux en lozanges à 4 pouces les uns des autres; c'est ce que l'on nomme palissades.

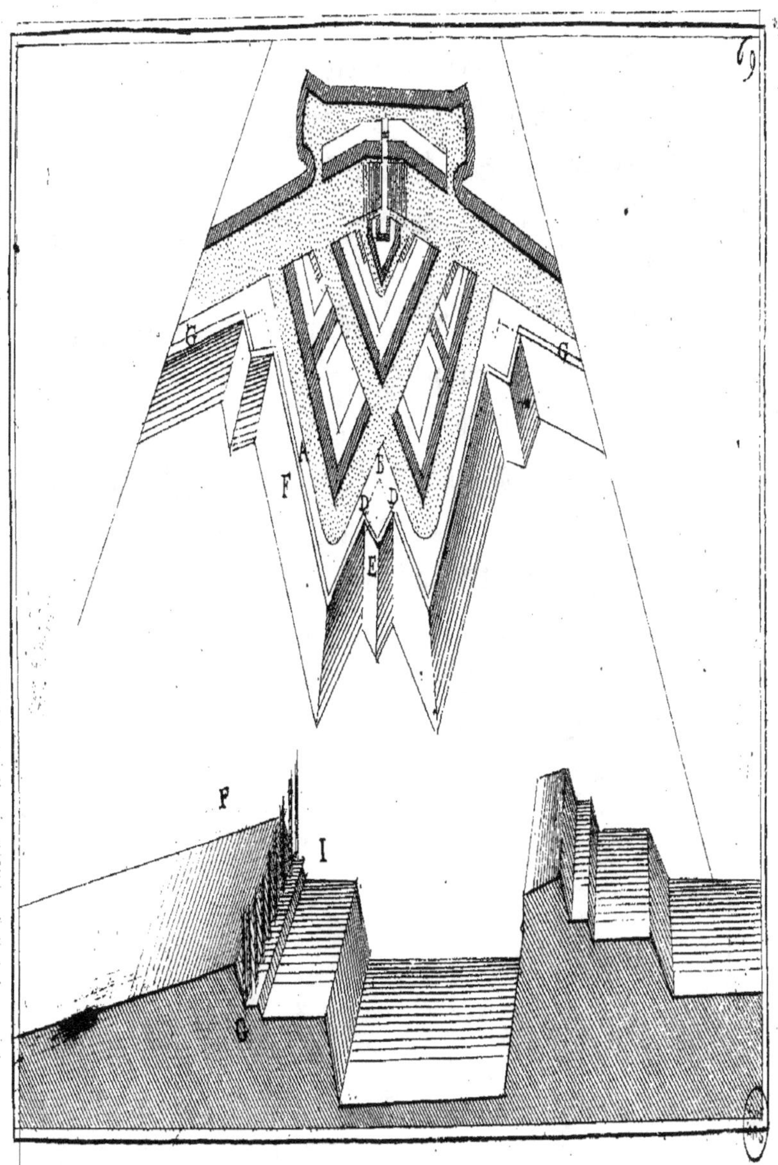

F
A
B
D D
E
P
I
G
G
G

ON ferme les Places d'armes avec des Traverſes en forme de parapet de 3 toiſes d'épaiſſeur, de 6 pieds & demi de hauteur du côté de leurs banquettes, & 3 ou 4 pieds de l'autre côté; leſquelles traverſent perpendiculairement le chemin couvert.

Celles des angles rentrans A ont leurs banquettes du côté de la Place d'armes', & battent toute la longueur du chemin couvert.

On fait une échancrure dans le chemin couvert de 4 pieds & demi pour le paſſage du Soldat.

Celles des angles ſaillans B ſont moins longues de 4 pieds & demi que la largeur du chemin couvert, & ont leurs banquettes du côté du chemin couvert.

On couvre ce paſſage d'un petit merlon C, qui tient au parapet du chemin couvert, & diſtant de la Traverſe de 4 pieds & demi, & de même conſtruction que les Traverſes.

Dans le parapet du chemin couvert au droit des Places d'armes, on fait des coupures D larges de 10 pieds, élevées en d'os d'âne dans le milieu; ce ſont des chemins qui ſervent pour faire des ſorties & recevoir le ſecours; on les ferme avec une barriere.

Des angles rentrans & ſaillans du chemin couvert aux angles rentrans & ſaillans du glacis, on tire des lignes pour marquer que les ſaillans ſont élevez, & les rentrans ſont baiſſez.

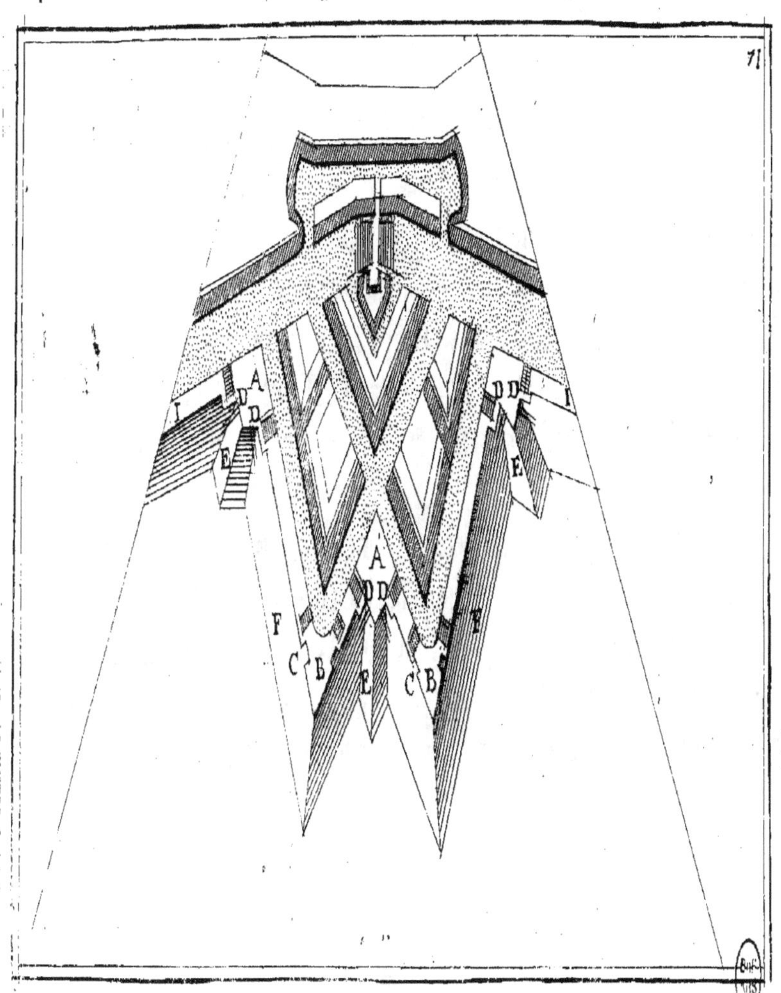
71
I D A
D
E
D D I
E
A
D D
F F
C B E C B

CONSTRUCTION DE L'AVANT-FOSSE' A,
& des Lunettes B.

L'Avant-Fossé se fait à l'extrêmité du glacis, & regne autour de la Place; sa largeur est de 10 toises; sa profondeur de 12 ou 15 pieds, & plus, si l'on a assez d'eau pour le remplir.

Tous les angles saillans & rentrans seront arrondis.

Pour construire les Lunettes B, tirez une ligne occulte de l'angle rentrant de la contrescarpe C, à l'angle saillant de la Place d'armes D, que vous prolongerez au-delà de l'Avant-Fossé de 20 toises au point E, duquel vous tirerez les faces E F jusques sur le bord du Fossé; en sorte que l'angle E ait au moins 60 degrez, & que les capitales B E le coupent en deux parties égales.

Le rampart sera peu élevé, de maniere qu'il ne commmande point le chemin couvert; le parapet à l'ordinaire; le Fossé se continuera le long des faces; on fait les portes dans le milieu des courtines; on coupe le rampart pour y faire une voûte O, & deux autres à côté qui servent de corps-de-garde; en-dehors on fait un pont-levis, au bout duquel est un pont de bois P qui traverse la tenaille; on fait une autre porte dans une des faces de la demi-Lune L & le pont I.

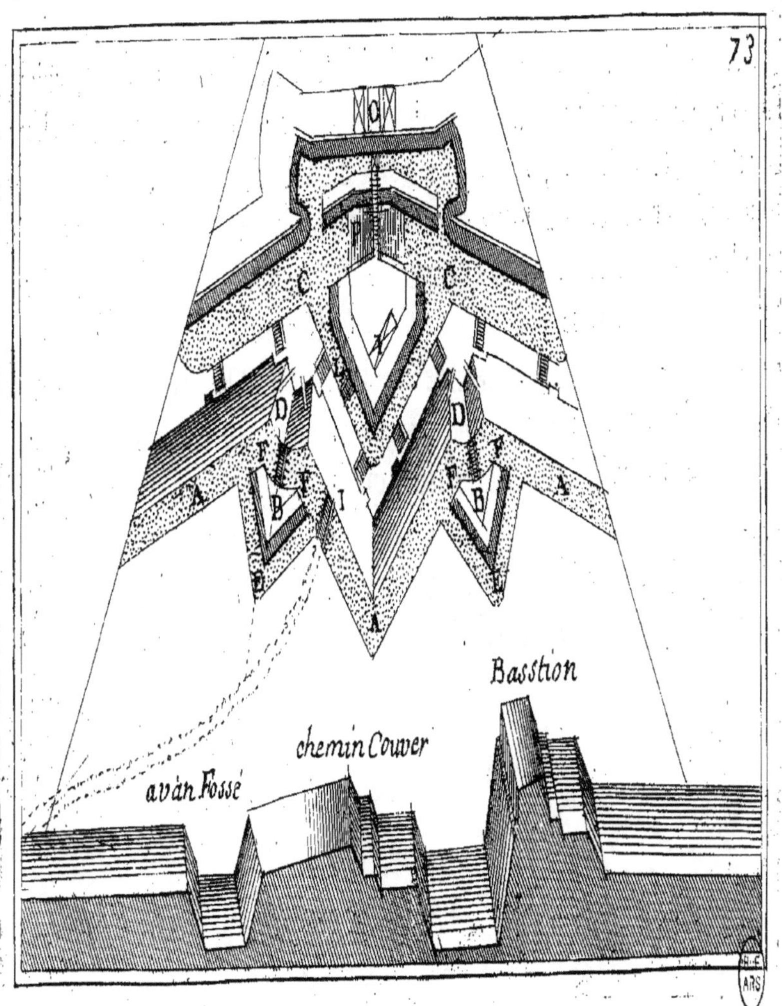
73
Basstion
chemin Couver
avan Fosse

LA Contregarde M se met à la pointe du Bastion, & sert à couvrir les faces, & voici de quelle façon elle se construit : portez la distance A B extrêmité des faces des demi-Lunes opposées, de B en E, & de A en E pour avoir le point E qui sera l'angle flanqué de la Contregarde.

Du point E au point O (qui sont les épaules des demi-Lunes) tirez les lignes E O ; & pour terminer la longueur des faces de cette Contregarde, tirez du milieu des faces du Bastion les lignes C I paralléles aux flancs du même Bastion ; les lignes I V feront les flancs, & I E les faces.

Pour construire la seconde Contregarde V qui est à-présent la plus en usage, parce qu'elle couvre davantage le corps de la Place, portez 15 ou 20 toises paralléles à la Contrescarpe du Bastion pour avoir les faces H Z de la Contregarde, qui iront se terminer jusqu'aux fossez des demi-Lunes.

La largeur du Rampart de ces Contregardes doit avoir trois ou quatre toises ; sa hauteur doit être moindre de 3 ou 4 pieds que celui de la Place.

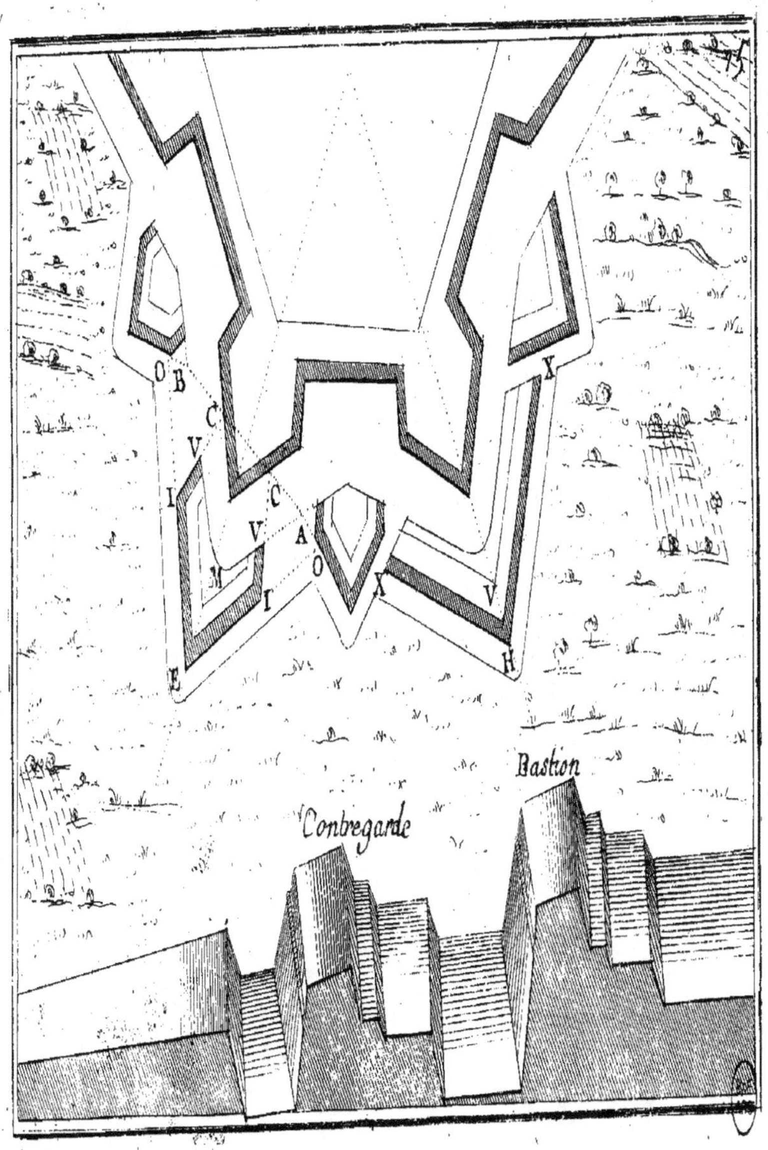
O
B
C
V
I
V
C
V
A
O
X
I
X
V
E
H
Conbregarde
Bastion

L'Ouvrage à Corne se construit en prolongeant la perpendiculaire depuis l'angle de la demi-Lune C jusqu'en D, de 88 toises; & du point C faites l'arc F D G, sur lequel vous porterez 60 toises de D en F; & de D en G tirez la ligne occulte F G, laquelle sera le côté extérieur, sur lequel vous ferez les divisions nécessaires pour construire les deux demi-bastions, suivant les regles ci-devant.

L'ouvrage à Couronne se construit en prolongeant la perpendiculaire de E en H de 100 toises, & du point E faites l'arc R H K; portez sur cette arc 100 toises de H en R; & de H en K tirez en lignes occultes les côtez extérieurs H R & H K, sur lesquels vous ferez les divisions nécessaires pour construire le Bastion O, & les deux demi-Bastions P P, comme il a été enseigné ci-devant.

Les aîles de ces ouvrages se tirent aux angles d'épaule jusqu'à la rencontre de la Contrescarpe comme G I, F I, pour l'ouvrage à Corne, & K N, R M, pour l'ouvrage à Couronne.

Le chemin couvert & glacis se construit comme ci-devant. Le fossé large de 12 toises; le Rampart de 2 pieds plus bas que celui de la demi-Lune.

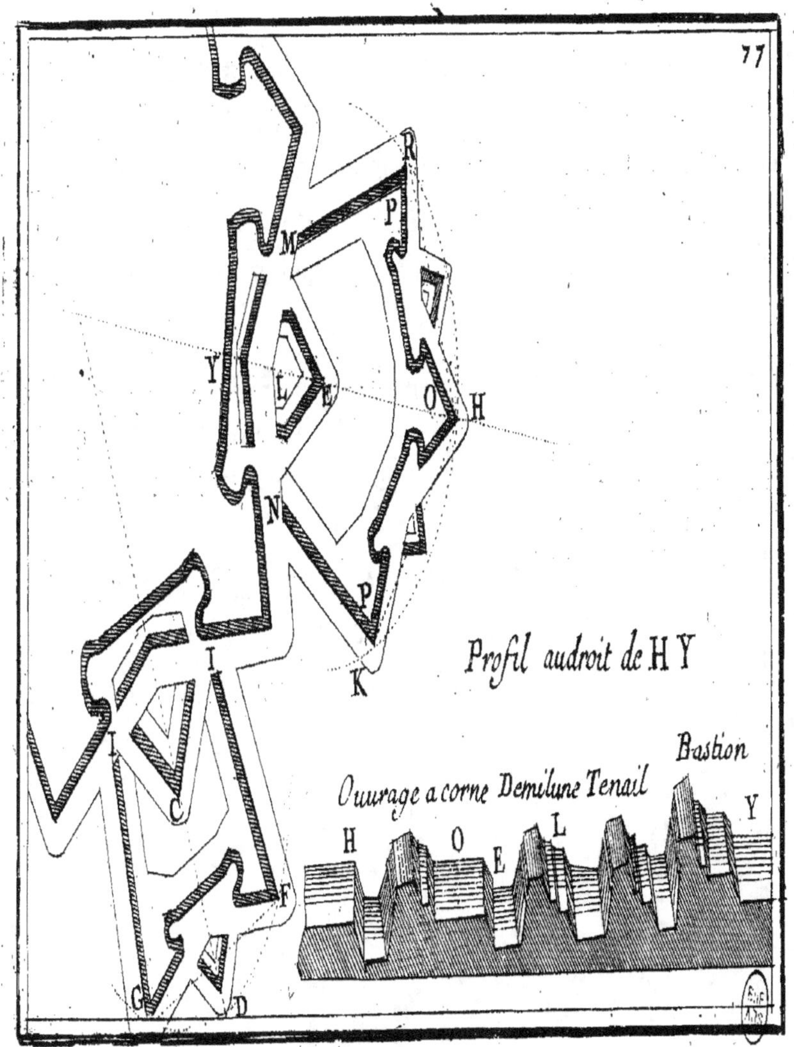
77
R
P
M
P
Y L E O H
N
P
K
I
I
C
F
G D
Profil audroit de H Y
Bastion
Ouurage a corne Demilune Tenail
H O E L Y

DAns les différentes méthodes particulieres que nous appellerons fystêmes; les uns commencent à déterminer le côté du Poligone intérieur, & les autres le côté du Poligone extérieur.

Ceux qui commencent à fortifier par le côté du Poligone intérieur, difent fortifier extérieurement, & par le Poligone extérieur, fortifier intérieurement. C'eft dans la différente maniere de déterminer ces côtez extérieurs & intérieurs, que confiftent les différens fyftêmes des Auteurs particuliers.

Car ceux qui ne fçavent les fortifications que par la lecture des Livres anciens, n'ont pu former d'autres maximes que celles qu'ils ont luës dans ces Livres, n'ayant été établies que fur des manieres anciennes d'attaquer & de défendre; la plûpart inutile, pour ce tems-ci, dans lequel la maniere de faire la guerre eft changée.

Il eft donc néceffaire que des perfonnes qui ont d'ailleurs toute la théorie de la guerre, s'inftruifent de la pratique, en fe fervant des réfléxions de ceux qui ont beaucoup d'expérience.

Voici les différens fyftêmes que je donne par ordre, pour conclure leurs avantages & défavantages.

Errard vivoit du tems d'Henri IV. nous avons plusieurs de ses Ouvrages & Places fortifiées de lui, comme la Citadelle d'Amiens, quelques piéces du Château de Sedan.

Pour fortifier à sa maniere, décrivez le Poligone que vous voulez fortifier, que je suppose un éxagone; tirez les rayons I A , L G ; faites l'angle F A B de 45 dégrez qui sera le demi angle flanqué; divisez cet angle en deux également; par la ligne A E prenez A B, le tiers de A G pour la face; & du point B, abaissez la perpendiculaire B E qui coupera la ligne A E en E, duquel vous éleverez E F perpendiculaire aux rayons I A.

B E sera le flanc, E F la demi-gorge, qui feront égales.

Tirez la courtine E C paralléle au côté du Poligone A G.

Faites la même construction tout autour.

Prenez la ligne de défense A C, pour faire votre échelle que vous ferez valoir 120 toises.

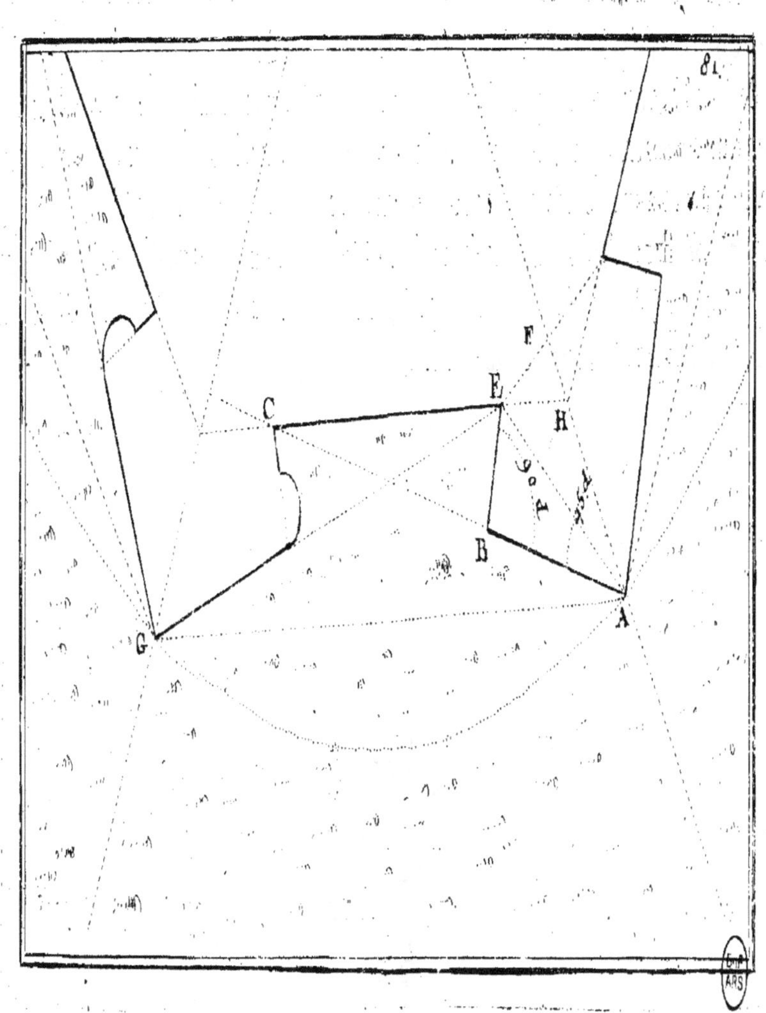
C
E
F
H
G
B
A
L

Ceux qui défendent l'opinion de cet Auteur, se servent des raisons suivantes ; qu'il donne à ses Bastions beaucoup de capacité, y faisant les flancs perpendiculaires sur les défenses ; que les Soldats qui combattent sur des flancs inclinez comme les siens, battent de revers ceux qui voudroient venir à l'attaque des Portes, & sont moins découverts que les autres.

Que les mêmes flancs de ses Bastions étant ainsi obliques, augmentent de beaucoup la grandeur de leurs faces ; que l'Artillerie logée dans les Places Basses ou Cazemates faites dans les flancs ainsi inclinez, est à couvert des Batteries assaillantes.

SOus la méthode ou systême des Hollandois, nous comprenons celle de Marolois, Fritach, Dogens, Stevin, qui ont tous beaucoup de rapport les uns aux autres.

Ils font la ligne de défense fichante, & de 120 toises de longueur; l'angle du flanc est toûjours droit; ils veulent des fausses Brayes autour de leurs fortifications, leurs fossez pleins d'eau.

La mésure dont ils se servent, est le pied Rhynlandique qui est un peu plus petit que celui de Paris; & la verge qui contient 12 de leurs pieds, est presque deux toises de Paris.

Pour fortifier à leurs manieres, faites l'angle B A D égal au demi angle de la circonférence de la figure que vous voulez fortifier; décrivez l'arc B D, & prolongez la partie D C de 15 ou 20 dégrez, pourvû que l'arc total B C ne soit pas plus grand que 90 dégrez; coupez l'arc B C en deux également en E, & tirez la ligne A E qui doit être la face du Bastion. Du point E tirez la perpendiculaire E F sur le côté extérieur A K du Poligone; partagez la face en deux également, & portez trois de ces parties, depuis F jusqu'en I qui doit regler la longueur de la courtine; faites I K égal à A F. Enfin le côté A K sera le côté du Poligone. Tirez la perpendiculaire I L égal à F E; partagez E F en deux également; & portez en trois parties de F en N; tirez la ligne N E H qui coupera la capitale en H, tirez H G, M O, parallèles au côté du Poligone extérieur, alors vous aurez les demi-gorges, les flancs, courtines & faces.

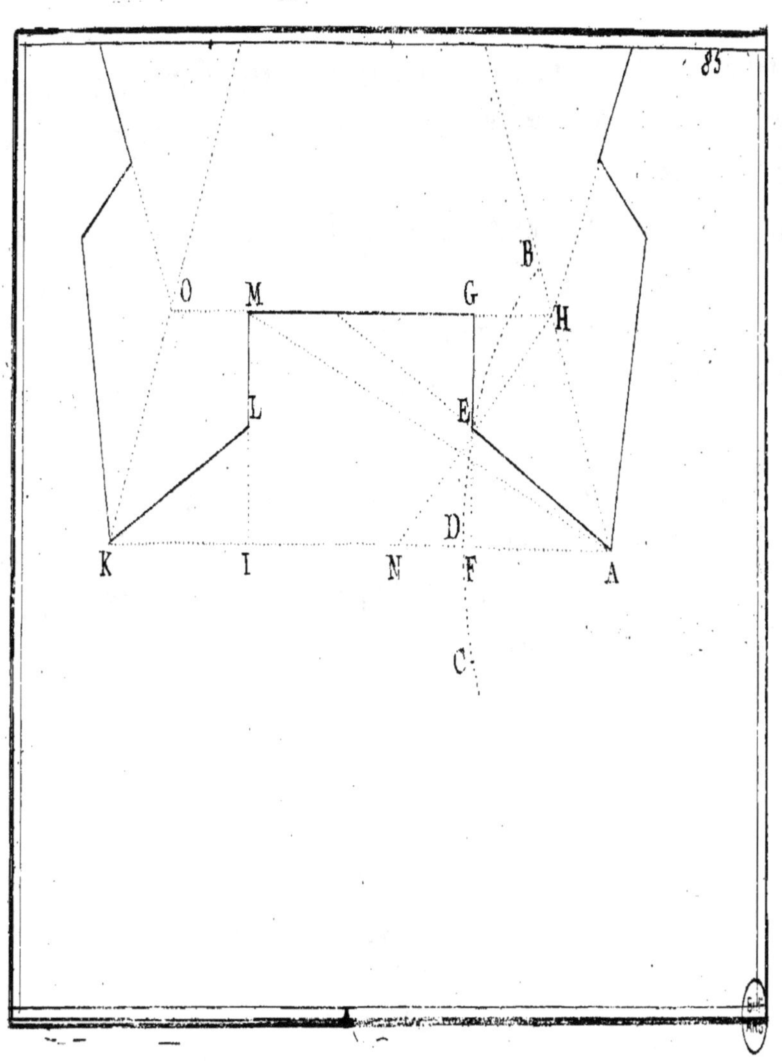

O
M
G
B
H
L
E
K
I
N
D
F
A
C

POur tracer les fauffes Brayes, tirez en dehors des Paralléles G G G au principal trait de la fortification B C D, qui en foient éloignez de 8 toifes, fçavoir 5 toifes pour le Terreplein, & 3 toifes pour le Parapet.

Il faut prendre garde que la face de la fauffe Braye foit vuë non feulement du flanc de la fauffe Braye, mais encore de celui de la Place ; car fi cela n'étoit pas, il faudroit tirer de l'angle du flanc une ligne par l'angle de l'épaule de la fauffe Braye laquelle détermineroit la face de la fauffe Braye.

Le foffé fe fait autour de la fauffe Braye, comme autour de la Place ; on le peut faire un peu plus étroit.

Le principal ufage de la fauffe Braye eft de défendre d'un feux dangereux, & rafant la contref-carpe dans le tems que l'ennemi s'en veut rendre le maître, & qu'il a chaffé ceux qui étoient dans le chemin couvert ; on s'en fert dans les lieux bas, fans contrefcarpe ni commandement, comme les marais, les grandes Rivieres, &c.

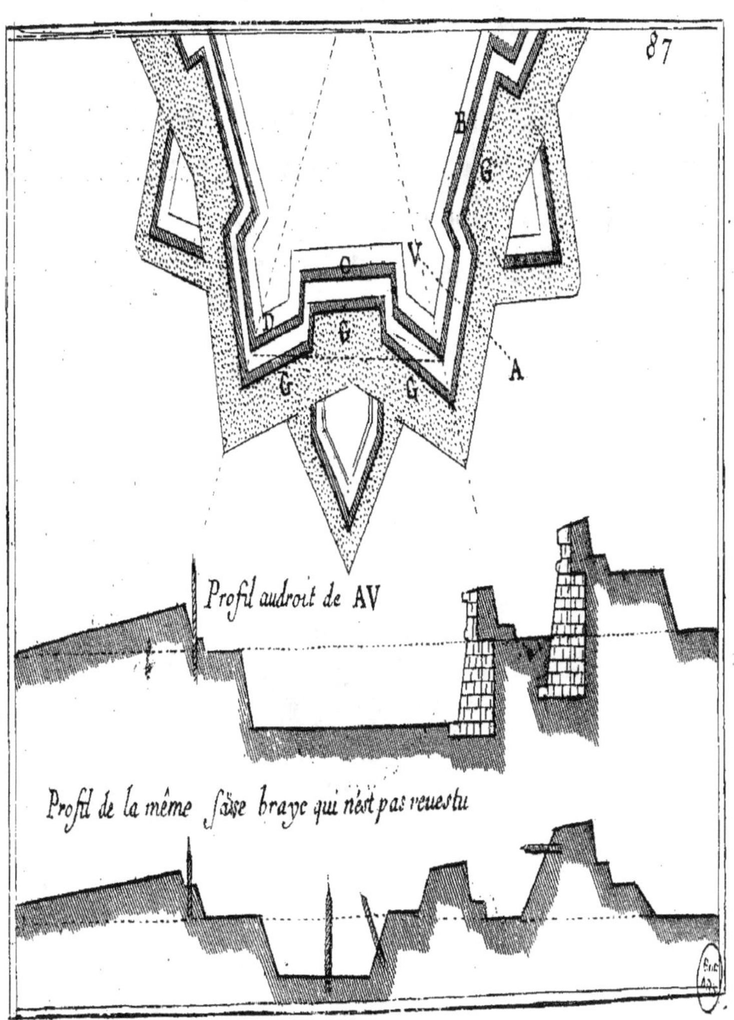
87
E
G
V
D
G
A
G
G
Profil audroit de AV
Profil de la même faúse braye qui n'est pas reuestu

CONSTRUCTION DES FAUSSES BRAYES
suivant Samuël Marolois, Hollandois.

POur fortifier selon cette hauteur, vous suivrez la même construction que la précédente, & donnerez 48 toises pour la face, l'angle flanqué de 80 degrez, la courtine de 64 toises, qui donne la raison de la face à la courtine comme 3 à 4.

L'on y construira aussi des fausses Brayes qui feront paralléles au corps de la Place d'environ 8 à 9 toises.

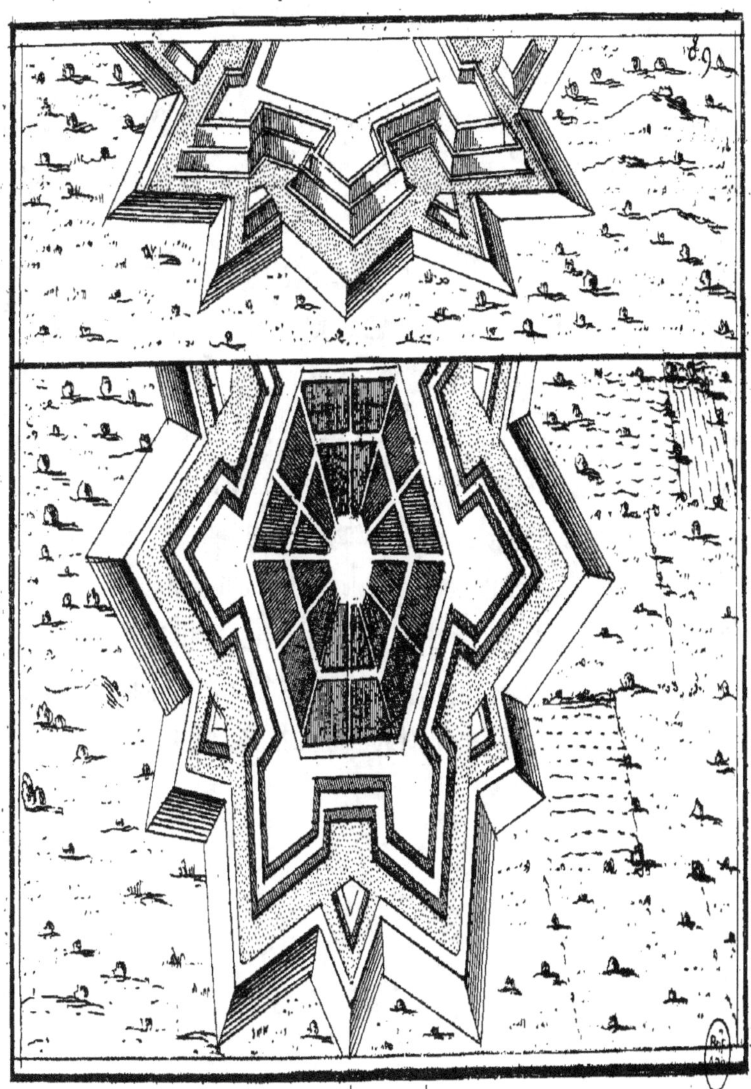

LE Chevalier de Ville a pour maxime que la demi-gorge A B soit la sixiéme partie du Poligone intérieur, que le flanc B D soit toûjours perpendiculaire à la courtine & égal à la demi-gorge.

Pour construire une fortification à sa maniere, décrivez un cercle dans lequel vous inscrirez le poligone que vous voulez fortifier ; divisez un de ses côtez A C en six également, & prenez une de ces parties pour les demi-gorges A B, E C, aux extrémitez desquelles élevez des perpendiculaires à la demi-gorge pour servir de flanc B D, E G ; portez E G, de E en G & A B de B en D ; pour avoir la hauteur des flancs ; tirez une ligne de l'extrêmité du flanc G à l'autre Q du même Bastion, cette ligne sera coupée en deux également par la capitale en K, sur laquelle il faut prendre K G & la porter sur la capitale pour avoir le point H qui déterminera l'angle flanqué ou pointe du Bastion, & tirer les faces F D, H G, & achever la fortification à l'ordinaire ; faites une échelle égale au côté du poligone intérieur A C, que vous ferez valoir 120 toises.

On peut rapporter à cette métode celle des Espagnols, & aussi des Italiens.

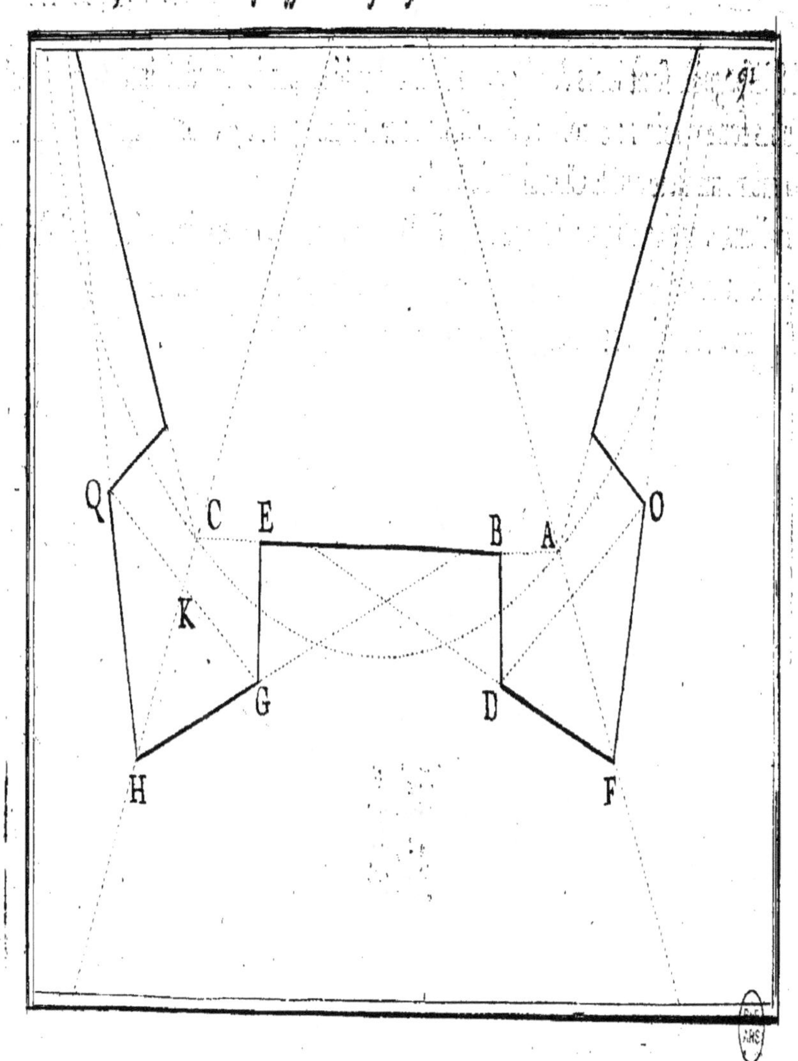
Q
C E B A O
K
G D
H F

LES Espagnols font leurs demi-gorges de la cinquiéme partie du côté intérieur du Poligone qu'ils font valoir 120 toises, & le flanc de la sixiéme partie, & fortifient à la ligne rasante, & de la même maniere que le Chevalier de Ville.

Les Italiens sans s'appliquer à la grandeur de l'angle flanqué, déterminent le second flanc en lui donnant le tiers ou le quart & quelquefois la moitié de la courtine, selon les nombres des côtez du Poligone, & fortifient extérieurement, comme le Chevalier de Ville.

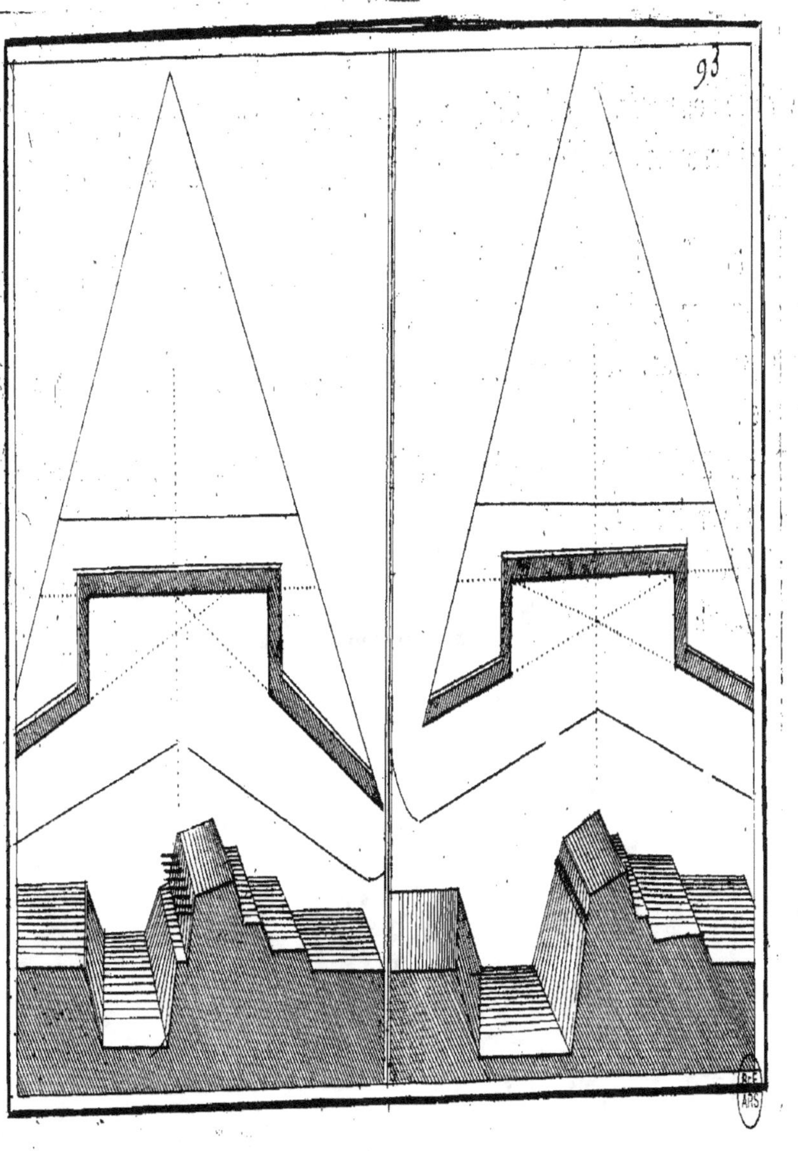

LOrfque l'on voudra faire des Cazamates, on divifera le flanc en deux ou trois parties égales, & du tiers ou de la moitié ; on tirera la ligne A O, correfpondante à la pointe du baftion oppofé.

L'on fera enfuite la droiture de l'épaule O O égale au tiers du flanc, & l'on menera O C paralléle au flanc, ou bien on l'arrondira.

Leur profondeur en-dedans eft de 20 ou 30 pieds pour mettre les canons, & 3 pieds pour les voûtes.

La Place baffe doit aller en élargiffant du côté de la courtine, afin que le canon qui eft là, puiffe être pointé vers la contrefcarpe.

Du côté de la courtine doit être l'entrée ou voûte qui doit commencer au-dedans de la Ville paffant par-deffous le rampart d'une largeur & hauteur fuffifante pour pouvoir mener par-là le canon.

95
M
L
O
C
O
Q
A
Profil L M.
Place haute
Place baffe

DU côté de l'épaule ou orillon il doit y avoir une petite porte avec sa descente pour aller secretement dans le fossé pour y faire des sorties; on peut aussi la faire par-dedans le bastion du côté de l'épaule.

A la Place basse on fera une porte par laquelle on puisse entrer dans cette descente.

Il faut que cette descente soit faite de façon qu'on y puisse monter & descendre à cheval, afin que la Cavalerie puisse aussi sortir par-là, lorsqu'il y en a dans la Place.

A B C est toute l'épaule ou orillon; H I son merlon; G F H I le plan de la Cazemate; F G font les voûtes pour tenir le canon; K est la sortie dans le fossé de la porte secrete; L la descente pour aller à la Place basse; M est le fossé; I est la voûte qui passe sous le rampart, par où l'on méne les canons dans la Place.

97
K
L
F G
I H
C B A
M
D
N

LE Comte de Pagan propofe trois fortes de Fortifications, la grande, la moyenne & la petite.

Pour conftruire la grande Fortification, faites un cercle dans lequel vous infcrirez un poligone régulier, que je fuppofe un éxagone.

Le côté A B de cette éxagone eft fuppofé de 200 toifes; divifez-le en deux également en C, tirez C O qui aille au centre; prenez fur cette ligne la partie C D de 30 toifes, & tirez par D les lignes de défenfes A G D F, B E D H; prenez fur A D la partie A G de 60 toifes, pour fervir de face; tirez G H perpendiculaire fur la ligne de défenfe B E D H; faites de même la face B E, & le flanc E F, & tirez la courtine F H,

La moyenne Fortification fe conftruit de la même maniere que la précédente, en fuppofant le côté du poligone A B de 180 toifes, & la face de 55 toifes.

La petite Fortification fuppofe le côté extérieur A B de 160 toifes, la face de 50 toifes, & la perpendiculaire de 25 toifes; le refte fe fortifie & fe conftruit comme la grande.

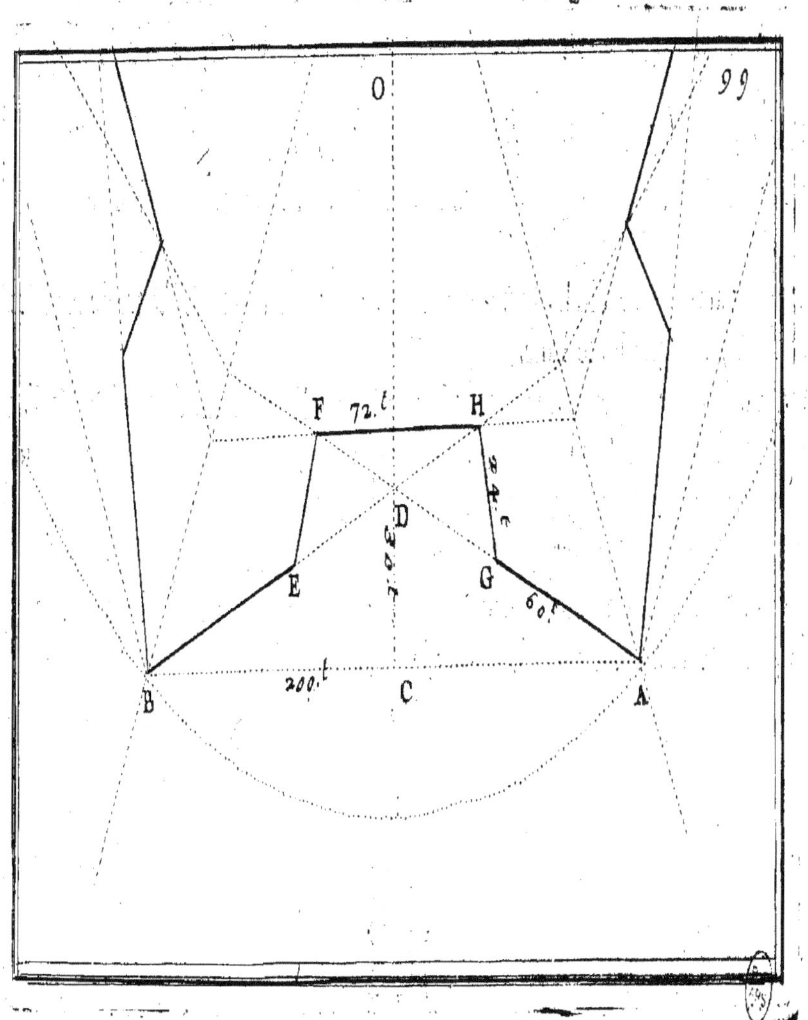
99
O
F 72.t H
D
E G
B 200.t C A

moyennes & hautes ou Cazemates ; selon le Comte de Pagan.

Divisez le flanc A B en deux également; au point C donnez B C pour l'orillon, & A C pour le flanc couvert; portez de C en O 3 toises pour l'enfoncement de la Place basse; & du point O menez O V paralléle à C A.

Menez les parallèles I Z, M L, l'une de 3 toises pour le parapet, & l'autre de 4 toises pour la plate-forme de cette Place basse.

Pour avoir la Place moyenne, menez également les parallèles; l'une de 3 toises, & l'autre de 4 toises pour le parapet & plate-forme; enfin pour avoir la Place haute, menez également les parallèles de 7 toises; l'une de 3 toises, & l'autre de 4 toises; observez qu'il faut que ces deux dernieres Places soient plus longues que la premiere d'environ d'une ou deux toises.

A la Place haute l'on y ajoûte les deux faces E F parallèles aux faces du bastion, avec un bon fossé large & profond, autant que le permet le terrain du bastion.

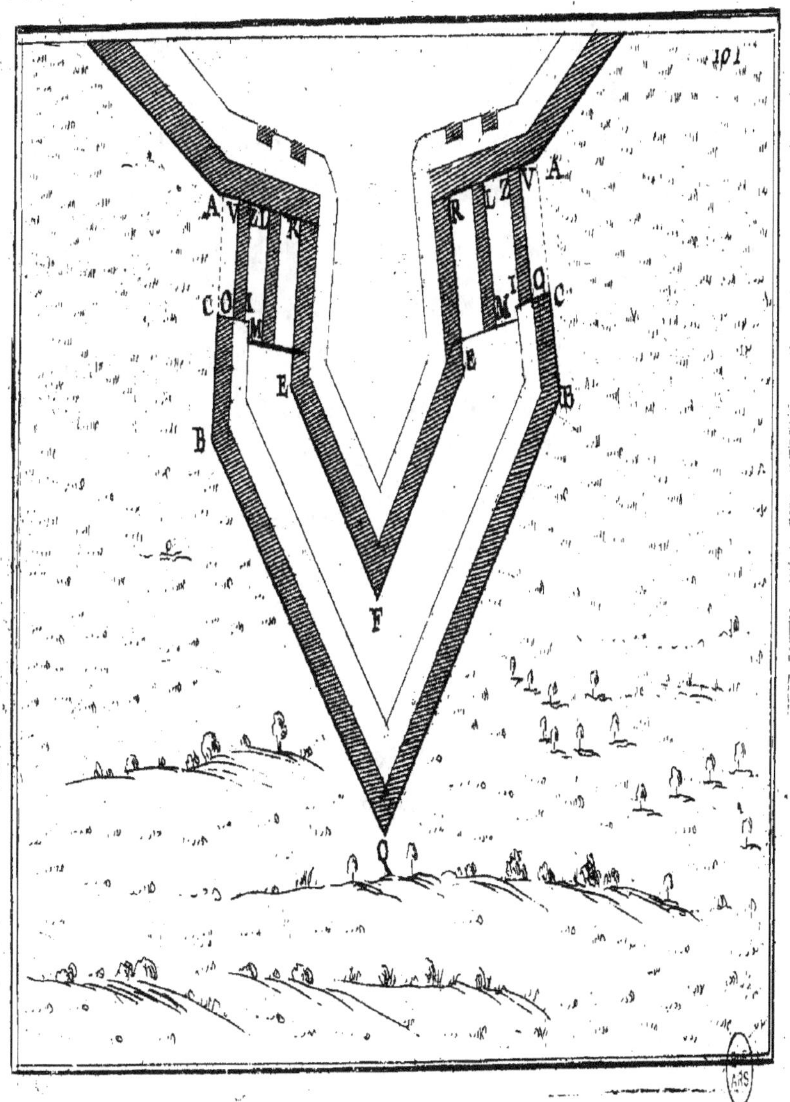

101
A V Z K
C O M
B
E
F
R L Z V A
N I Q C
E
B
Q

Tous les ramparts font de 7 toifes de largeur, compris les 3 toifes des parapets, dans lefquels font compris 3 pieds d'épaiffeurs pour les murailles.

Le rampart des courtines & des baftions, qui eft celui de la Place, eft de 6 toifes de hauteur, depuis le fond du foffé jufqu'au terreplein de la fuperficie, fur laquelle s'éleve le parapet de 6 pieds de haut en-dedans, & de 5 en-dehors, aufquels tous les autres parapets font femblables.

Le grand foffé de la Place eft de 16 toifes de largeur & 3 de profondeur.

Les trois Cazemates fe voyent par le Profil A dans leurs juftes proportions.

La premiere ou la baffe eft de la hauteur de 2 toifes au-deffus du fond du foffé.

La deuxiéme ou moyenne eft de 4 toifes au-deffus du fond du foffé.

La troifiéme ou haute eft de 6 toifes au-deffus du fond du foffé.

L'entrée de ces Cazemates doit être dans le rampart du côté de la Place.

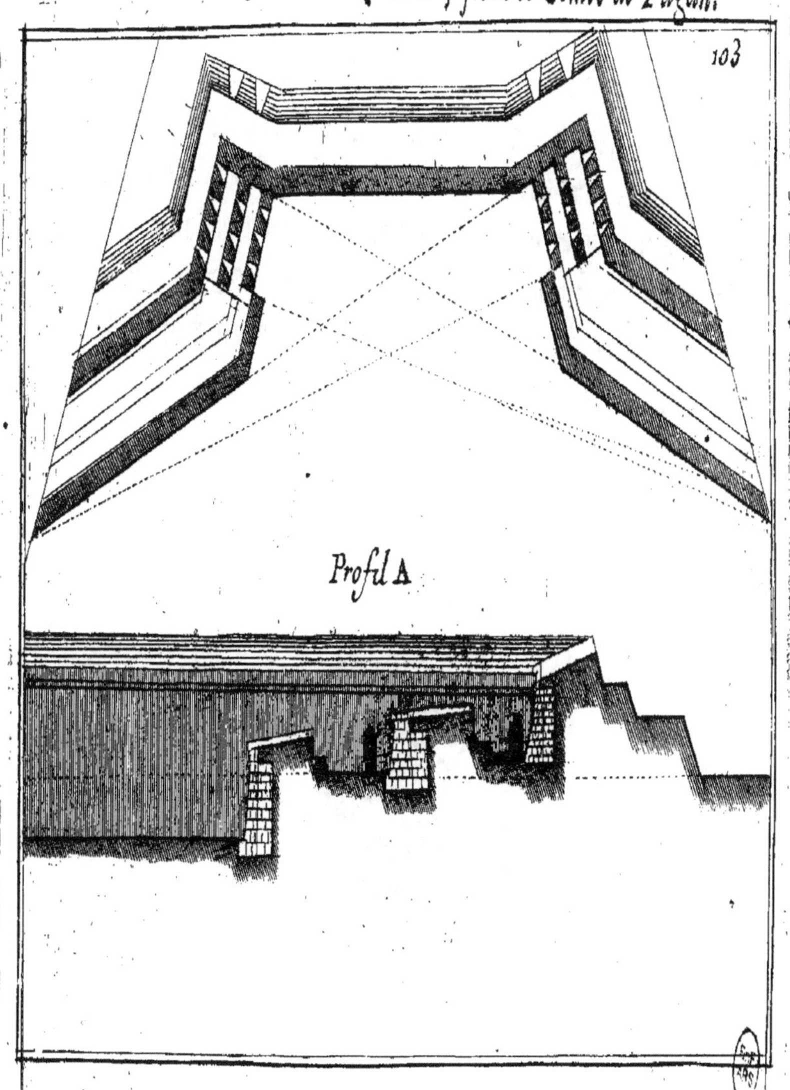

103
Profil A

LA néceffité dans laquelle M. le Marêchal de Vauban s'eft trouvé de fortifier Betfort, a donné lieu à ce nouveau fyftême. Les commandemens dont cette Place étoit environnée, rendoient la fituation très-mal-aifée à être fortifiée par des baftions ordinaires, dans lefquels on auroit été enfilé de tous côtez malgré toutes les traverfes qu'on auroit pû y mettre, & les diverfes rechûtes que l'on fait ordinairement pour fe parer du commandement; c'eft ce qui lui donna occafion d'inventer des petits baftions voûtez à l'épreuve de la bombe, qu'on appelle Tours baftionnées, couvertes de contre-gardes.

O

SUr le côté du poligone A B de 130 toises, prenez A M & B K de 4 toises 2 pieds ; faites K F & M N perpendiculaires au poligone A B pour les flancs, auſquels vous donnerez 6. toiſes ; tirez N T perpendiculaire à la capitale A G ; faites T G égal à T N, & tirez G N pour avoir les faces ; faites la même choſe à la Tour oppoſée, vous aurez les Tours baſtionnées dont l'angle flanqué G ou L ſera droit, ou de 90 degrez.

Pour les contregardes prenez A C & B D égales chacunes à la quatriéme partie du poligone A B ; élevez des perpendiculaires C H & D O. Des épaules F & N des Tours baſtionnées ſoient tirées au point L & G deſdites Tours les lignes N L, F G coupant les deux perpendiculaires C H, D O aux points H & O, deſquels points & des angles du flanc M & K deſdites Tours, ſoient tracées les lignes K O Q L & M H P R prolongées, juſqu'à ce qu'elles rencontrent les capitales aux points L & R.

Enfin, faites C S & D V d'une toiſe pour donner l'obliquité aux flancs des contregardes, dont H Q ſera le flanc & L Q la face.

Tirez H X de 10 toiſes, ſuivant la direction de la ligne G H ; prolongez les faces de vos Tours de 7 ou 8 toiſes, & tirez la ligne Z X que vous arrondirez vers Y pour avoir le foſſé deſdites Tours.

Vous ferez enſuite les foſſez des contregardes de 15 toiſes, la demi-Lune, le chemin couvert & glacis, ſuivant ſon ancien ſyſtême.

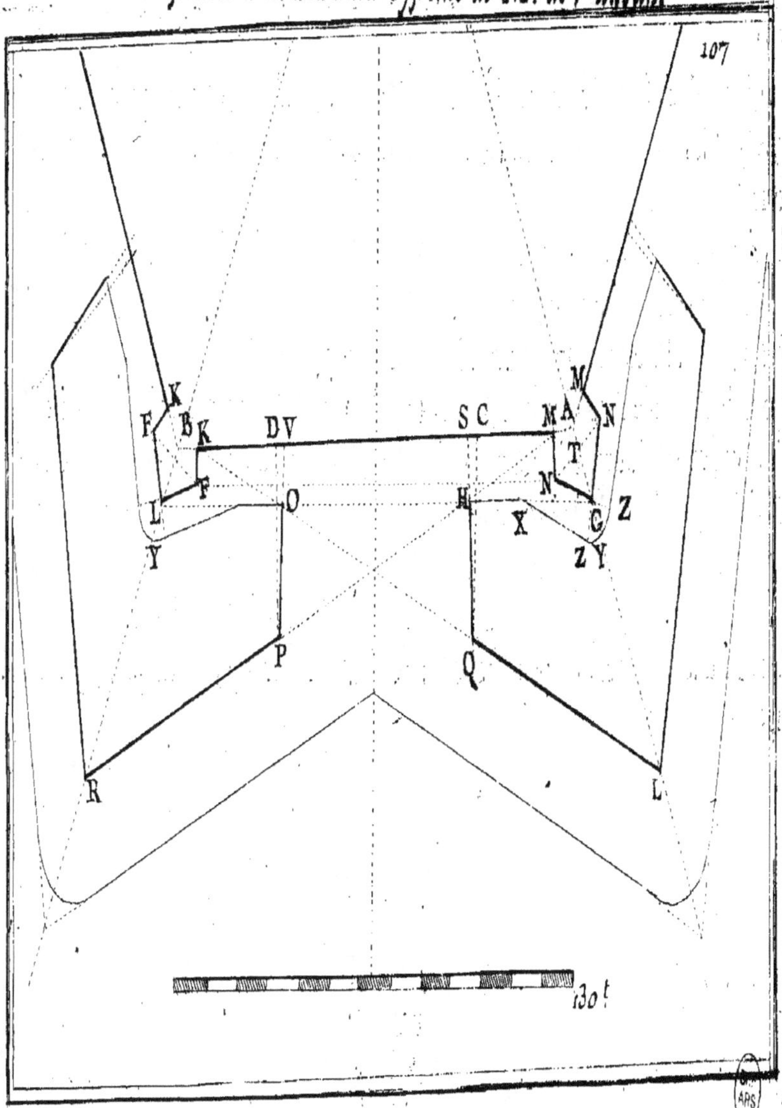

107
F K
F B K D V S C M A N
M
T
L F O H N G Z
Y X Z Y
P Q
R L
130 t

ON voit par la description de ces Tours bastionnées, qu'elles ont les proprietez suivantes; 1°. Qu'elles se défendent les unes les autres, & que les contregardes les couvrent entiérement de la campagne.

On voit par l'élévation B, que ces Tours ayant un étage voûté à l'épreuve de la bombe, le canon qui est sous la voûte ne peut être démonté par la bombe ni par le canon des ennemis; puisque les Embrasures ne sont point vûës de la campagne.

La Tour bastionnée sert d'un excellent retranchement à la contre-garde, & qui est d'autant meilleur, que cette Tour est de bonne massonnerie; qu'elle a un bon fossé, & qu'elle se trouve toute entiere après la prise de la contregarde.

Il y a les mêmes difficultez à attaquer une contregarde qu'un bastion ordinaire; & elle est plus aisée à contre-miner dans le tems d'un siége, à cause du fossé, & de sa gorge; de plus la brêche étant faite à l'une des faces, on peut facilement disputer le terrain, pied à pied, par des retranchemens.

109
Elevation d'une Tour Bastionnée
Coupe d'une Tour Bastonnée

L'Ennemi s'étant rendu maître de la contregarde, après y avoir employé bien du tems & fait bien des efforts, il ne peut que très-difficilement y établir du canon, pour battre les flancs des Tours bastionnées ; parce que ces batteries sont vûës en roüage ou de côté, par la Tour & la Courtine voisine, ou de front par la Tour opposée.

Ces Tours peuvent toûjours être faites en rase campagne, & si le lieu est commandé, elles doivent être préférées aux bastions ordinaires ; parce que cette maniere de fortifier est plus facile à parer des commandemens, que l'autre.

Toutes ces Tours sont des souterrains admirables, dans lesquels on peut mettre dans le tems d'un siége les troupes, & les munitions de guerre & de bouche à couvert de la bombe ; ce qui est un fort grand avantage, dans ces tems-ci, où les bombes sont fort en usage.

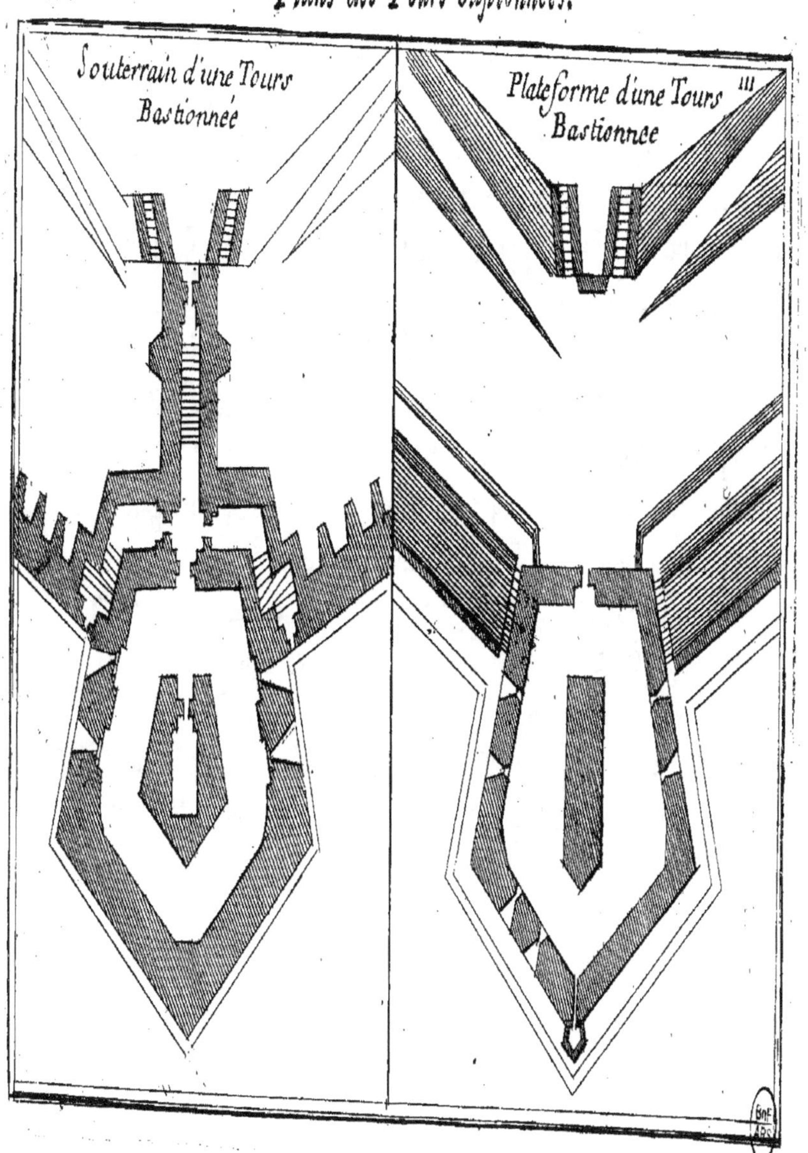
Souterrain d'une Tours
Bastionnée
Plateforme d'une Tours
Bastionnée
III

L'Expérience a juſtifié les grands avantages qu'on pouvoit tirer des Tours baſtionnées ; ce qui a donné lieu à M. le Maréchal de Vauban de leur donner une plus grande étenduë dans la conſtruction du nouveau Briſack, pour défendre le paſſage de leur foſſé par des flancs de quatre toiſes & demi, pratiquez dans la courtine.

Pour conſtruire cette Fortification où le côté AB d'un poligone extérieur eſt de 180 toiſes, abaiſſez ſur le milieu la perpendiculaire CD de 30 toiſes ; tirez les lignes de défenſes ADM, BDL, ſur leſquelles prenez AE, BF de 60 toiſes pour les faces ; du point D portez 31 toiſes de part & d'autre, aux points G & H, pour avoir les flancs des contre-gardes, auſquels vous donnerez 22 toiſes ; des points G & H, tirez la ligne GH qui ſera paralléle aux côtez extérieurs ; portez de I en K 9 toiſes, & tirez par le point K une paralléle au côté extérieur, qui coupera les rayons des poligones en Q & R, où ſera le centre des Tours baſtionnées.

Prenez QL & RM pour les demi-gorges des Tours baſtionnées de 7 toiſes ; des points L & M élevez des perpendiculaires, ſur leſquelles vous prendrez LV pour le flanc extérieur de la Tour de 5 toiſes, & LZ pour ſon prolongement au-dedans de quatre toiſes & demi.

❀

Conſtruction

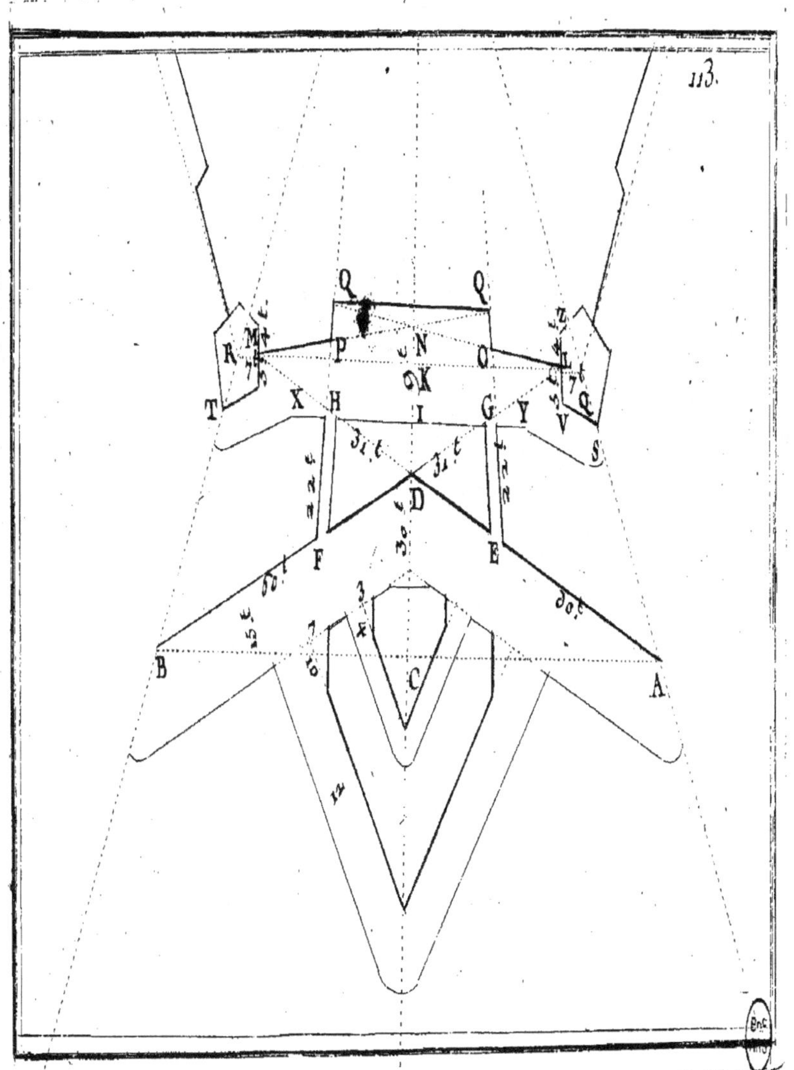
113.
Q   Q
R   P   N   O
K
T   X   H   I   G   Y   V   S
D
F   E
B   C   A

POrtez sur la perpendiculaire de K en N 5 toises; & tirez les lignes L N Q, M N Q, qui couperont les flancs E G, F H prolongez en O & P; tirez la ligne Q Q, ce sera la partie brisée de la courtine; Q O, Q P seront les flancs de la courtine.

Pour déterminer les faces des Tours Bastionnées du point O par l'extrêmité V du flanc L V, tirez la ligne O V S, jusqu'à ce qu'elle coupe le rayon du Poligone; V S sera la face de la Tour, on achevera les autres de la même maniere.

Pour tracer le fossé, de l'angle flanqué de la Tour Bastionnée S, & de l'intervalle de 7 toises, décrivez un arc; portez de G en Y 10 toises; & de ce point Y tirez une tangente à l'arc précédent, on achevera de la même maniere tous les autres.

Les fossez des Contregardes se font de 15 toises paralléles aux faces.

Les tenailles se font sur le prolongement des faces des Contregardes, & en sont separées par un fossé de cinq toises.

Les demi-Lunes prennent leurs défenses à 15 toises sur les faces des Contregardes; elles ont 55 toises de capitale. On y pratique des réduits en dedans de 23 toises de capitale; les demi-Lunes, & les réduits ont des flancs, qui se font en prenant 10 toises sur les faces, & 7 toises sur les demi-gorges; & pour les réduits 4 toises sur les faces, & 3 toises sur les demi-gorges.

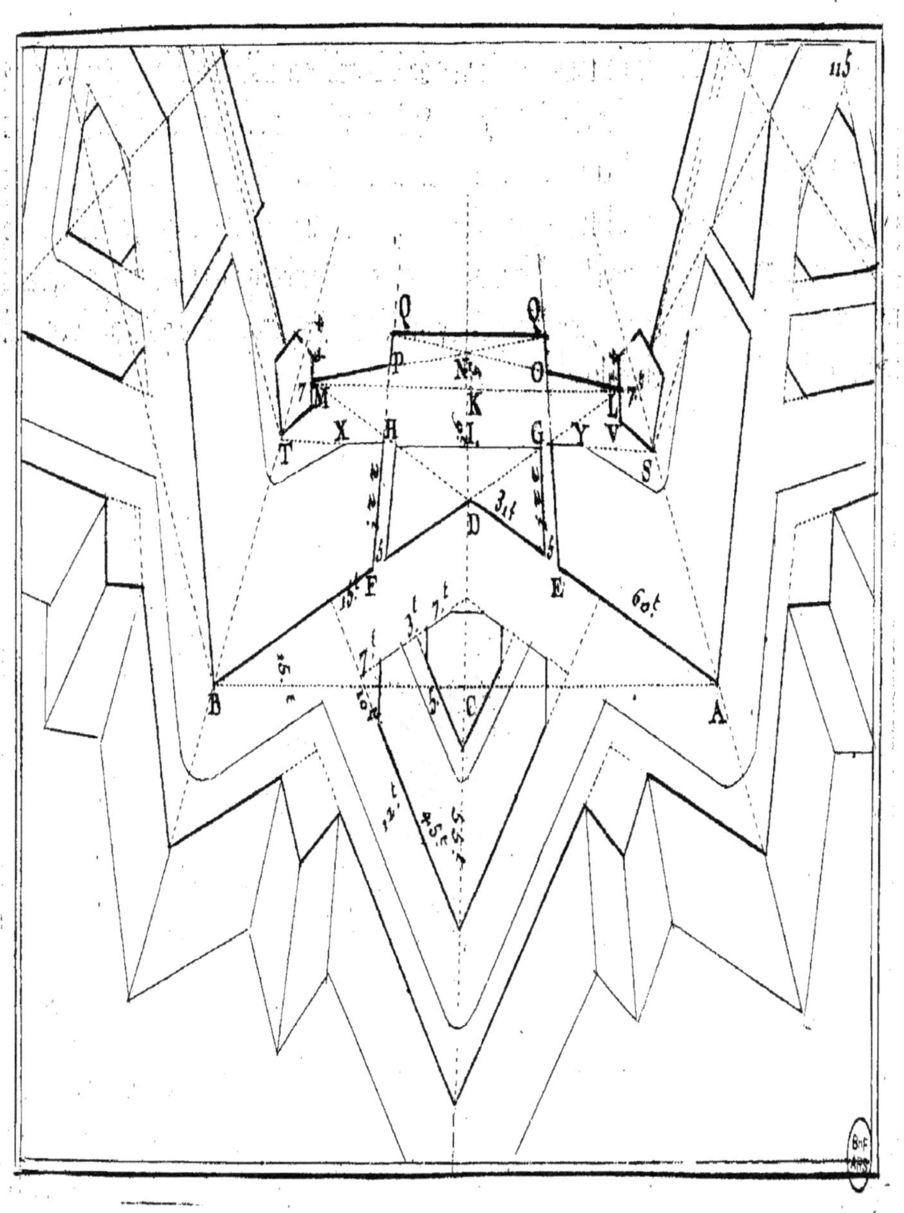
115
Q Q
P N O
7 M K L 7
X H I G Y V
T D S
F E
B C A

DAns les Plans & Profils de toutes les parties de la Fortification Redoublée on peut rémarquer que les Contregardes, les demi-Lunes & les tenailles, ne font qu'à demi-revêtement.

J'ai ajoûté les Plans & Profils en grand d'une Tour baftionnée, afin que l'on en connût mieux les différens foûterrains, entre lefquels on doit obferver celui qui eft dans le pilier du milieu de la Tour qui fert de magazin à poudre à l'épreuve de toutes les Bombes qu'on pourroit jetter, étant recouvert d'une traverfe de maçonnerie qui s'éleve au-deffus du terreplein de 7 à 8 pieds, ce qui fert en ce lieu de traverfe entre les deux flancs.

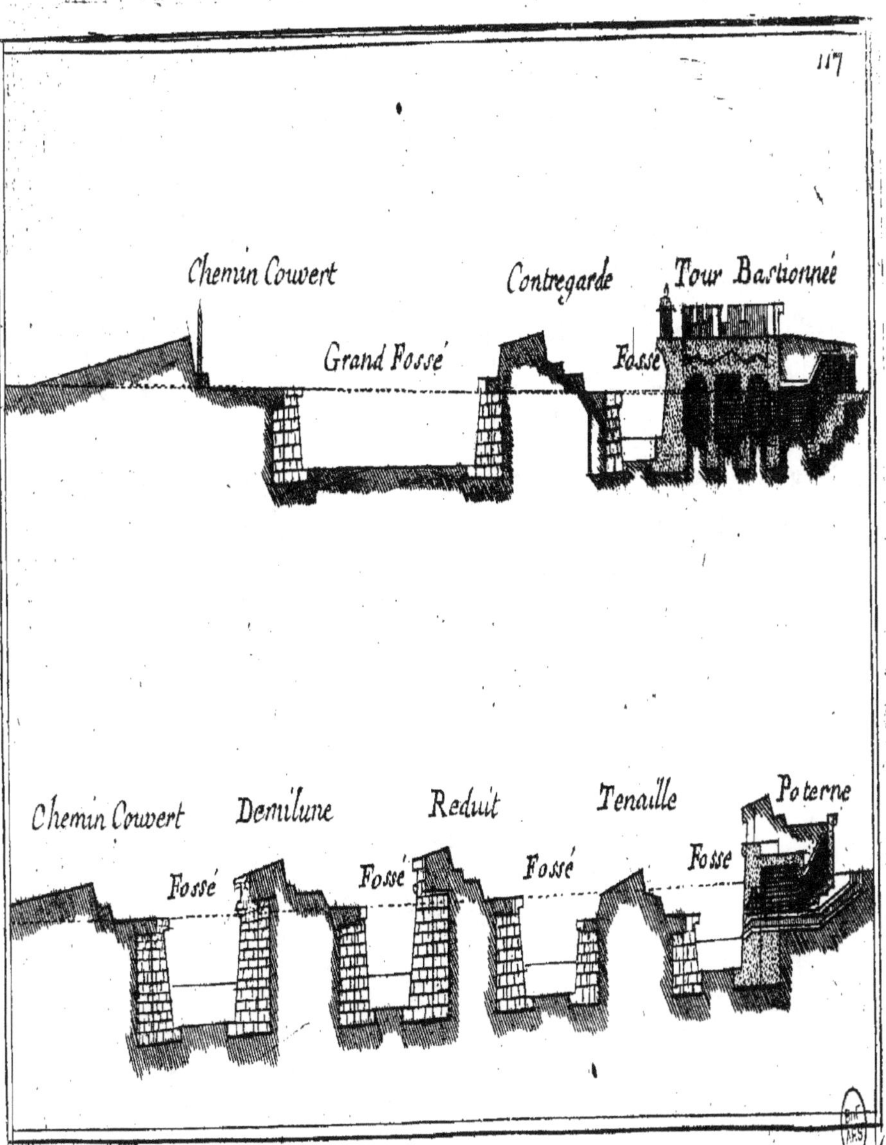
117
Chemin Couvert
Contregarde
Tour Bastionnée
Grand Fossé
Fossé
Chemin Couvert
Demilune
Reduit
Tenaille
Poterne
Fossé
Fossé
Fossé
Fossé

LE Baron de Coëhorn, Directeur Général des Fortifications des Provinces-Unies, s'est acquis tant de réputation dans les dernieres guerres, par ses connoissances dans l'art de fortifier, tant pour la construction, que pour l'attaque des Places, que l'on a crû nécessaire de proposer ici le système de ce célébre Officier; quoique l'on ne connoisse que très-peu de Places qui soient fortifiées suivant cette méthode.

La raison qui semble déterminer à ne point fortifier de cette maniere, est la trop grande dépense, l'étenduë immense de terrain, & l'entretien d'une garnison trop nombreuse qu'il faudroit pour la défense d'une pareille Place.

L'on ajoûte que ses chemins couverts, larges de 12 toises sans traverses, toutes ses fausses Brayes, tant du corps de la Place que de ses demi-Lunes sont tellement exposées à l'enfilade des ricochets, qu'il n'y auroit pas moyen que les Troupes y demeurassent.

DEcrivez un cercle dans lequel vous inscrirez l'Exagone que vous voulez fortifier, & vous tirerez les rayons indéfiniment.

Faites une échelle dont le côté A B du Poligone intérieur contienne 150 toises ; portez sur les rayons de A en C & de B en D 75 toises, moitié du côté du Poligone ; faites les demi-gorges A G, B H, de 37 toises 3 pieds qui est le quart du Poligone extérieur ; tirez les lignes de défenses rasantes C H, & D G.

Pour tracer les flancs de l'angle flanqué C, & de l'intervalle de la ligne de défense C H, décrivez l'arc H F. Faites la même chose pour G E, & vous aurez le simple trait du corps de la Place.

Pour construire la Tenaille ou Courtine basse décrivez des points C D, comme centre ; & d'une intervalle de 140 toises ; des arcs M K & I L qui coupent les lignes de défenses, & tirant les lignes L N, & N M, vous aurez la Tenaille, dont les faces seront déterminées quand l'orillon du Bastion sera formé.

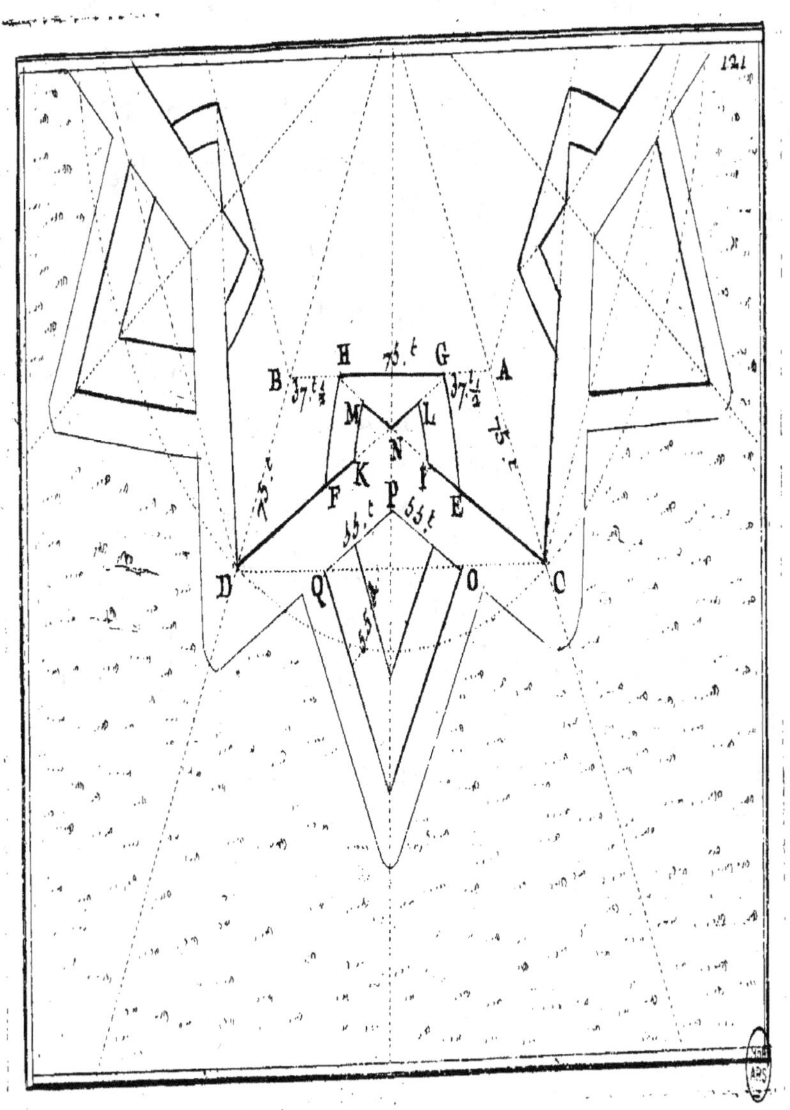

H 75.t G
B 37.t½ 37.t½ A
M L
75.t 75.t
N
F K P E
55.t 55.t
D Q O C
55.t

CONSTRUCTION DE LA DEMI-LUNE,
du Chemin couvert, & de la Place d'Armes, selon le Baron de Coëhorn.

TRacez le fossé parallèle aux faces de la largeur de 24 toises ; prenez de part & d'autre de l'angle rentrant de la contrescarpe P O & P Q de 55 toises pour les demi-gorges de la demi-Lune, & tirez O Q, sur laquelle faites un angle Q O R de 55 dégrez ; tirez O R qui sera la face de la demi-Lune, & tirant de même R Q, vous aurez la demi-Lune extérieure : & pour construire la demi-Lune intérieure, menez S T & T V parallèles à O R & R Q, éloignées de 20 toises ; faites le fossé de la demi-Lune de 18 toises ; menez le chemin couvert parallèle aux fossez de la demi-Lune, & Contregarde large de 13 toises 1 pied, y comprenant deux banquettes de 3 pieds chacunes, & le talus intérieur du parapet du chemin couvert d'un pied.

Pour les Places d'Armes prenez de part & d'autre des angles rentrans 25 toises, & le compas ouvert de 30 toises ; faites deux arcs qui se coupent en C, & tirez C B & C D.

Pour le réduit menez E G & F G parallèles à C B & C D, de la même largeur que le chemin couvert, c'est-à-dire, de 13 toises 1 pied, marquant ensuite une parallèle autour du chemin couvert large de 7 pieds pour deux banquettes.

Pour les traverses, il faut diviser le chemin couvert en trois parties égales, en donner une pour l'épaisseur de leurs parapets, & les deux autres parties servent pour les chemins entre la traverse, & la face de la Place d'Armes.

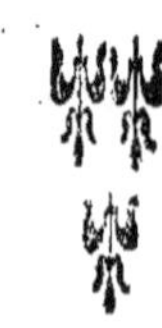

123
P
S
V
Q
Q
T
F
B
L
E
D
D
G
R
C
C

MEnez la ligne M N paralléle à la face A G du Bastion, & distante de 20 toises 4 pieds ; ensuite de l'angle flanqué D, & de l'intervalle D S, décrivez l'arc N S, éloigné du flanc de 15 toises au point N ; tirez N O perpendiculaires à la face M N, longues de 5 toises ; tirez O P longues de 8 toises, & paralléles à M N ; divisez O P en deux également en Q ; & tirez la perpendiculaire Q T, jusqu'à ce qu'élle rencontre la face prolongée en T ; ensuite tirez de l'angle flanqué D en P la ligne P D, sur laquelle vous porterez de P en H 12 toises ; portez 8 toises de T en G, & tirez G H, que vous diviserez en deux également en L ; tirez L I perpendiculaires ; tirez une autre perpendiculaire du point G sur la face, & du point I où les deux perpendiculaires se coupent, & de l'intervalle I G décrivez l'arc G L H qui sera l'arrondissement de l'orillon.

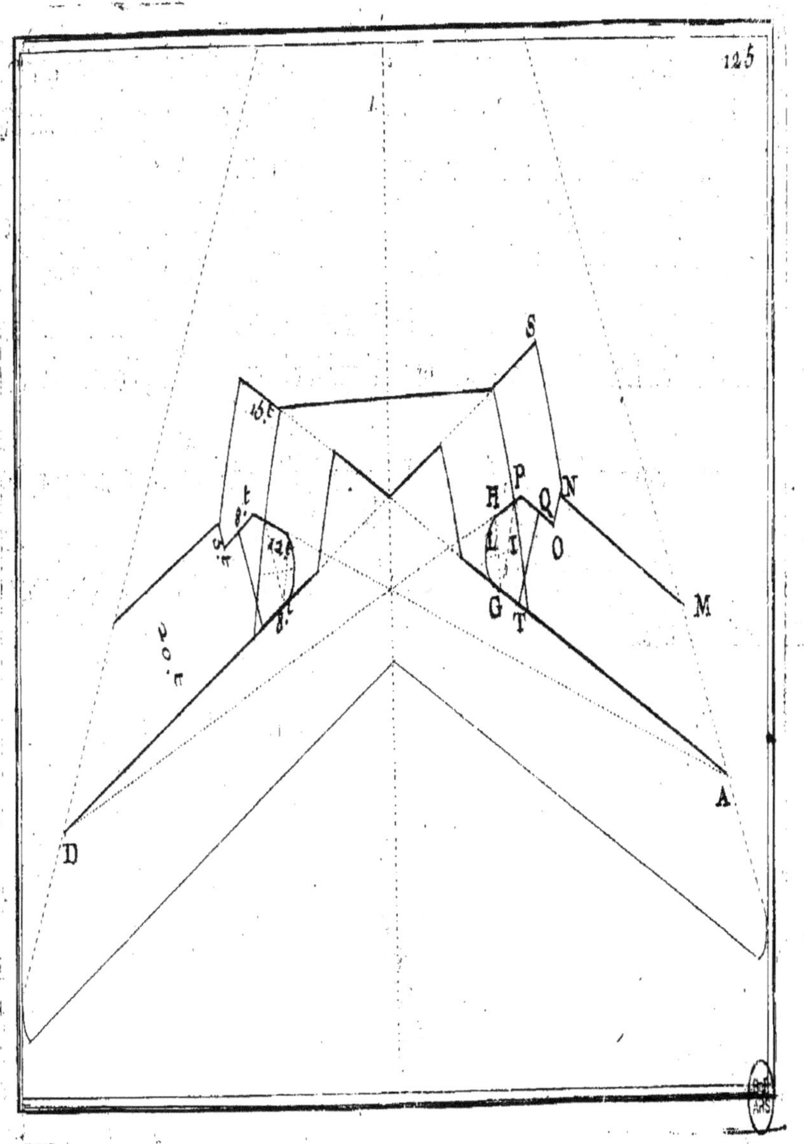

Q iij

Lorsque le terrain d'un commandement ou de quelqu'autre lieu est de figure triangulaire, ou que cette figure est la plus commode pour enfermer & fortifier le poste dont on veut s'affû-rer, on fera aux extrêmitez de ce terrain des demi-Bastions en cette maniere.

Divisez un des côtez du triangle A B C en trois parties égales; prolongez le côté A B en E d'une de ces trois parties pour servir de capitale: sur le côté B C on prendra B F pour demi-gorge égale à B E, puis au point F on fera le flanc égal à la moitié de B F, & l'on tirera H E pour la face, & le demi-Bastion sera achevé; ce qui étant pratiqué sur les autres côtez, l'on aura le triangle fortifié.

Pour construire un ouvrage à Etoile, faites un Exagone; divisez un de ses côtez en quatre parties égalles, & sur le milieu D on tirera sa perpendiculaire D A égale à une de ces quatre parties de D en A; du point A tirez les faces A C, A B. Enfin pratiquant la même chose sur les autres côtez on aura l'ouvrage à Etoille.

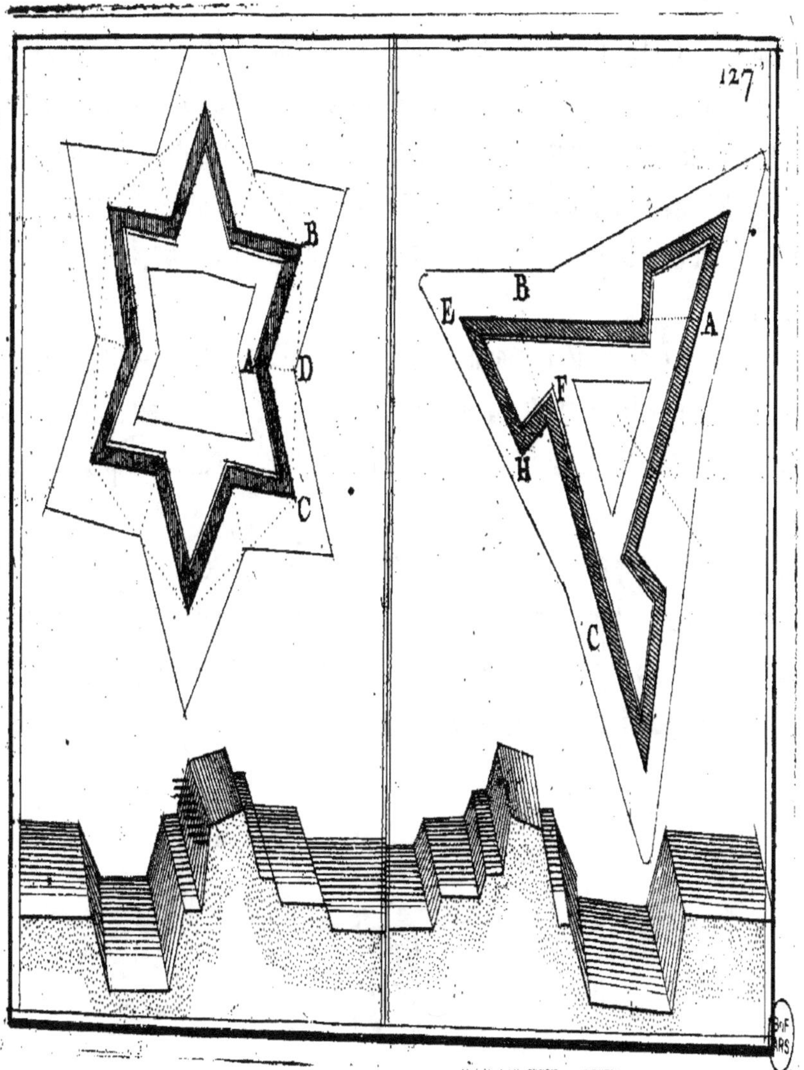
127
B
A
D
C
E
B
A
F
H
C

UN quarré long étant donné pour le fortifier, on déterminera les demi-gorges de leurs Bastions de la cinquiéme partie du plus petit côté, & les capitales d'une troisiéme partie, afin de tirer les défenses des extrêmitez des capitales aux demi-gorges; ensuite on fera aux points des demi-gorges les angles du flanc de 98 dégrez, & l'on tirera le flanc qui sera déterminé par la rencontre de la ligne de défense; les faces se tireront de l'extrêmité des flancs, jusqu'aux pointes des capitales.

Pour les grands côtez, on fera au milieu un Bastion plat A, ou une demi-Redoute B, qui aura autant de capitale que de gorge, & chaque côté sera double d'une demi-gorge des Bastions.

Les Redoutes n'ont qu'une face de chaque côté sans flancs; on donne à chaque face 20 ou 25 toises.

Vous donnerez 4 ou 5 toises aux fossez, & 8 ou 10 pieds de profondeur, le rampart de 4 ou 5 toises d'épaisseur, & de 4 pieds de hauteur; vous laisserez une berme de 3 pieds au-dessus du fossé, pour empêcher que les terres ne s'éboulent; les parapets seront de 12 ou 15 pieds d'épaisseur, sur 6 ou 7 de haut, & des banquettes à proportion.

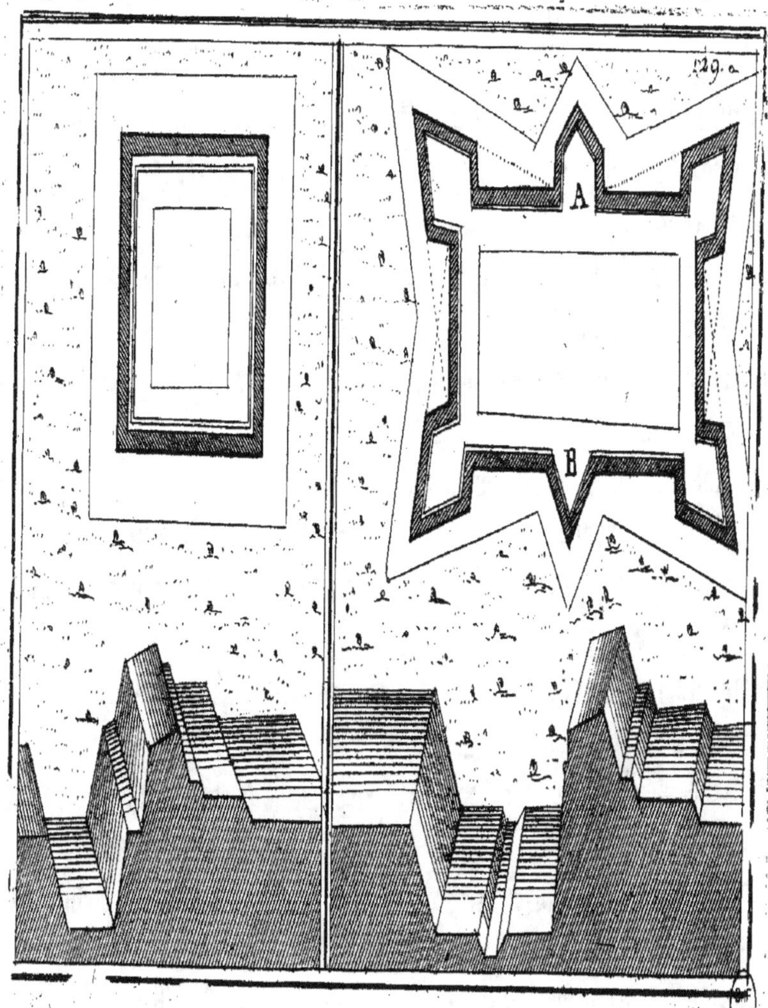

R

Nous avons vû en détail les circonſtances dans leſquelles on doit diſpoſer les parties d'une Fortification; il reſte à faire un extrait des principales circonſtances qu'on appelle maximes, afin de ſoulager l'imagination, en lui repréſentant en peu de mots ce qu'il y a de plus eſſentiel dans la Fortification.

Ces maximes ſont de deux ſortes; les unes ſont eſſentielles en elles-mêmes, & nous ſervent à connoître les défauts d'une Place.

Les autres ne ſont que des dépendances des premieres, & ne ſervent que pour la conſtruction d'une Fortification.

Les maximes eſſentielles en elles-mêmes ſont :

1ª. Qu'il n'y ait aucune partie autour de la Place qui ne ſoit flanquée du corps de la Place.

Cette maxime eſt la plus eſſentielle, & les autres n'en ſont que des ſuites; cependant on ne l'obſerve pas exactement.

Les Parties qui flanquent doivent être éloignées de celles qu'elles flanquent d'environ 120 toiſes, qui eſt la portée moyenne du mouſquet.

Cette maxime ne s'obſerve qu'à peu-près, parce que la portée du mouſquet n'eſt pas une choſe bien reglée.

Les Parties qui flanquent doivent regarder le plus directement qu'il eſt poſſible, celles qui ſont flanquées.

On ne s'éloigne de cette maxime que dans la néceſſité; car plus la défenſe ſe fait obliquement, & moins elle eſt ſûre; & on ne découvre pas tant les parties que l'on veut défendre.

Les Parties qui flanquent ne doivent être vûës que de celles qu'elles doivent flanquer.

Une Place ſeroit parfaite, ſi on pouvoit obſerver cette maxime; mais on tâche d'y ſatisfaire le plus qu'on peut par des orillons, & par des dehors, n'y ayant point d'exemple que l'on ait pû obſerver cette maxime à la rigueur.

Les parties qui flanquent doivent être les plus grandes qu'il est possible ; cette grandeur se prend pour la longueur & pour la largeur. On n'obferve pas toûjours cette maxime dans toute son étenduë à l'égard des flancs ; parce qu'en ménageant cet avantage, on tomberoit dans des inconveniens à l'égard des autres parties, ce qui ne fe peut connoître qu'en les comparant enfemble fur le Plan, & principalement fur les lieux. Dans la pratique on fait les flancs depuis 10 jufqu'à 30 toifes.

Les parties expofées aux batteries des ennemis, & principalement celles qui flanquent, doivent être à l'épreuve des machines, dont on fe fert pour les détruire.

Si une partie eft expofée au canon des ennemis, on fait fon parapet de 3 toifes d'épaiffeur, s'il n'eft que de terre ; mais s'il eft de maffonnerie, on lui donne 8 à 9 pieds ; fi le canon ne peut tirer que de loin, fon épaiffeur fera moindre ; mais s'il n'y a que le moufquet à craindre 2 ou 3 pieds de maffonnerie fuffifent. A l'égard des bombes il eft difficile de s'en couvrir autrement que par des voûtes. Par cette maxime on ne doit point faire les angles faillans trop aigus & moindres de 60 degrez.

Le corps de la Place doit commander à la campagne & dans les dehors ; & aucun endroit ne doit commander ni dans les dehors ni dans la Place, & principalement dans les parties qui défendent.

S'il arrivoit un defaut contre cette maxime, il faudroit le corriger ; 1°. En coupant le commandement ; 2°. En occupant le commandement par quelque ouvrage ; 3°. En élevant plus haut le rampart, 4°. En fe couvrant de cavaliers ou traverfes ; 5°. En élevant des angles faillans plus haut que les épaules ; en forte que la rampe prolongée vers la campagne excede le commandement ; 6°. En faifant des rechûtes de diftance en diftance, fi c'étoit une grande ligne.

Les fecondes maximes ne font que des mefures médiocres, que l'on doit donner aux parties qui fervent à la conftruction des Places, lefquelles étant des fuites des parties effentielles peuvent varier ; c'eft ce que l'on doit bien confidérer.

R ij

La courtine doit être au moins douze fois auſſi longue que la hauteur du flanc par-deſſus le fond du foſſé de la courtine.

Cette maxime ſuppoſe, 1°. Que la pente du parapet du flanc eſt au plus d'un pied ſur ſix, & par conſéquent la partie du foſſé que l'on ne voit pas, eſt au moins ſix fois la hauteur du flanc; 2°. Qu'on doit voir au moins la moitié du foſſé qui eſt devant la courtine.

La demi-gorge doit être la plus grande qu'il eſt poſſible, mais au moins égale au flanc, afin d'avoir par là les avantages des grandes demi-gorges & des grands corps des baſtions; c'eſt pour-quoi dans les meſures moyennes on doit donner à la demi-gorge au moins 20 toiſes.

La face du baſtion doit être au moins double du flanc, & au plus la moitié de la ligne de défenſe, & à toutes extrémitez égale à la courtine; elle peut pourtant être plus grande dans les petits poligones.

Le côté intérieur de la Place dans l'éxagone doit être égal à la ligne de défenſe, mais plus petit aux plus petits poligones, & plus grand aux plus grands poligones, afin que la ligne de défenſe ſoit à-peu-près de 120 toiſes.

Le côté extérieur doit être à-peu-près égal à la courtine & aux deux faces, ou plus grand que la ligne de défenſe du tiers ou de la moitié; c'eſt pourquoi la ligne de défenſe étant de 120 toiſes, le côté extérieur doit être de 160 ou de 180 toiſes.

Le côté de l'éxagone eſt égal à ſon rayon, dans l'eptagone il eſt de onze douziéme, à-peu-près du rayon, dans l'octogone de dix douziéme dans l'enéagone de neuf douziéme; ainſi de ſuite.

On aura plus préciſément leur rapport par le compas de proportion ou par les Tables des Sinus.

L'avancement de l'angle flanquant extérieur doit être plus grand que le flanc; cet avancement eſt quelquefois égal au flanc, mais ordinairement plus grand; c'eſt pourquoi il doit avoir plus de 20 toiſes dans les meſures mediocres, afin que le flanc en ait 20; il s'éloigne beaucoup de cette maxime; s'il y a un fecond flanc, l'angle flanqué doit être au moins de 75 degrez, dans la néceffité on peut ne lui en donner que 60.

L'angle du poligone doit au moins être droit, afin que l'angle flanqué ne foit pas trop aigu.

Il faut remarquer que plus les angles du poligone font grands, plus ils font capables de grandes défenfes.

DE L'UTILITÉ DES PLANS

qui servent à la Fortification pour toutes sortes de personnes, & principalement pour les Généraux d'armées.

UN Général d'armée ou celui à qui le Prince confie la conduite d'un siége, doit toûjours avoir deux ou trois différens Plans de la Ville qu'il assiége, ou qu'il désire bloquer, afin que par le Plan inhographique A, qui représente les Fortifications de la Place en simple trait, il puisse juger de la grandeur des courtines, de l'étenduë des flancs, de la longueur des faces, de la capacité des bastions, des ouvertures des angles, & de la largeur des fossez de la Place; tout cela est fort avantageux pour asseoir un camp, déterminer les attaques, & conduire les tranchées.

Pour le topographique marqué D, on ne reconnoît pas seulement au juste la solidité des talus & hauteurs du rampart; la largeur & profondeur des fossez avec les noms des chemins & portes de Ville; mais encore on y remarque tous les ruisseaux, fontaines, marécages, étangs, rivieres, valons, montagnes, bois, maisons, Eglises, & autres particularitez, qui se rencontrent autour & environ des Places, lesquels sont d'autant plus nécessaires à sçavoir, que la Ville se trouve avancée dans le païs ennemi.

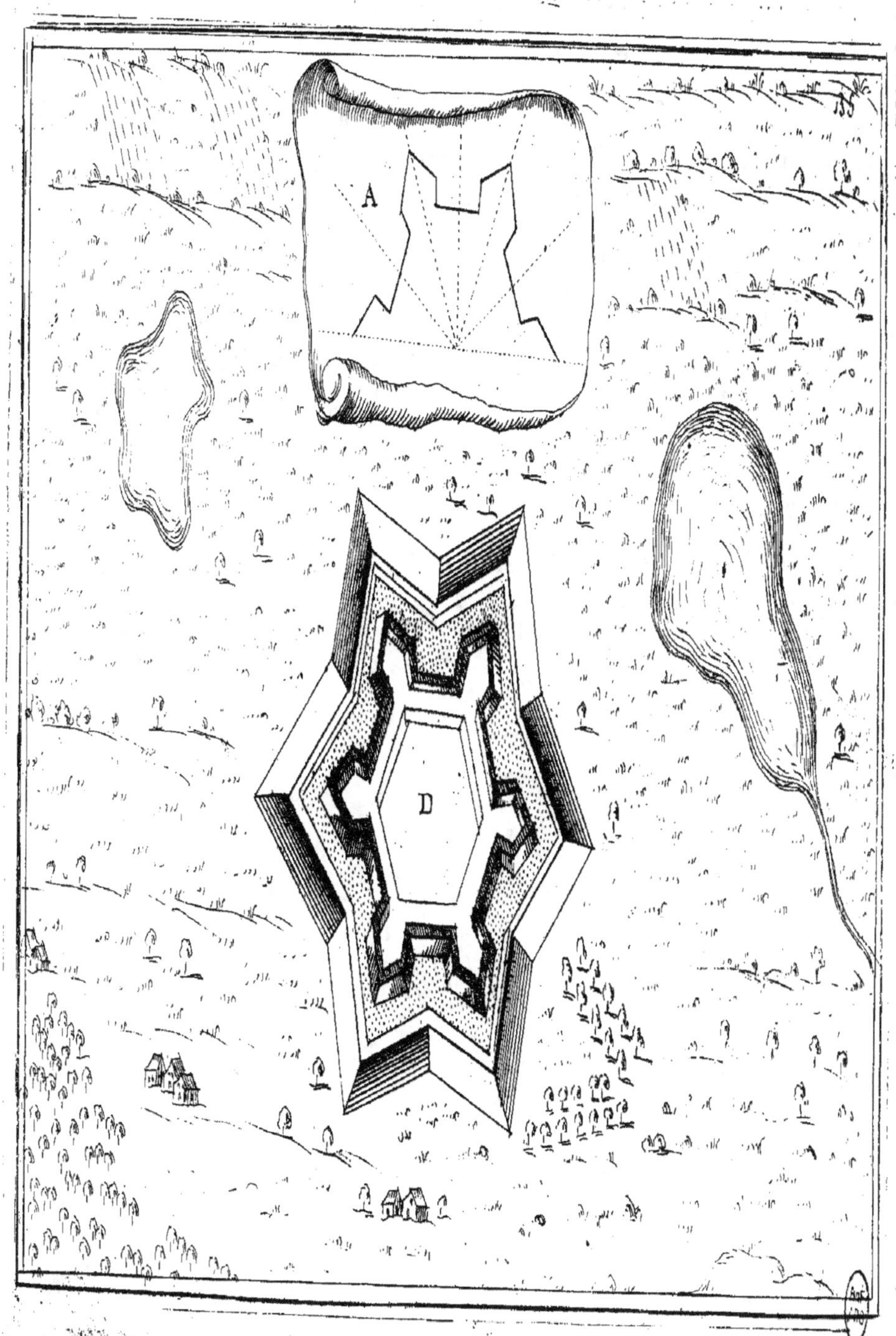
A
D

LE plan étant tracée en lignes noires avec les parapets, ramparts & dehors, on tirera au-deſſous de la figure la ligne droite A, B, afin de tirer des perpendiculaires de tous les angles flanquez des Baſtions A, des épaules C, & des angles des flancs E en ligne blanche ſur cette ligne A B.

Enſuite prenant les deux tiers du flanc C E, vous porterez cette hauteur ſur toutes les lignes blanches qui deſcendent des angles ſaillans & rentrans, & l'on joindra par en-bas tous ces points déterminez qui donneront la hauteur extérieure des murailles ou eſcarpe de la Place.

Remarquez qu'il y a des angles comme A O, dont les perpendiculaires tombent ſur les parapets, ils ne peuvent ſervir à montrer l'élévation extérieure des Baſtions, mais bien l'intérieur ou hauteur des parapets.

Pour repréſenter la hauteur des parapets, faites tomber également des perpendiculaires en blanc ſur A B, de la hauteur d'une quatriéme partie du flanc, afin de les joindre par en-bas comme les précédentes.

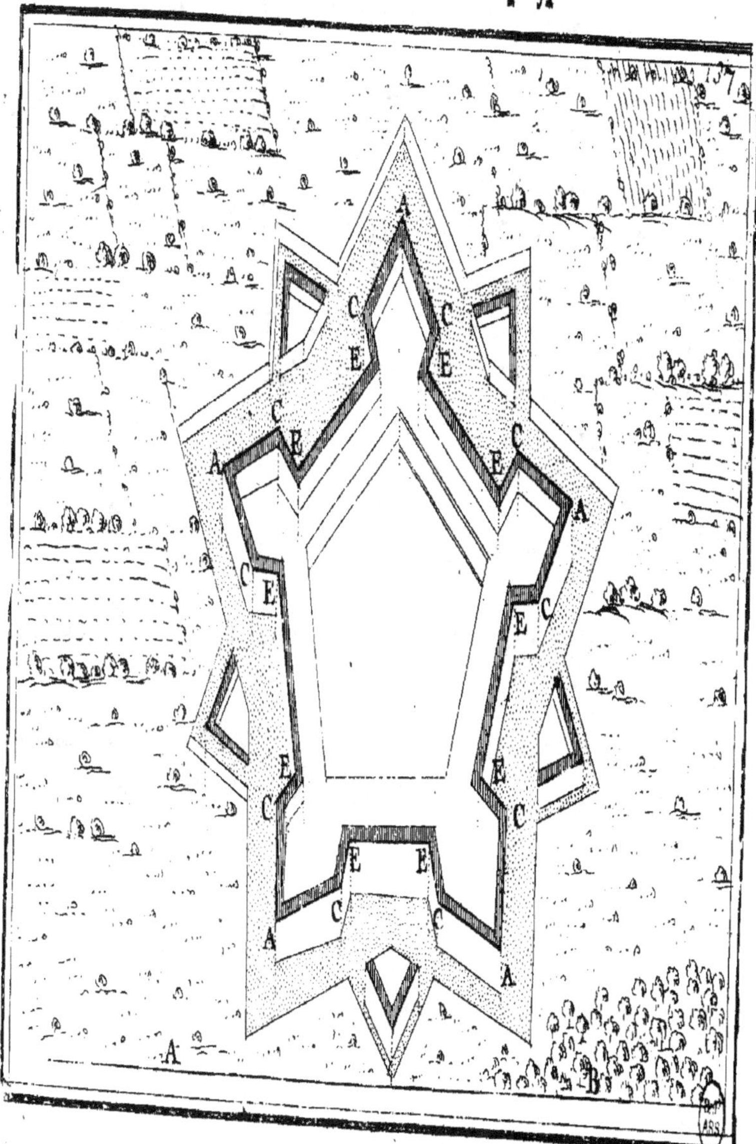
A
C C
E E
C A
A C
E C
E A
E C
C
E A
E E
C A
A C C A
B

VOus ferez également tomber des perpendiculaires des angles de la contrefcarpe de la hauteur d'un quart du flanc D E de la Place.

Enfin les parties extérieures, comme Ravelin, demi-Lune, & autres ouvrages, auront leurs hauteurs de la moitié du flanc D E de la Place.

Pour les autres dehors que l'on fera devant ceux-ci, on pratiquera la même maniere, diminuant leurs hauteurs à proportion qu'ils feront éloignez de la Place.

Il faut obferver auffi les talus, ils font de deux fortes, grands & petits; pour les grands talus on prend les deux tiers de la hauteur de l'élevation que l'on porte à droite ou à gauche de la perpendiculaire, c'eft-à-dire, au pied de S en T pour tirer V T : ces grands talus ne fe pratiquent qu'aux ouvrages de terre.

Pour les petits talus, on les fait d'un tiers ou d'un quart de leurs hauteurs, & ce font les plus ufitez dans la maçonnerie.

A l'égard des ombres que l'on donne à ces fortes de plans, les faces qui font expofées à la lumiere ne doivent être ombrées que très-légerement, & le refte à proportion.

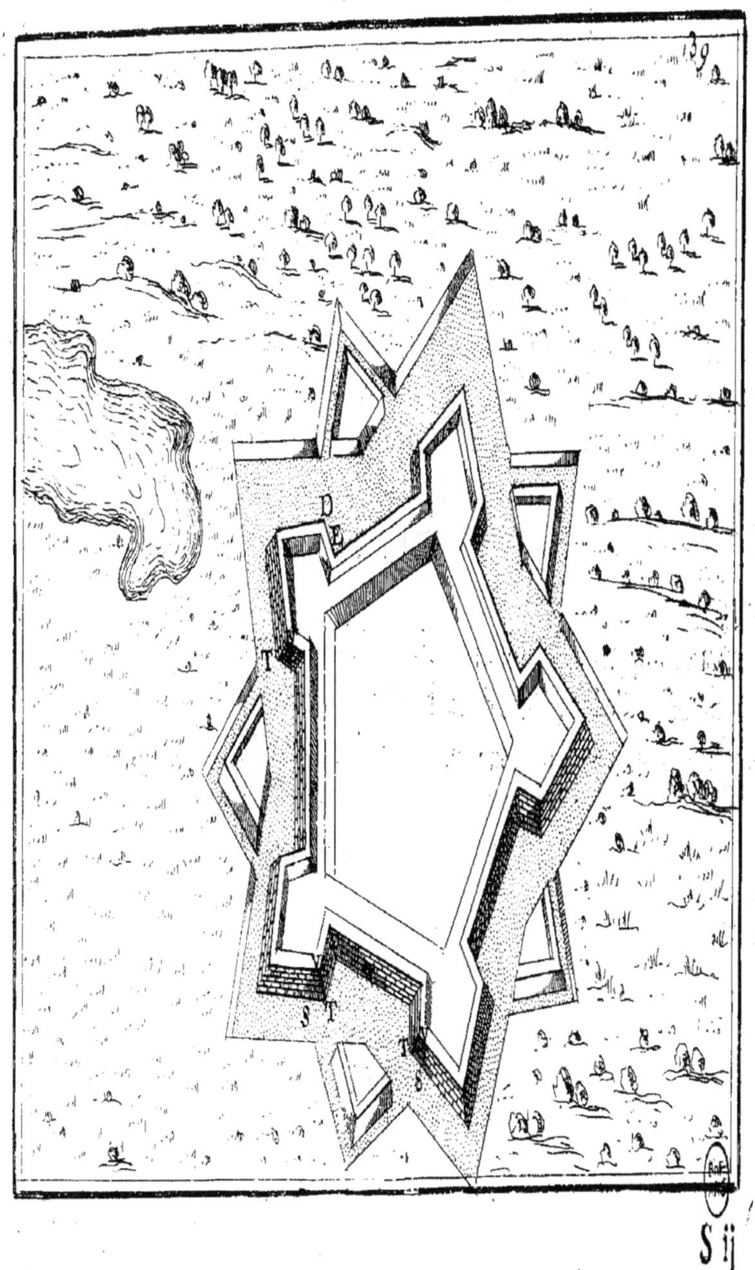

139
D
E
T
S T
S

SOit A une Ville, ou quelqu'autre Place, que l'on veüille fortifier en pentagone, à l'entour de laquelle on ne peut décrire aucune circonférence, pour y tracer les côtez du Poligone, l'on se servira d'un instrument, comme d'une planchette, graphometre, ou boussolle, &c. ou bien de l'instrument de bois marqué B, que l'on ouvrira de la grandeur de l'angle du pentagone; cette angle se trouvera comme il suit; on divisera 360 dégrez par cinq, qui est le nombre des côtez du pentagone, & viendra au quotient 72 dégrez pour l'angle du centre, qui étant ôté de 180 dégrez, donnera pour reste 108 dégrez pour l'angle du pentagone.

On posera donc le côté & l'extrêmité de l'angle de bois B au centre & le long du demi-diametre du demi-cercle D, & ouvrant l'autre côté C jusqu'au dégré 108, valeur de l'angle du Poligone, on arrêtera alors ses deux branches avec la troisiéme D, & les trois branches étant bien cloüées & arrêtées, on s'en servira ainsi.

On plantera un piquet où l'on souhaite faire un Bastion comme en F, & y posant l'angle de bois on étendra un cordeau le long d'une de ses branches K. Ce cordeau sera de la longueur du côté du Poligone, & se terminera en G où l'on plantera un piquet; on transportera l'angle de bois au piquet G, & l'on fera convenir le côté de l'instrument B avec le côté effectif F G; ensuite on tendra un cordeau le long de l'autre jambe X, & l'on lui donnera l'étenduë du côté du Poligone jusqu'en H où l'on plantera un piquet.

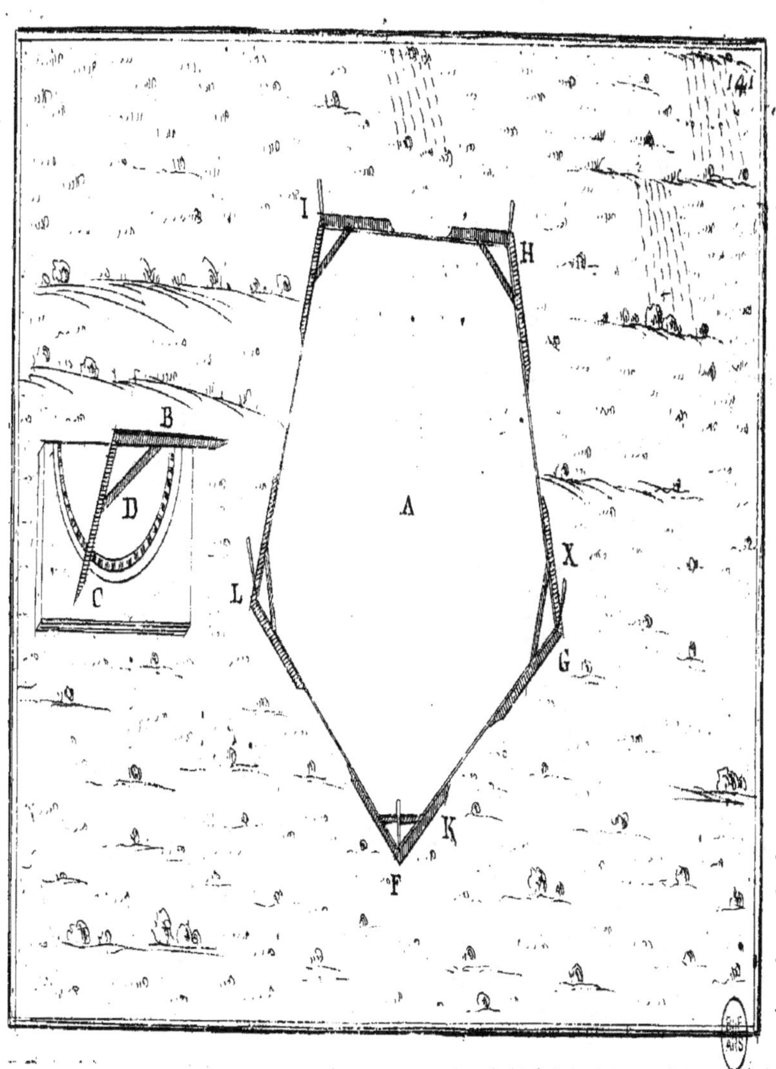

B
D
C
I
H
A
X
L
G
K
F

AU point H on tranſportera encore le même angle de bois, pour appliquer & faire convenir le côté de l'inſtrument de bois avec le cordeau, & étendre de ce même piquet un cordeau le long de l'autre côté, ce qui déterminera le côté H I de la même longueur que le précédent, & continuant la même pratique en L, le cordeau L F terminera la figure pentagonale que l'on fortifiera ſuivant le plan A déſigné deſſus le papier, & cottant combien chacune de ces lignes en particulier contient, afin de mettre un égal nombre de toiſes & pieds ſur le cordeau.

Par éxemple, ſi les capitales des Baſtions ſur le plan contiennent 33 toiſes, l'on mettra 33 toiſes ſur tous les cordeaux prolongez, au-delà des angles du Poligone comme de A en H, de B en L, de C en R, où l'on plantera de longs piquets qui détermineront les capitales.

Si les demi-gorges des Baſtions ſur le plan déſigné ſur le papier ont 20 toiſes, on portera de part & d'autre des angles du Poligone 20 toiſes de C en O, & de C en N, de B en T & de B en G, &c. où l'on plantera des piquets.

Puis de ces points, ou piquets, on tendra un cordeau aux capitales oppoſées pour avoir les lignes de défenſes comme R T, N L, L F, & ainſi des autres; enfin regardant ſur le plan combien chaque face contient de toiſes, comme ici 48 toiſes, on portera 48 toiſes de R en Q, de R en S, où l'on plantera des piquets pour avoir les faces, & attachant un cordeau au piquet N, de la demi-gorge N, au piquet S de la face R S, l'on aura le flanc N S, ce qui étant pratiqué par-tout d'une même façon, achevera le pentagone ſur le terrain égal, & ſemblable au propoſé A ſur le papier.

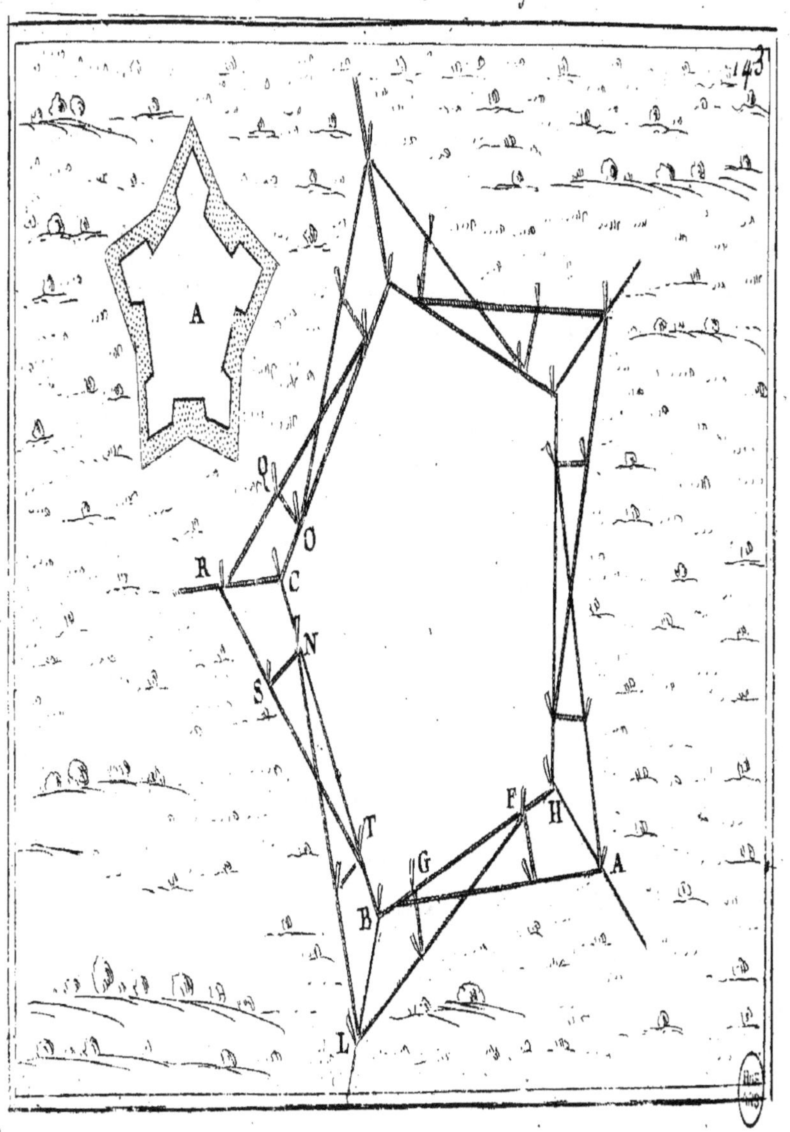
A
143
Q
O
R
C
N
S
T
F
H
G
A
B
L

LEs Baſtions étant marqué ſur le terrain avec les piquets & cordeaux tendus, on tracera aux environs les ramparts, & les foſſez en cette maniere

Pour tracer le rampart on prendra dans le plan déſigné A, la diſtance compriſe depuis l'angle du Poligone juſqu'à l'angle intérieur du même rampart, & porter cette diſtance deſſus les capitales prolongées de E en B, de F en C, où l'on plantera des piquets; & tendant des cordeaux d'une extrêmité à l'autre, le rampart ſera tracé.

Pour le foſſé on obſervera deſſus le plan déſigné A, combien la largeur du foſſé contient, & on portera cette diſtance deſſus les capitales prolongées de G en L, & de I en M, où l'on plantera des piquets, & tendant des cordeaux des angles des Epaules N & O à ces mêmes piquets, ils donneront la largeur du foſſé, & L P M ſera la contreſcarpe, & continuant la même choſe, on achevera tout autour de la Place les foſſez.

Pour les demi-Lunes on regardera ſur le plan déſigné A, combien les gorges de ces demi-Lunes contiennent, afin de mettre ſur le terrain de l'angle rentrant de la contreſcarpe O, autant de toiſes de O en P & de O en R; on plantera des piquets à tous ces points, puis on attachera deux cordeaux à ces piquets P & R, chacun d'autant de toiſes, que les faces des demi-Lunes contiennent, pour les joindre en X où l'on plantera un piquet, & la demi-Lune ſera faite; ainſi des autres ouvrages.

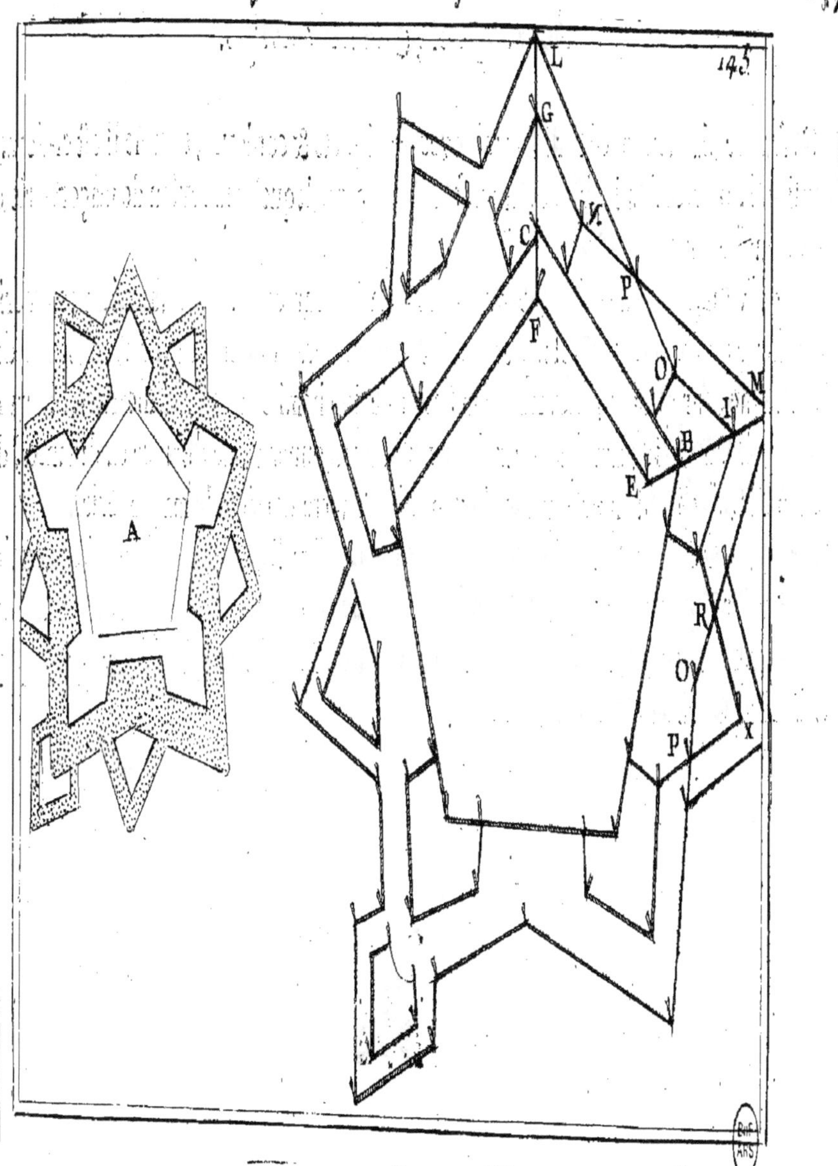
145
L
G
Y.
C
P
F
O
M
H
B
E
A
R
O
P
X

Lorfque le plan fera tracé fur le terrain avec les piquets & cordeaux, comme il eft ci-devant expliqué, on creufera le foffé dont on fera le rampart, lequel fera revêtu de maçonnerie ou de gazon, ou feulement de terre.

S'il eft revêtu, il faudra faire une tranchée de la largeur qu'on veut faire la maçonnerie, & l'affeoir fur le bon fond; mais s'il n'y en a point, on pillotera, ou on fera des traillis avec de bon bois de chêne, fur quoi on élevera la fondation de la chemife de la fortification, obfervant de mettre en-dedans de la Place des contreforts auffi de maçonnerie, de diftance en diftance, de 15 ou 20 pieds, & épais de 4 ou 5 pieds, battant bien la terre derriere la maçonnerie.

Quand le rampart fera élevé jufqu'à fa hauteur, on pofera le cordon, après quoi on continuera à élever le parapet à plomb beaucoup moins épais que la maçonnerie, feulement pour foûtenir les terres qui le forment, & dans les angles on y placera des guérites, obfervant qu'on y puiffe aller à couvert, en coupant le parapet.

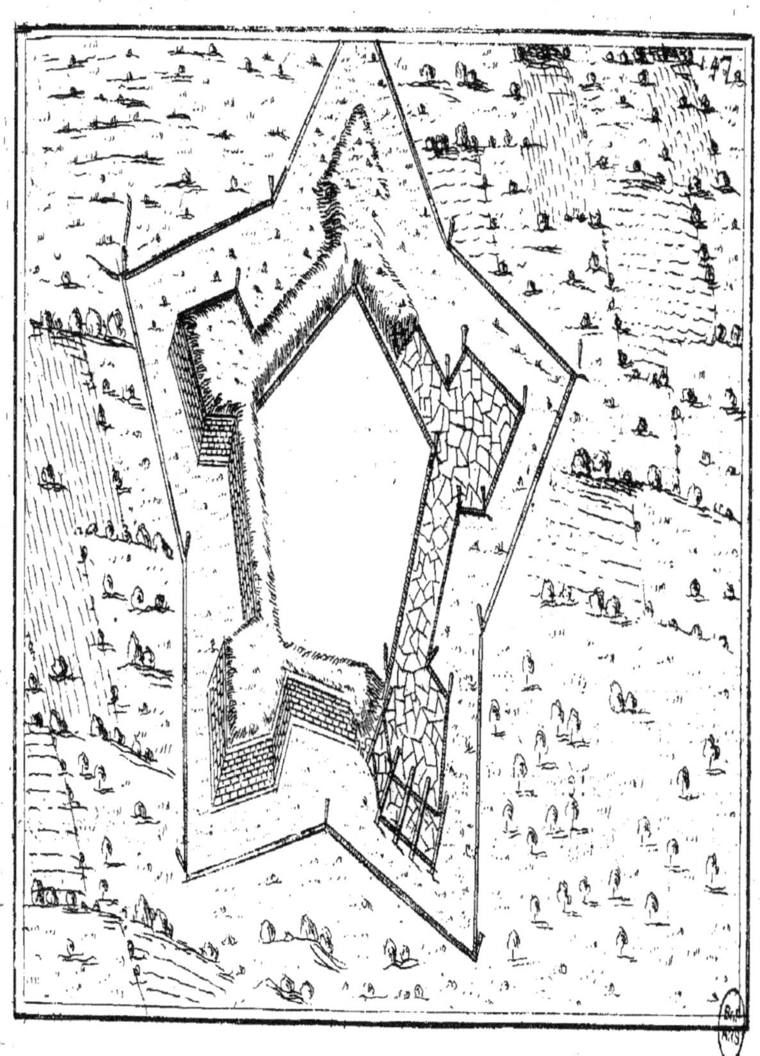

COmme les fondemens ne se font que pour chercher la terre ferme, ou tuf, il faut sçavoir si la terre a déja été autrefois remuée; car si elle l'avoit été, on n'approfondira point dedans sans étayer les deux côtez du fondement, avec des planches & fortes piéces de bois de brin.

Il faut remarquer que pour donner liberté aux broüettes qui transportent la terre des fondemens, on leur doit faciliter plusieurs passages pour aller & venir avec liberté : ces chemins seront larges d'environ quatre pieds, allant en serpentant, jusqu'au bas des fondemens, afin de gagner le terrain. Les ponts qu'on fait, tant pour la conduite des terres, que pour le transport des autres matériaux, doivent être faits au milieu des courtines, auprès des flancs & devant les faces.

Les Pionniers & Travailleurs doivent laisser des témoins, que les Ingénieurs doivent marquer à leurs Entrepreneurs.

Les témoins sont de certaines hauteurs faites de la même terre qu'on transporte, à laquelle on ne touche point; on les laisse dans les fondemens & lieux qu'on vuide, afin de sçavoir au juste combien on a tiré de terre en toise cube.

Si les fondemens sont marécageux & aquatiques, on les pilotera.

Si le terrain n'est pas assez gras, on creuse les fondemens de 5 à 6 pieds, & on les pilote.

Si le sol est sablonneux, on creuse de 8 pieds les fondemens, & au lieu de pilotis on les pave de fortes planches de bois.

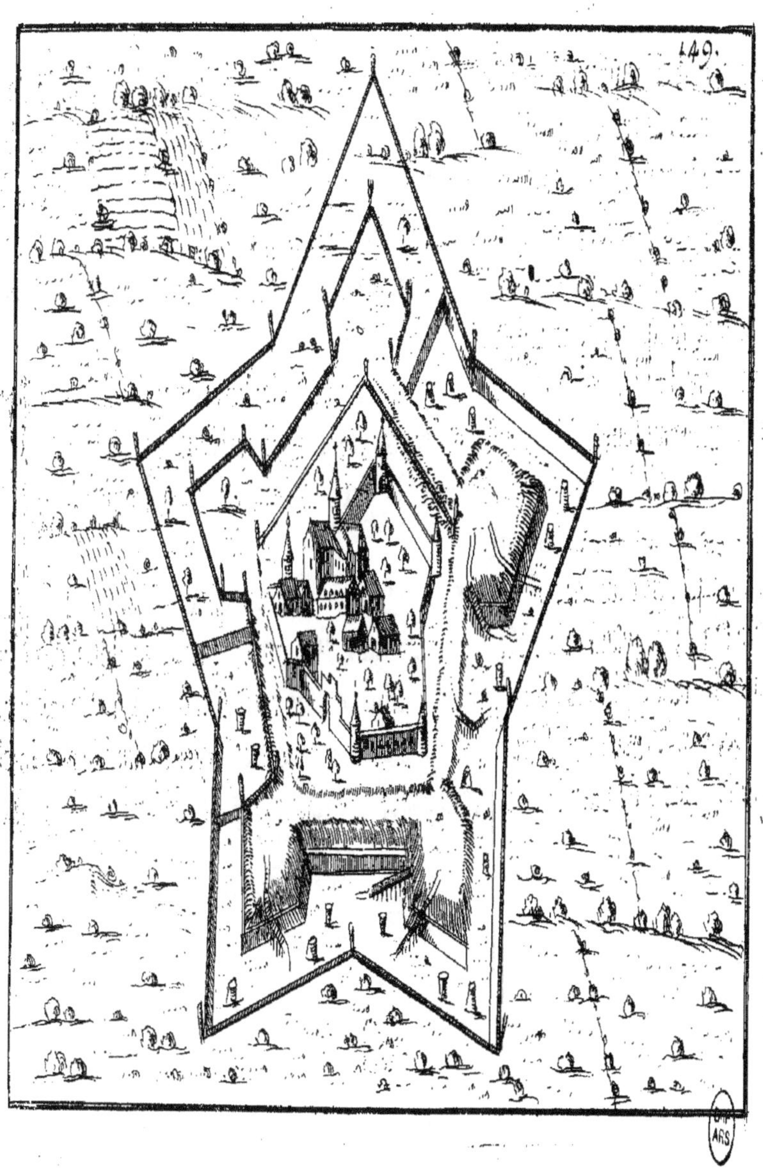

149.

SI le marais eft dans un voifinage où on ne manque pas de pierre, on le remplira de groffes pierres de roc, entre lefquels on met des petits cailloux, des morceaux de brique, du grais, du gravier, de la chaux vive, & du charbon de Marêchal, qui font des matieres propres à faire une maffe auffi folide que le fer; on continuë ce travail jufqu'au niveau des marais qu'on couvre d'un pavé de petit caillou bien pillé & rangé en bon ordre horifontalement; fur ce pavé on commencera à élever le rampart, comme il a été dit.

N'ayant point de pierre de roc, on enfonce un peu de biais dans le marais de bons pilotis, endurcis auparavant au feu, & bien gaudronné, pour qu'ils ne pourriffent pas; on les range d'un pied & demi ou deux pieds l'un de l'autre; leurs longueurs fe doivent proportionner à la profondeur du marais, jufqu'au refus de mouton.

Le pied du pilotis doit être ferré par le bout afin d'entrer avec plus de facilité dans le fable, ou terre-forte & tuf; & quand cela eft fait, on remplit l'efpace qui eft entre les pilotis, de chaux vive, & de toutes fortes de pierres, de cailloux, de briques, de grais, &c. que l'on affermira tant qu'il fera poffible, par des machines faites à peu près comme un mouton. Ayant gagné le rez-de-chauffée, on couvre le pilotis de planches de trois pouces d'épaiffeur, qu'on attache avec de bons clous de fer.

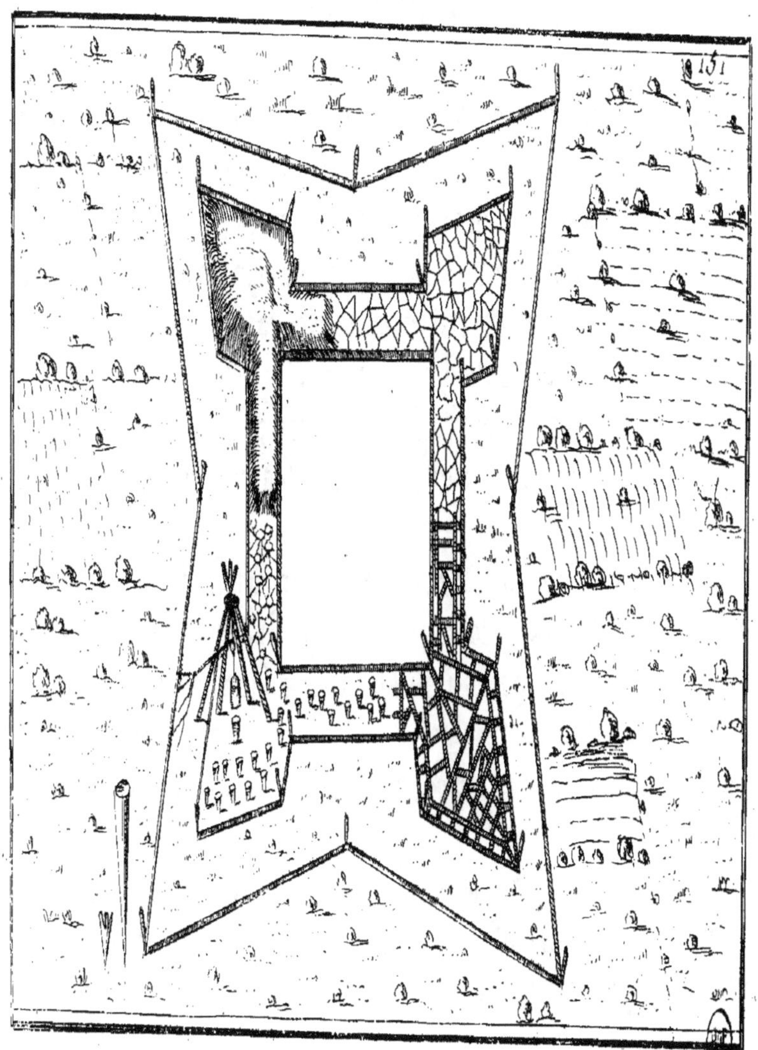

SUr ledit plancher on mettra de grosses solives, & à trois ou quatre pieds l'une de l'autre, sur lesquelles on met un autre lit en forme de croix dont les poûtres se joignent avec les premieres; ce gril étant bien joint ensemble, & bien chevillé de fer, on remplit les quarrez faits par les deux lits de poûtres, de bonne terre bien battuë jusqu'à quatre ou cinq pouces de leurs superficies qu'on laisse vuide; sur cette terre on met des graviers mêlez avec de la chaux vive, & on acheve le reste vuide jusqu'au rez-de-chaussée, d'un lit de gazon quarré.

Cela étant construit, on couvre tout ce gril d'un second plancher gaudronné, bien attaché au gril, sur lequel plancher on pourra en toute sûreté élever son rampart, & ses murs de revêtement, s'il y en a.

Si le fondement est sur un sol sabloneux, on creuse le fondement de 7 à 8 pieds, & on pave le fond d'un bon plancher de madriers de trois pouces d'épaisseur, endurcis au feu, & bien gaudronné, puis on mettra des lits de gazons les uns sur les autres jusqu'au niveau de la campagne, où on commence à élever le rampart.

S'il y a un mur de revêtement, il sera commencé de dessus le plancher, & on prendra sa retraite au niveau du fossé.

La hauteur de quinze à vingt-cinq pieds par-dessus le niveau de la campagne suffit à un rampart, soit pour couvrir les maisons de la Place, soit pour commander sur la campagne, & on leur donnera sur cinq pieds de hauteur un pied de talus; de telle maniere qu'une muraille de 25 pieds de hauteur doit avoir cinq pieds de talus.

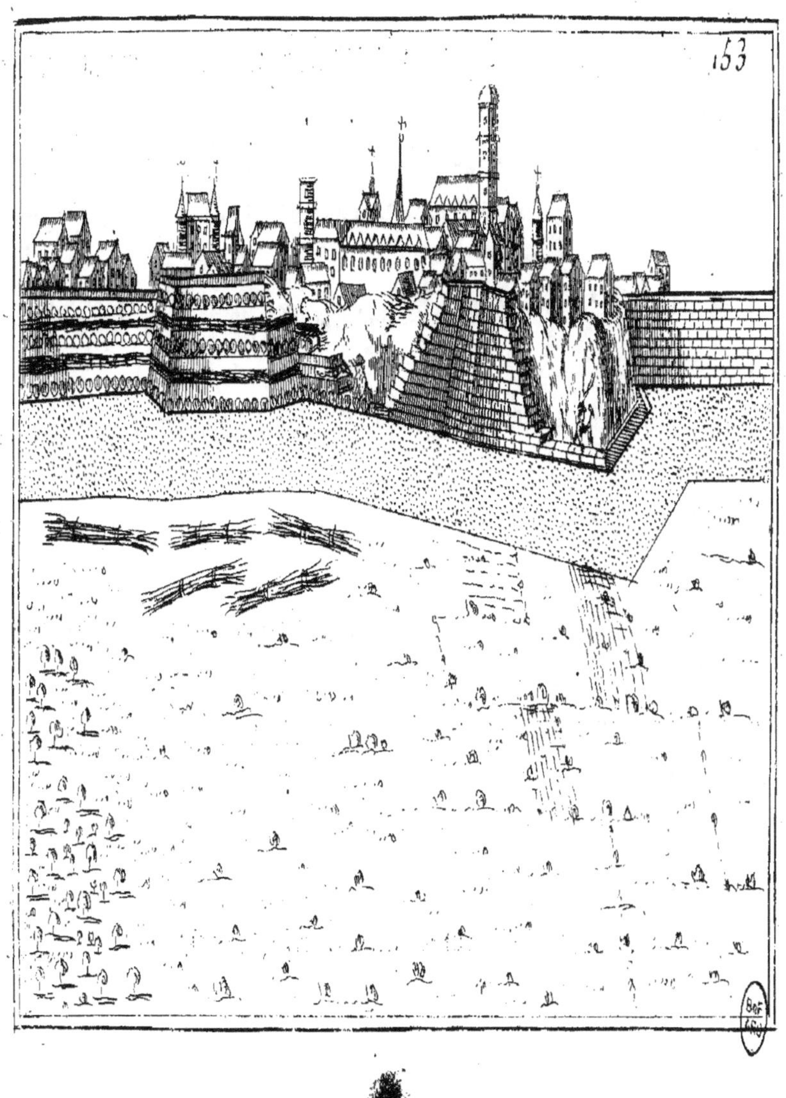

UNe Place est dite irréguliere, lorsque ses côtez ne sont pas de même longueur, ni ses angles d'une même ouverture.

On réduira le corps d'une Place irréguliere, à celui d'une réguliere le plus que l'on pourra.

Les Places les plus élevées & les moins accessibles sont préférables à celles qui donnent accès de tous côtez.

Les angles flanquez des bastions & demi-bastions n'auront jamais moins de 60 degrez d'ouverture, & plus de 120 degrez.

La ligne de défense sera au plus de 150 toises, la courtine au moins de 50 toises, & au plus de 90 toises.

Les flancs seront de 20 à 25 toises ou environ, & les demi-gorges au moins de 20 toises, & au plus de 60 toises.

Il faut faire en sorte que la Place soit également fortifiée par-tout, afin que l'ennemi ne puisse tirer avantage de la foiblesse particuliere de quelque endroit.

Que les parties les plus proches du centre soient toûjours les plus élévées, afin de commander aux plus éloignées.

La science de la Fortification irréguliere ne consiste qu'à réparer l'irrégularité & le défaut de l'enceinte des Villes, soit en retranchant de la longueur de leurs côtez, soit en ajoûtant ce qui leur est nécessaire, soit enfin en élevant sur leurs murailles, ou aux environs quelques ouvrages extérieurs.

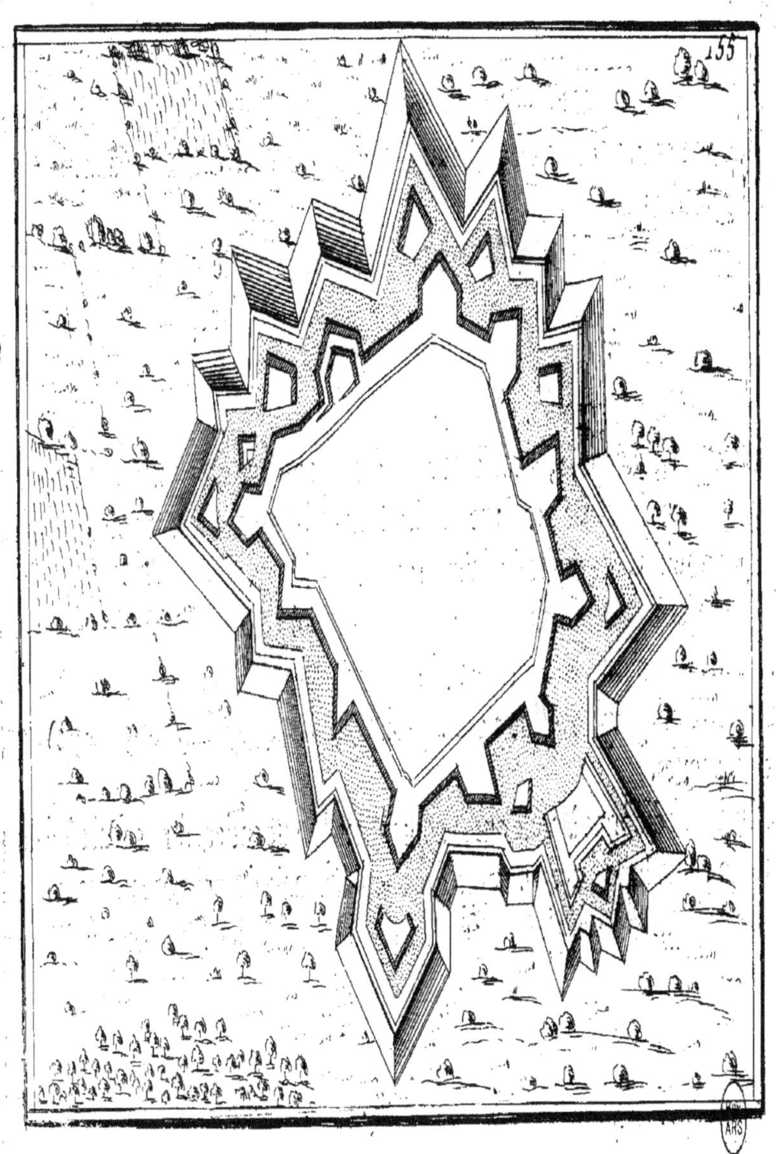

LE Plan du lieu à fortifier étant levé & mis au net, avec l'échelle qui a déterminé la longueur des côtez de son enceinte, on prolongera ou on diminuera les côtez qui ont moins & plus de 120 toises; on aggrandira & on diminuera également les angles du poligone qui auront plus & moins de 120 degrez.

Pour l'exécution de la figure ABCDE à fortifier, portez de B en G 24 toises de part & d'autre pour les demi-gorges; faites les angles du flanc de 98 dégrez, & leurs longueurs GH de 20 à 24 toises jusqu'à 30 ; les côtez BC, BA seront au plus de 120 toises, & la capitale BQ, sera environ de 40 toises.

Le bastion S est composé, à cause que les demi-gorges ne sont pas égales ; on le construit selon que l'exigent les côtez, en sorte que les deux ensemble n'excedent point 50 toises, ni au-dessous de 30 toises, les angles du flanc seront de 98 degrez.

Le bastion plat X se construit, lorsque le côté du poligone est double de 120 toises, on les fait en élevant au milieu la perpendiculaire & capitale LM de 40 toises ; puis on fait de part & d'autre les demi-gorges LV de 20 à 24 toises; les angles des flancs de 90 à 98 degrez, & les flancs de 24 toises.

Le bastion F est difforme à cause que la gorge s'étend toute entiere sur un seul côté du poligone ayant toûjours un flanc élevé au point E où se fait l'angle du poligone; cette gorge se fait de 30 ou 40 toises, & les angles du flanc de 98 dégrez, & les faces sont limitées comme les précédentes.

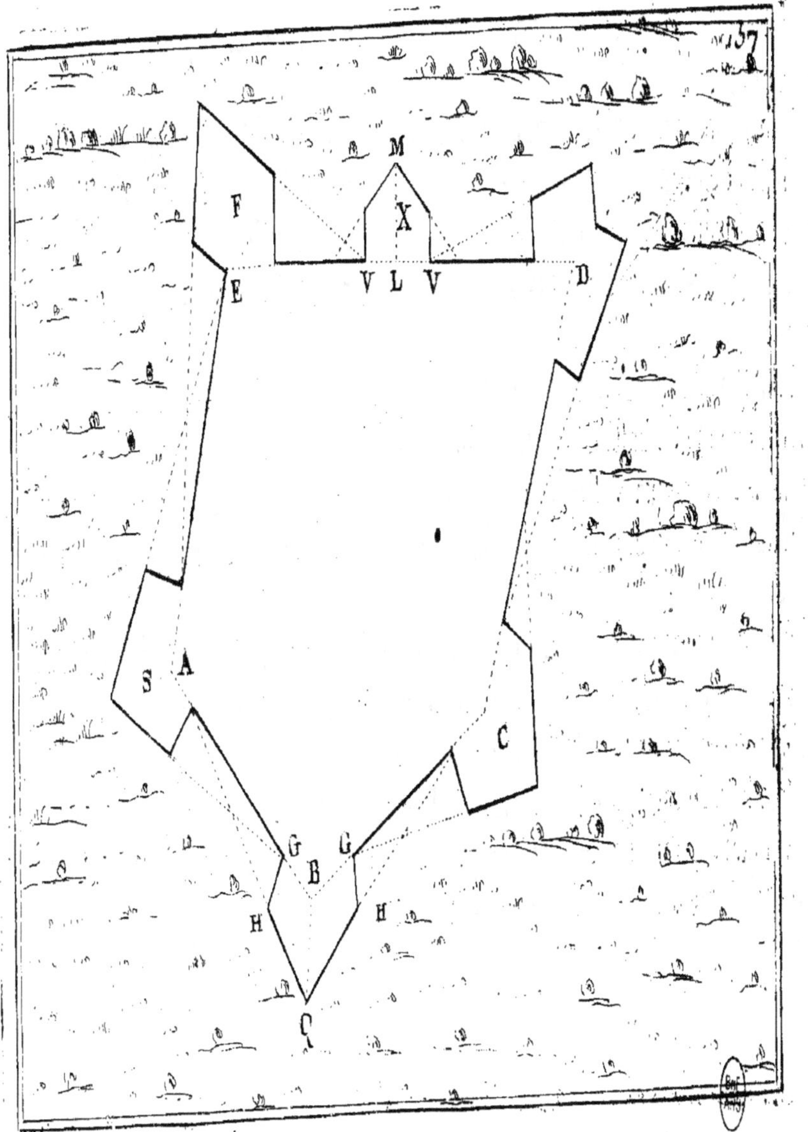
157
M
F X
V L V
E D
S A
C
G G
B
H H
C

avec les noms des Parties qui la composent.

LEs baftions coupez M, font ceux que l'on éleve devant les angles aigus des poligones ; l'on fait les demi-gorges A B de 20 à 24 toifes ; les angles des flancs de 98 degrez ; les flancs de 20 à 30 toifes ; l'on fait les faces C O de 48 toifes, & de l'intervalle de 48 toifes , & des angles d'épaules C, on fait deux arcs qui fe coupent en V, pour former l'angle rentrant du baftion coupé.

Le baftion détaché N, eft pofé fur une ligne tirée des fommets des flancs C & Q, & fe conftruit comme les baftions plats, ci-devant expliquez.

Les parapets, ramparts, foffez, chemins couverts, glacis, enfin généralement tous les ouvrages extérieurs & intérieurs fe conftruifent comme la réguliere ; c'eft pourquoi je ne ferai point de répétition.

Lorfqu'il fe rencontre une riviere qui traverfe la Place, il faut la faire paffer au milieu des courtines ; fi c'eft un Port de mer, on fortifiera l'entrée du Port par des Forts ou redoutes, choififfant les endroits les plus élevez pour les placer.

Comme bien fouvent on n'eft pas maître du terrain, en ce cas on s'embaraffera peu de la figure des ouvrages, pourvû que toutes les parties foient bien flanquées, que les vaiffeaux foient en fûreté dans le Port, & que l'ennemi ne puiffe faire aucune defcente.

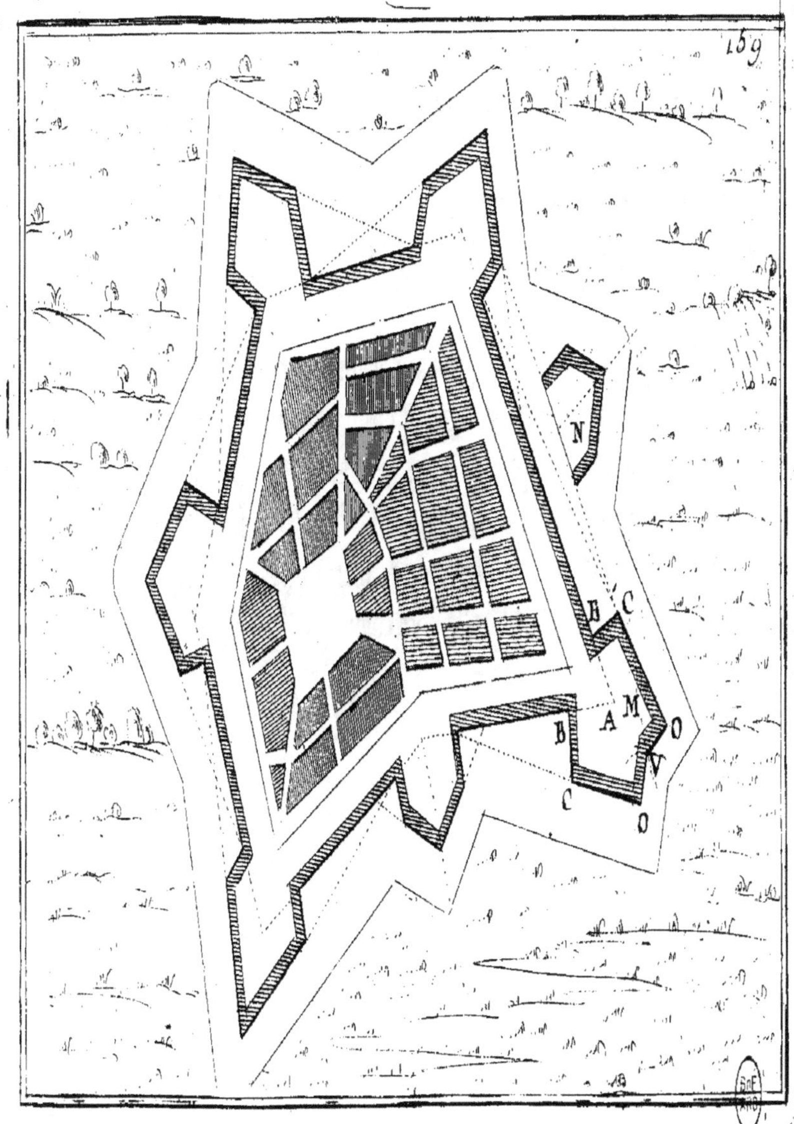
159
N
B C
B A M N O
C O

ON fait des Citadelles, lorſque l'on doute de la fidelité des habitans d'une Ville, ou que la Ville eſt commandée de pluſieurs éminences, ou pour éviter la dépenſe de fortifier une grande Ville.

Citadelle eſt une forterefſe de 4, 5 ou 6 baſtions près de la Ville & plus élevée, afin qu'elle commande en tous les endroits de la Ville; on les fait de différentes manieres, mais voici la plus convenable.

Suppoſé la Ville B, & le lieu A, propre pour y conſtruire une Citadelle, rafez le baſtion E; marquez en lignes ponctuées; tirez des angles d'épaules des deux baſtions LM une ligne occulte CD; diviſez cette ligne en deux parties égales au point I; portez ſur cette ligne de part & d'autre du point I 90 toiſes, vous aurez la ligne FG de 180 toiſes pour un des côtez extérieurs d'un quarré, ou d'un pentagone A que vous fortifierez ſuivant les regles précédentes; mettant les deux baſtions LM, hors de défenſe; le reſte comme il eſt déſigné ſur le plan.

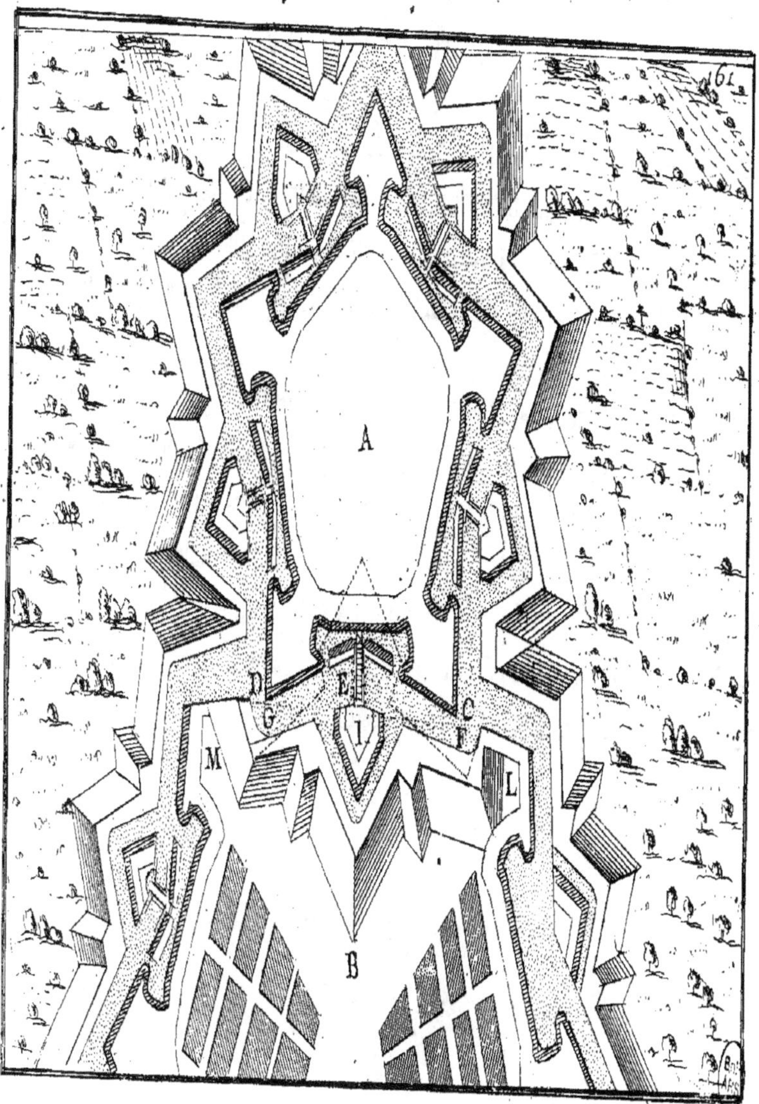

X

EN conſtruiſant une Fortereſſe, il eſt très-néceſſaire de faire des Contremines qui ſont de petites galeries A, voutées en berceau large de quatre pieds & demi, & hautes de 6 pieds, que l'on fait ſous le terreplein du rampart des baſtions au niveau du foſſé, paralléles & diſtantes du revêtement B de 8 toiſes; on y deſcend par de petits degrez C pratiquez dans les gorges des baſtions.

Tout le long de ces galeries, on conſtruit pluſieurs rameaux D, de même largeur & hauteur, diſtant les uns des autres de 5 ou 6 toiſes, qui vont juſqu'au revêtement B; on fait auſſi des Contremines E, ſous le chemin couvert; on y entre par l'angle ſaillant de la contreſcarpe, elles conduiſent à celles qui ſont ſous le glacis F, & delà à d'autres rameaux G.

Dans tous les dehors revêtus on fait de pareilles Contremines; elles ſervent à éventer les mines que l'ennemi pourroit faire, & à conſtruire des chambres de mines I, où on met de la poudre pour faire ſauter l'ennemi où il ſeroit logé.

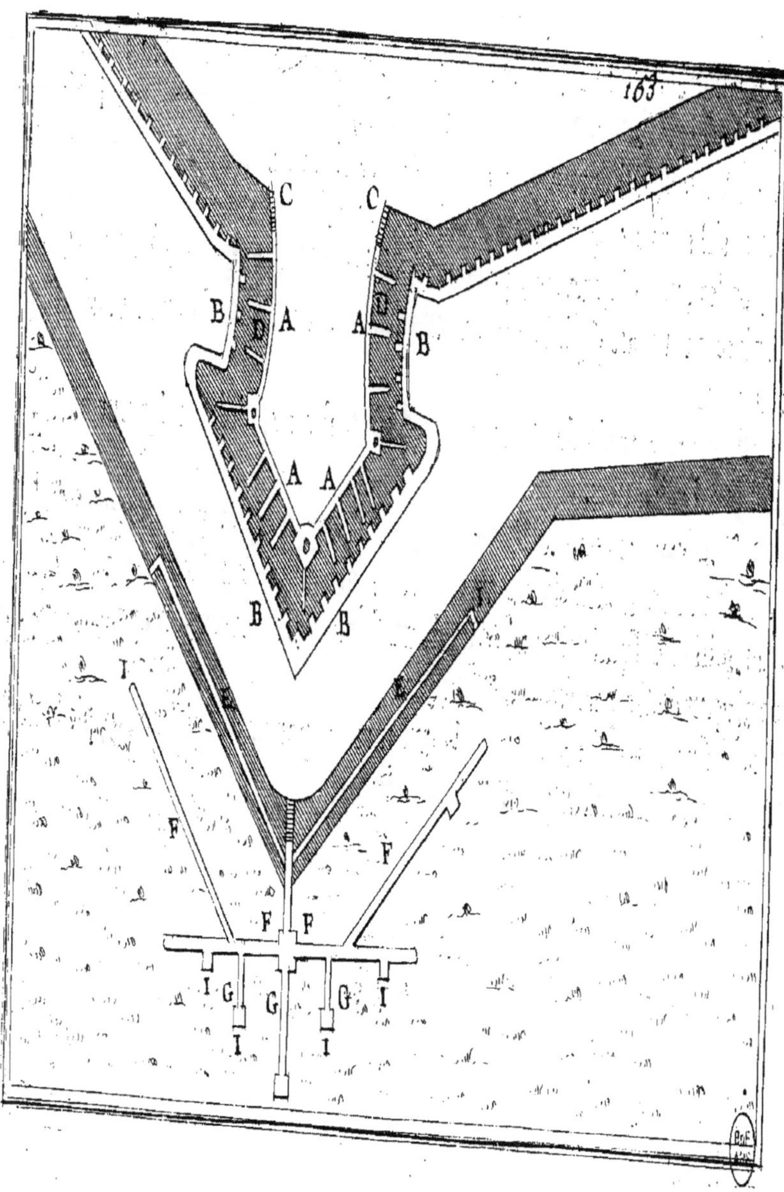
163
C   C
B   D A   A D   B
A A
B   B
I
F   F
F   F
I G G   G I
I   I

Les Magaſins à Poudre demandent une grande précaution contre le feu ; & pour empêcher qu'ils ne ſoient humides, on leur fait un plancher de bois de chêne, garni de charbon par-deſſous, on les voûte à l'épreuve de la bombe ; en ſorte qu'ils ayent 5 à 6 pieds d'épaiſſeur au moins ; s'il arrive que pluſieurs bombes tombent au même endroit, les unes ébranlent la voûte, & les autres la crevent ; pour y remédier il faudra diſpoſer les Magaſins à Poudre d'une maniere qu'il y ait 6 pieds de terre au-deſſus de la voûte ; ces ſortes de voûtes ſont ordinairement en berceau.

Le magaſin aura 10 toiſes de longueur en-dedans, ſur 24 pieds de largeur auſſi en-dedans, pour y placer ſix chantiers.

Les épaiſſeurs des murs auront 6 pieds appuyés de contre-fort, pour que ces Magaſins ayent de l'air ſuffiſamment, on fait des évents dans leurs gros murs, qui ſont des eſpéces de ſoûpiraux garnis, au milieu deſquels il y a un dez de maſſonnerie ; ces évents ont 4 pouces d'ouvertures garnis de plaques de fer percées de petits trous.

Le Magaſin ſera entouré d'une muraille qui aura 20 pouces d'épaiſſeur, 9 pieds de hauteur depuis la retraite, & 4 pieds pour ſes fondemens.

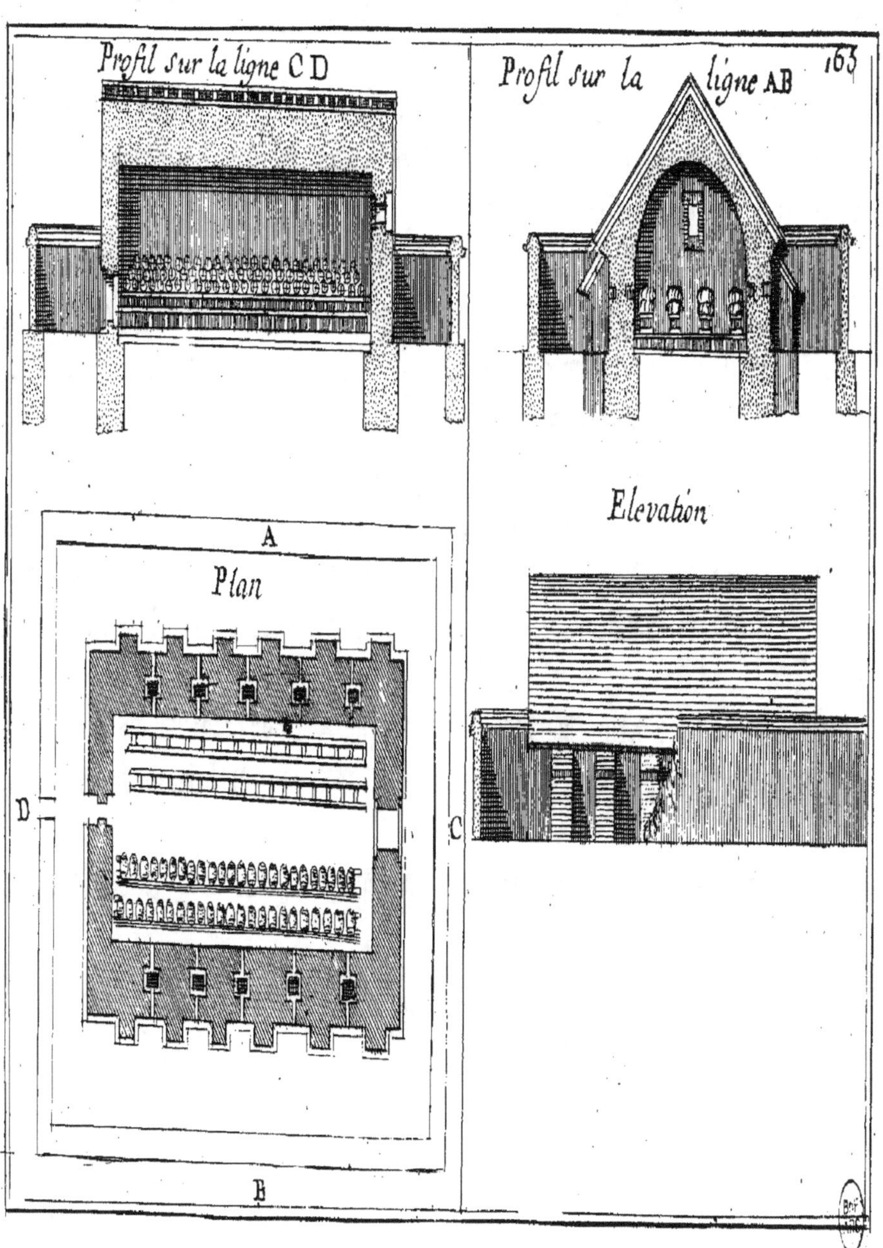
Profil sur la ligne C D
Profil sur la ligne AB
163
Plan
A
D
C
B
Elevation
X iij

ON toiſe toûjours le corps du rampart en particulier, auſſi-bien que celui du parapet, & de ſa banquette ; & ajoûtant leurs nombres particuliers en un ſeul, on aura toute la capacité du corps ou ſolide qui environne la Place.

Exemple, pour meſurer la ſolidité de tout le rampart, depuis A milieu d'une courtine juſqu'à D, angle flanqué d'un baſtion ; il faut pour cet effet avoir recours à la Planimetrie, & ſçavoir combien la baſe de tout ce rampart A B C D E F G H, contient de toiſes en ſuperficie, & auſſi connoître la ſuperficie ſupérieure du rampart I K L M N O P Q ; & ces deux ſuperficies étant ajoûtées enſemble, feront un nombre dont on prendra la moitié.

Puis ſoit connu & ajoûté enſemble les baſes des cinq pyramides qui ſe forment aux angles rentrans, & qui ont leurs ſommets ſur le rez-de-chauſſée, & leur baſe dans la ſolidité du rampart ; la ſixiéme partie de leur nombre ſera ajoûtée avec la moitié de l'article précédent.

On ſouſtraira de ce dernier nombre total la ſixiéme partie de l'addition des baſes des autres cinq pyramides, qui ſe forment aux angles ſaillans, & qui ont leurs baſes ſur le rez-de-chauſſée, & le ſommet en-haut.

Enfin ayant multiplié ce reſte par la hauteur du rampart, on aura la ſolidité de tout le rampart.

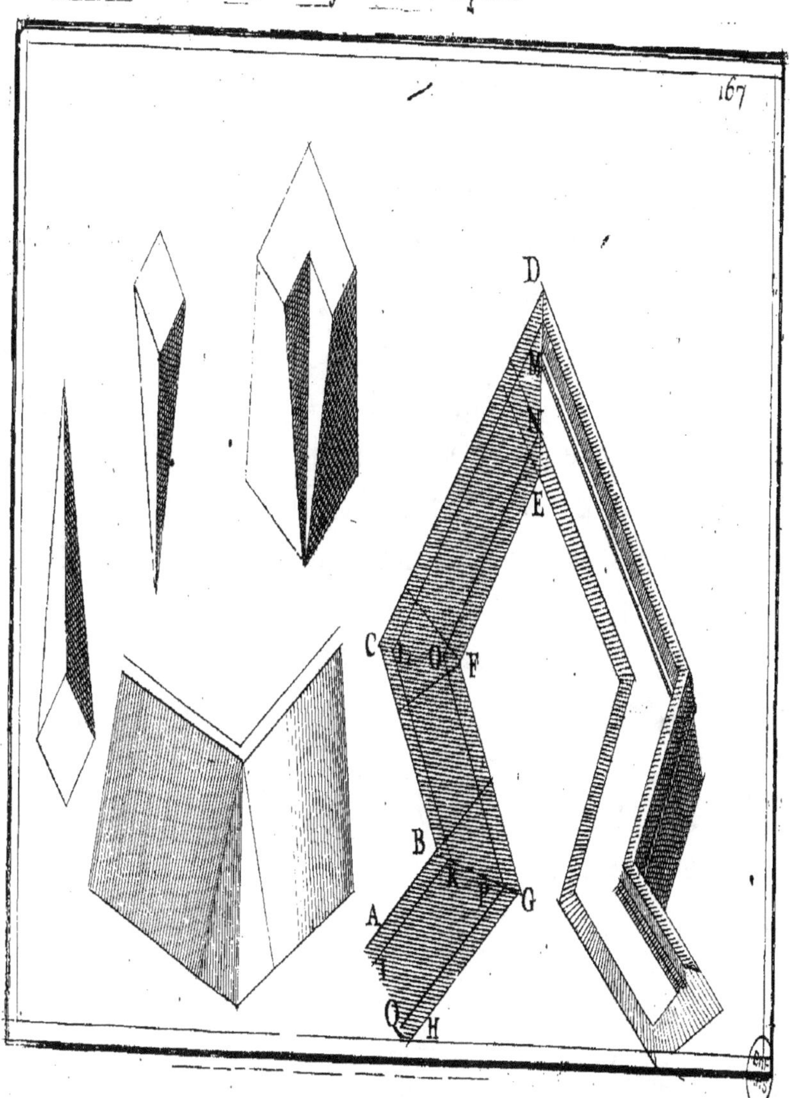
167
D
E
C F
B
A
G
O H

Ontinuant de même pour les autres baftions, on parviendra à la connoiffance de toute l'enceinte du rampart.

Pour les parapets & banquettes, on fuivra les mêmes regles.

Le foffé fe toife comme le rampart, n'étant qu'un folide renverfé, il en fera de même pour le toifé du glacis & de fa banquette.

Pour fçavoir fi vous n'aurez pas trop de terre, ni trop peu pour élever les parties de la Fortification, ajoûtez tous les nombres enfemble, & voyez fi le nombre total eft à-peu-près égal à celui qui marque la folidité du foffé ; s'il eft plus grand, vous ôterez quelque chofe du glacis ; s'il eft moins grand, vous doublerez les banquettes ; & par conféquent hauferez les parapets qui les bordent, ou bien vous élargirez davantage le rampart, ou vous éleverez des Cavaliers, &c.

EXEMPLE.

La folidité du rampart contient,	210000 toifes cubes.
Celle du parapet,	9000
Celle de fa banquette,	600
Celle de la banquette du chemin couvert,	690
Celle du glacis,	8700
	228990

Le foffé ayant fourni 230960 toifes cubes ; il reftera encore 1970 toifes cubes de terre que vous employerez de la maniere que je l'ai dit.

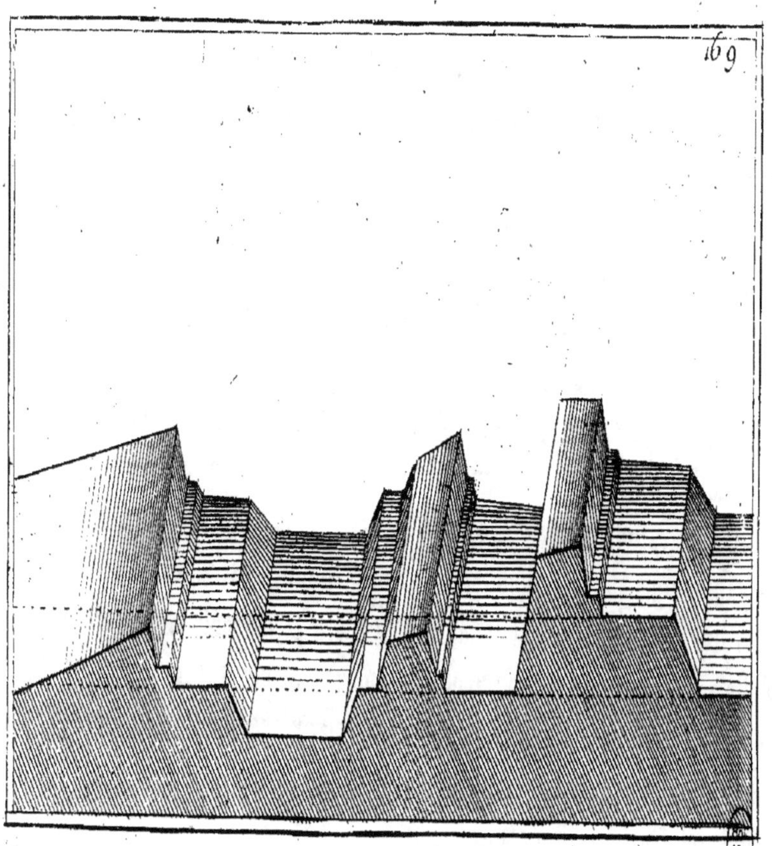

169

POur sçavoir combien de tems il faudra pour bâtir une Place, ayant calculé tout par toises cubes, comptez le monde que vous voulez y employer, & ce que chaque homme peut travailler par jour, &c.

Posons le cas que vous ayez 230960 toises cubes à travailler, & que vous y employerez 4000 hommes par jour, dont 3 hommes font 7 toises cubes par jour ; pour sçavoir en combien de tems ils l'acheveront, dites par regles de trois ; si trois hommes font 7 toises par jour, combien en feront 4000 hommes ? cela fait 9333 & demi toises cubes ; ayant cela, vous direz de rechef, si 9333 & demi toises cubes se font en un jour, en combien de tems achevera-t-on 230960 toises cubes ? elles se feront en 24 jours & demi, que 4000 hommes employeront pour faire l'excavation de 230960 toises cubes ; pour sçavoir présentement combien cela coûtera, supposons que vous donniez 40 sols par toises cubes, vous trouverez que cela coûtera 461920 liv. sans compter les frais de la massonnerie, charpenterie, ferrurerie ; ce qu'on ne peut définir, avant que l'on sçache combien de portes, de ponts, pans de voûtes, de murailles, &c. que l'on y veut faire faire, en sorte que ce n'est qu'une idée que je donne, y ayant mille autres dépenses qu'il est presqu'impossible de spécifier, à moins qu'on n'ait auparavant reçû un ordre pour tout ce qui se doit construire.

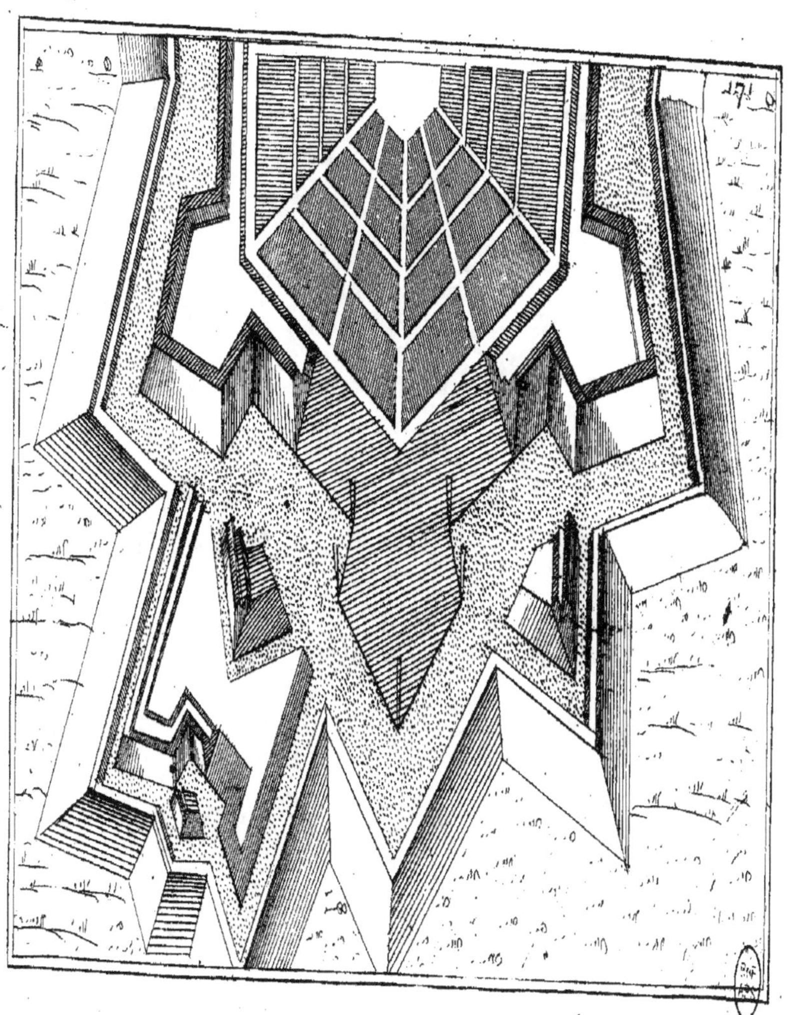

ECOLE MILITAIRE.

SECONDE PARTIE.

QUI TRAITE

DE LA MARCHE ET CONDUITE DES TROUPES ET ARME'ES dans différens Pays ; des noms & ufages des inftrumens fervans à l'attaque, & défenfe des Places ; des conftructions & diftributions des campemens pour les Siéges ; de la conduite des tranchées, des fapes, des logemens dans les chemins couverts, & autres ouvrages, &c.

Y iij

DE L'ATTAQUE ET DE LA MANIERE
d'assiéger une Place.

UN Général ayant reçû des ordres de son Prince pour assiéger une Place, doit assembler les Officiers généraux de son Armée, & les principaux Ingénieurs, & tenir un Conseil de guerre très-secret, avoir un plan très-exact de la Fortification de la Place & des environs, s'informer en quel état est la Place, le nombre de la garnison, de l'artillerie, & des munitions, déliberer du lieu d'où on tirera des vivres, sçavoir si l'ennemi a une armée en campagne, où elle est, & si elle est en état de troubler son entreprise.

Que si cela étoit, il faudroit avoir un corps d'armée pour lui faire tête, & l'amuser pendant tout le siége, sans combattre, gardant les avenuës de la Place pour empêcher le secours.

Après le conseil, il donnera ses ordres pour la marche de l'armée sur plusieurs colonnes ; l'Infanterie marchera sur deux colonnes, l'artillerie entre deux, & ensuite le gros bagage, la Cavalerie sur deux autres colonnes, & marcheront sur les aîles à droite & à gauche de l'Infanterie.

On enverra de gros détachemens de Dragons, & Cavalerie legere à l'avant-garde ; le campement suivra ce détachement ; les Officiers généraux qui seront à la tête de chaque colonne, auront grand soin que tout suive en bon ordre ; le corps de reserve fera l'arriere-garde.

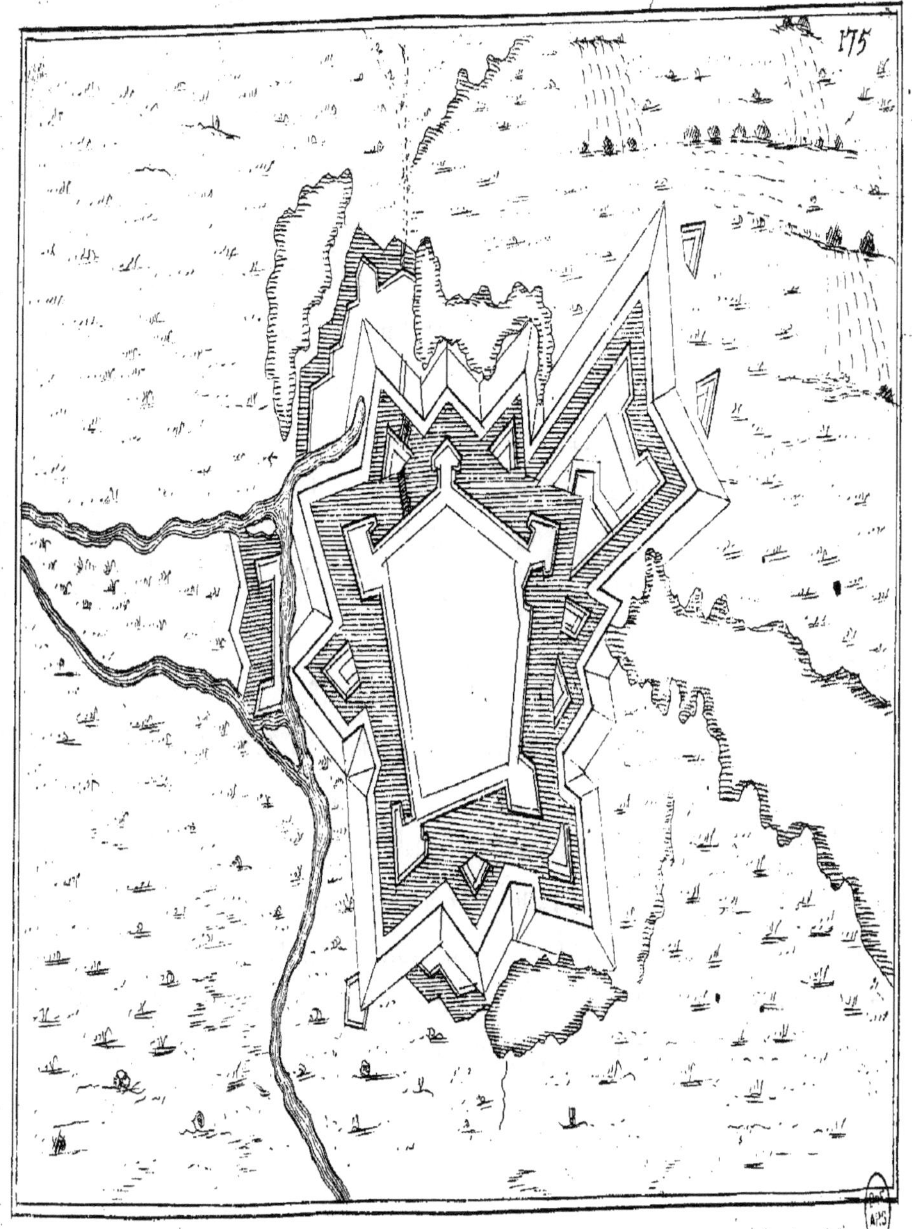

LE Général avant de se mettre en campagne, concertera avec le Maréchal de Camp & de Bataille, l'ordre de sa marche, & s'informera des Ingénieurs de la facilité ou incommodité des chemins ; s'ils sont fermes, unis & capables d'y conduire de l'artillerie ; si le païs est montagneux, couvert ou en plaine ; s'il y a quantité de bois, de riviéres à passer ; si les chemins sont coupez de caneaux, marais ou étangs ; si les défilez y sont fréquens ; si l'ennemi peut surprendre dans quelques embuscades.

Le Général après s'être bien instruit, pourra tirer ses avantages pour dresser l'ordre de sa marche, & fera dire la veille à l'ordre qu'il a dessein de faire marcher l'armée, que chacun se tienne prêt pour partir le lendemain dès la pointe du jour. La Cavalerie & Infanterie se rangeront dès le grand matin sous leurs étendars & drapeaux, dans le lieu où chaque compagnie se doit assembler.

Le Maréchal de Camp doit sur toute chose être bien instruit & informé de l'état du païs où doit marcher l'armée, étudiant par lui-même les Plans & les Cartes générales & particuliéres du païs.

Si le chemin est couvert d'arbres, on aura soin d'envoyer un jour ou deux avant que l'armée y arrive, un Ingénieur avec des Charpentiers & Pionniers accompagnez de quelque Cavalerie pour les soûtenir ; pendant qu'ils couperont les arbres, & dresseront les chemins ; on fera avancer d'abord quelque escadron qui sera suivi de l'Infanterie ; puis suivra l'artillerie mêlée de quelques bataillons ; ensuite marchera le reste de l'armée.

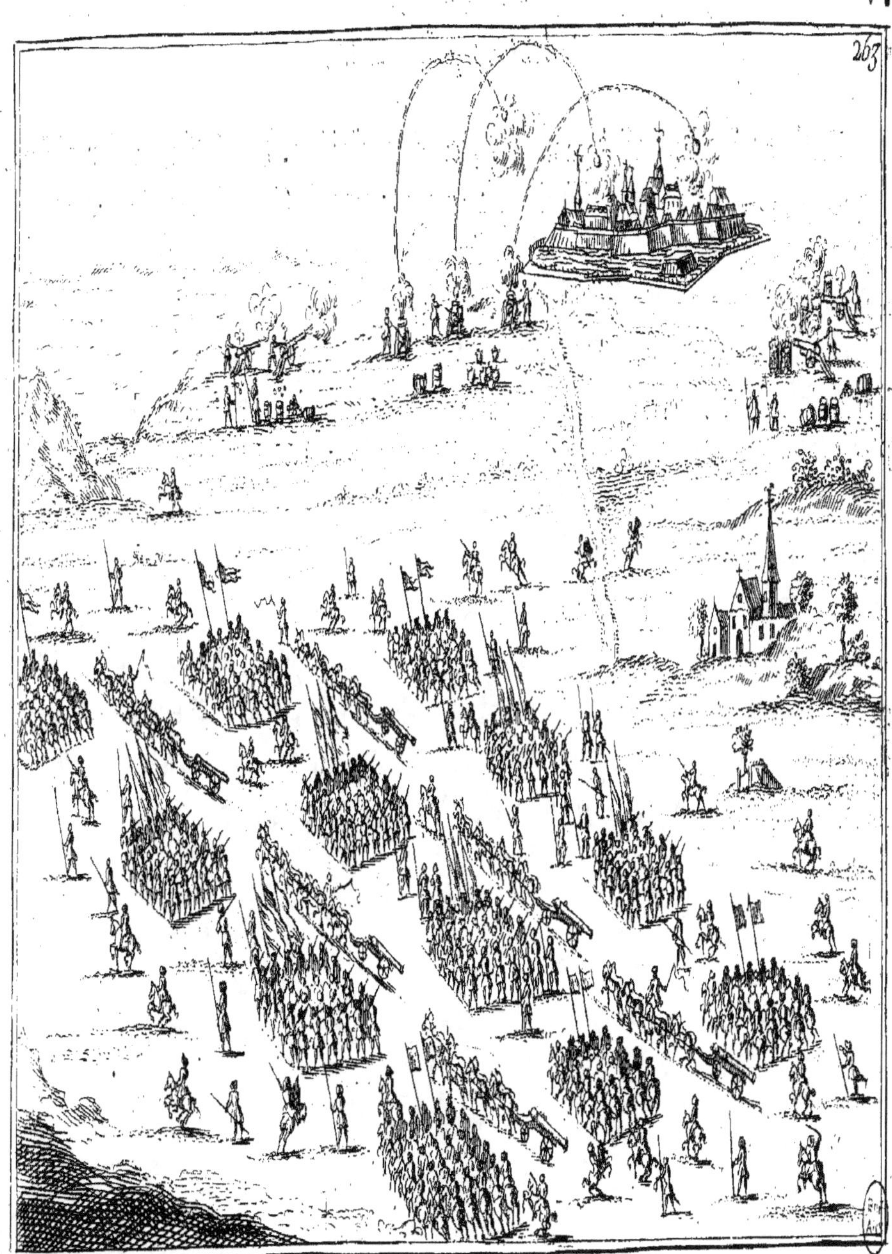

QUand le païs est rempli de montagnes, coteaux, riviéres, &c. de sorte qu'on n'y peut conduire ni chariot ni artillerie qu'avec peine; alors le Général fera sonder le guet, en s'écartant un peu de la route, divisera son armée en deux corps; il en fera filer un, & ensuite l'artillerie qui sera suivie du second corps ou arriere-garde.

L'armée se trouvant donc engagée ou obligée de passer dans de pareils païs, le Général ou le Marêchal de Camp enverra des Ingénieurs avec quelque partie de Cavalerie, & d'Infanterie, & Pionniers pour combler les fossez, élever des ponts, construire des bateaux pour faciliter la marche de l'armée. Durant ce travail, le Général aura grand soin de faire battre la campagne par diverses parties de Cavalerie, afin de prendre langue de l'ennemi, & sçavoir s'il est en campagne, quelle route il prend, & généralement tout ce qui peut servir à éviter les embuscades & surprises.

Dans tous ces divers incidens, soit qu'on campe à la campagne ou au village, le Géneral aura grand soin que le Commissaire général des vivres, & les Trésoriers des guerres agissent avec toute l'exactitude que leurs charges demandent, principalement pour les vivres, qu'on doit incessamment faire venir sur la route, soit par Vivandiers & par convois.

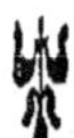

SUppofons la réfolution du fiége d'une Place arrêté, & les armées en campagne, le Général doit faire fon poffible pour éloigner les foupçons que l'ennemi peut avoir de fes deffeins, & de les détourner autant qu'il pourra ; quelquefois cela va jufqu'à inveftir une Place qu'on ne veut pas attaquer, pour lui faire prendre le change, & lui donner lieu d'affoiblir la garnifon de celle fur qui on a deffein.

Quelquefois on pouffe l'ennemi pendant quelques jours pour l'éloigner de la Place à qui l'on en veut, pour enfuite en faire l'inveftiture, qui fe fait ordinairement par un détachement de quatre à cinq mille chevaux, felon que la garnifon eft forte, elle doit être commandée par un Lieutenant général, & deux ou trois Maréchaux de Camp. Ces troupes doivent marcher avec toute la diligence poffible, jufqu'à ce qu'elles foient à une lieuë ou environ de la Place, afin d'ôter aux ennemis les moyens de fortifier la Place de vivres & d'hommes, en cas qu'ils l'euffent auparavant négligé. On ne fe doit montrer devant la Place que par des détachemens, qui pouffant de tous côtez jufqu'aux portes de la Ville, enlevent tout ce qui fe trouve dehors hommes & beftiaux ; il eft même néceffaire d'effuyer quelques volées de canon, pour avoir lieu d'en remarquer la portée ; & pour affeoir le camp, on aura foin de fe faifir de toutes les avenuës favorables au fecours qui pourroit fe jetter dans la Place, & on difpofera de petites gardes tout autour de la Place pour n'être point furpris, tenant toûjours la moitié de la Cavalerie à cheval, pendant que l'autre met pied à terre pour fe repofer fans fe deshabiller ni deffeler les chevaux, ne mettant qu'autant de tems qu'il en faut pour les penfer.

LEs Ingénieurs ne manqueront pas de reconnoître la situation la plus convenable pour asseoir les camps & les lignes, quand l'armée sera arrivée.

Dès le jour même que la Place est investie, tout se met en mouvement, l'artillerie & sa suite, les vivres & tous les caissons, les chariots, &c. enfin tout charge devant la Place voisine, & se met en marche pour se rendre devant la Place investie ; ce qui se fait à la diligence tant de l'Intendant de l'armée, que du Lieutenant général de l'artillerie, qui ont tous deux correspondance avec ceux des Provinces voisines.

L'armée marche à grande journée & arrive devant la Place investie, pour l'ordinaire trois ou quatre jours après l'investiture ; le Lieutenant général qui l'a fait, va au-devant d'elle pour rendre compte au Général de ses diligences : le Général sur son rapport fait ses dernieres dispositions avec les Ingénieurs pour le campement de l'armée autour de la Place, afin de faire défiler les troupes, distribuant la Cavalerie dans les plaines proches des riviéres ; le lendemain il le rectifie & fait avec les Officiers généraux & les principaux Ingénieurs le tour de la Place pour en déterminer la circonvallation, après avoir résolu la figure & le circuit des lignes ; toutes les troupes se placent selon les quartiers qui leur sont destinez, & le Général distribue aux Officiers généraux chacun le leur ; on regle en même tems le quartier du Roi, celui des vivres, & le parc de l'artillerie ; les Majors des Regimens avec les Garçons Majors marqueront leurs camps, & pour leur sûreté on placera des grandes gardes, & des gardes ordinaires du côté de la Place & de la campagne.

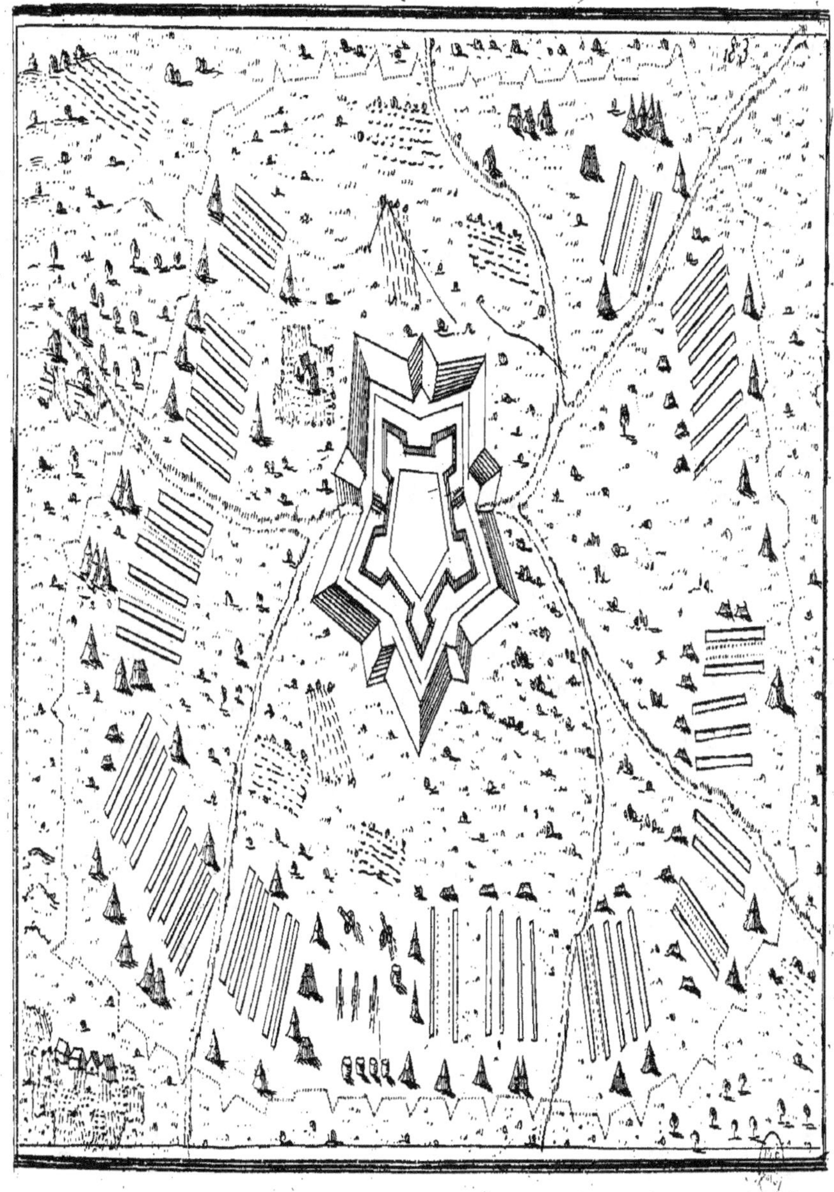

POur loger une Compagnie de Cavalerie de cent chevaux, on donnera 70 pieds de front à la Compagnie, comme A B, & 200 pieds de hauteur A C.

A deux Cavaliers ou Maîtres qui logent enfemble, on leur donne 8 pieds de large, & 12 pieds de long pour faire leurs huttes D.

Pour les huttes des chevaux, elles occupent chacunes 4 pieds de large, & 10 pieds de long E; les hommes font tous logez en deux rangs, & les chevaux aufli E G.

Entre les huttes & les écuries, il y a une ruë large de 8 pieds L.

Les chevaux tournent leurs têtes du côté de leurs maîtres.

La ruë entre les écuries a 10 pieds de large pour la fortie des chevaux L.

Le logis du Capitaine eft à la tête des huttes de fa Compagnie, dont il occupe tout le front, & fa largeur eft de 40 pieds O.

Entre le logis du Capitaine & la Compagnie eft une ruë de 10 pieds de large P; toute la Compagnie fera partagée ainfi en deux rangs, dont chacun confiftera en 25 huttes, & autant d'écuries, chaque hutte étant pour deux hommes, & chaque écurie pour deux chevaux; une rangée fuffira pour le Lieutenant & 48 Maîtres & leurs chevaux, & l'autre pour l'Enfeigne & 48 Maîtres avec leurs chevaux; au bout des huttes on laiffe un chemin de 20 pieds; le refte fera pour les Vivandiers.

Quand plufieurs Compagnies campent enfemble les unes auprès des autres; il doit y avoir 20 pieds de diftance entr'elles.

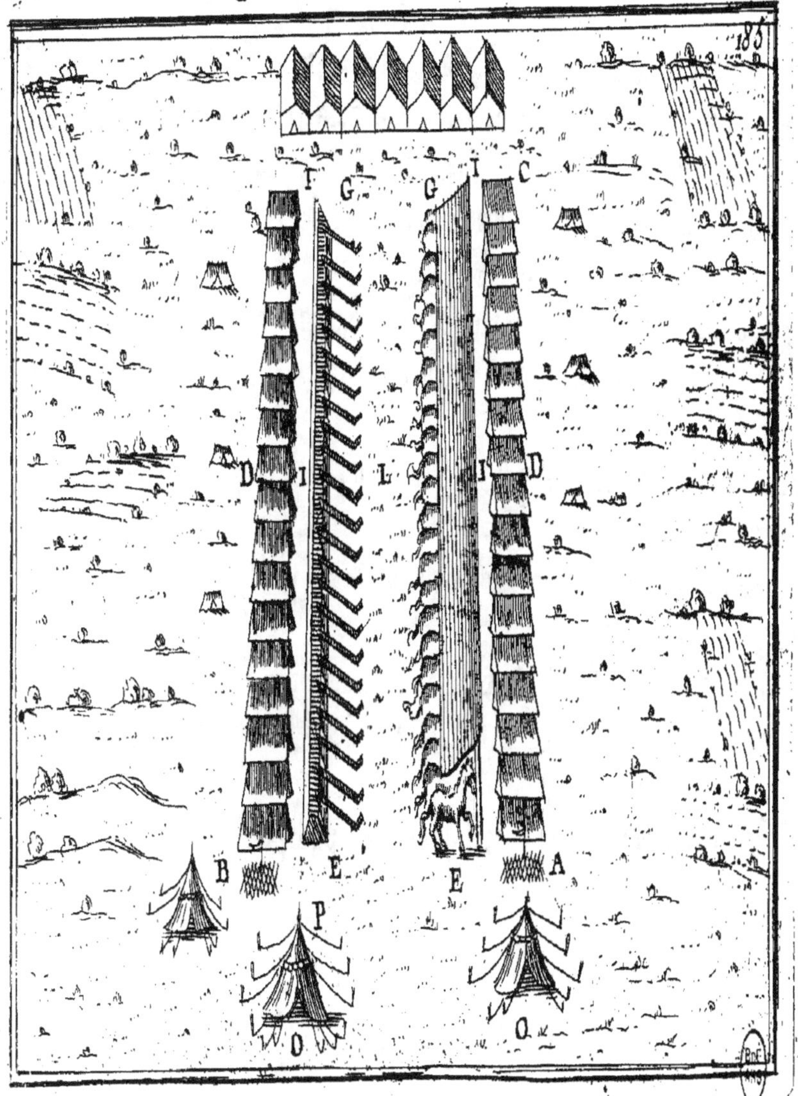
185
T G G I C
D I L I D
B E E A
P
O O

POur loger une Compagnie de cent hommes, on donnera au front de la Compagnie A B 56 pieds, pour avoir lieu d'y marquer quatre rangs de huttes, on fera trois ruës de 8 pieds chacune de large D ; on donnera à la hauteur de la Compagnie A C 200 pieds pour y faire 25 huttes ; chaque hutte aura 8 pieds en quarré pour loger deux Soldats, les portes des huttes répondent toutes fur la même ruë, & font vis-à-vis l'une de l'autre.

Le logis du Capitaine eſt à la tête des huttes de ſa Compagnie, dont il occupe 40 pieds de large ; on laiſſe un chemin de 20 pieds, pour y arborer les Drapeaux, & dreſſer les Faiſſeaux-d'Armes pour y repoſer les fuſils O.

Les deux premieres places feront pour le Lieutenant, & l'Enſeigne, qui auront leurs portes vis-à-vis de celle du Capitaine.

A la queuë de la Compagnie, on laiſſe un chemin de 20 pieds, & les 20 pieds reſtans ſeront donnez aux Vivandiers, Cuiſines, &c.

Le Colonel du Régiment fera logé au milieu des Capitaines, ayant une eſpace d'environ 70 pieds de large, ſur 40 pieds de long. Le Lieutenant-Colonel ſera également logé vis-à-vis du Colonel.

Les Compagnies ſeront diſtantes l'une de l'autre de 8 pieds, lorſquelles campent enſemble.

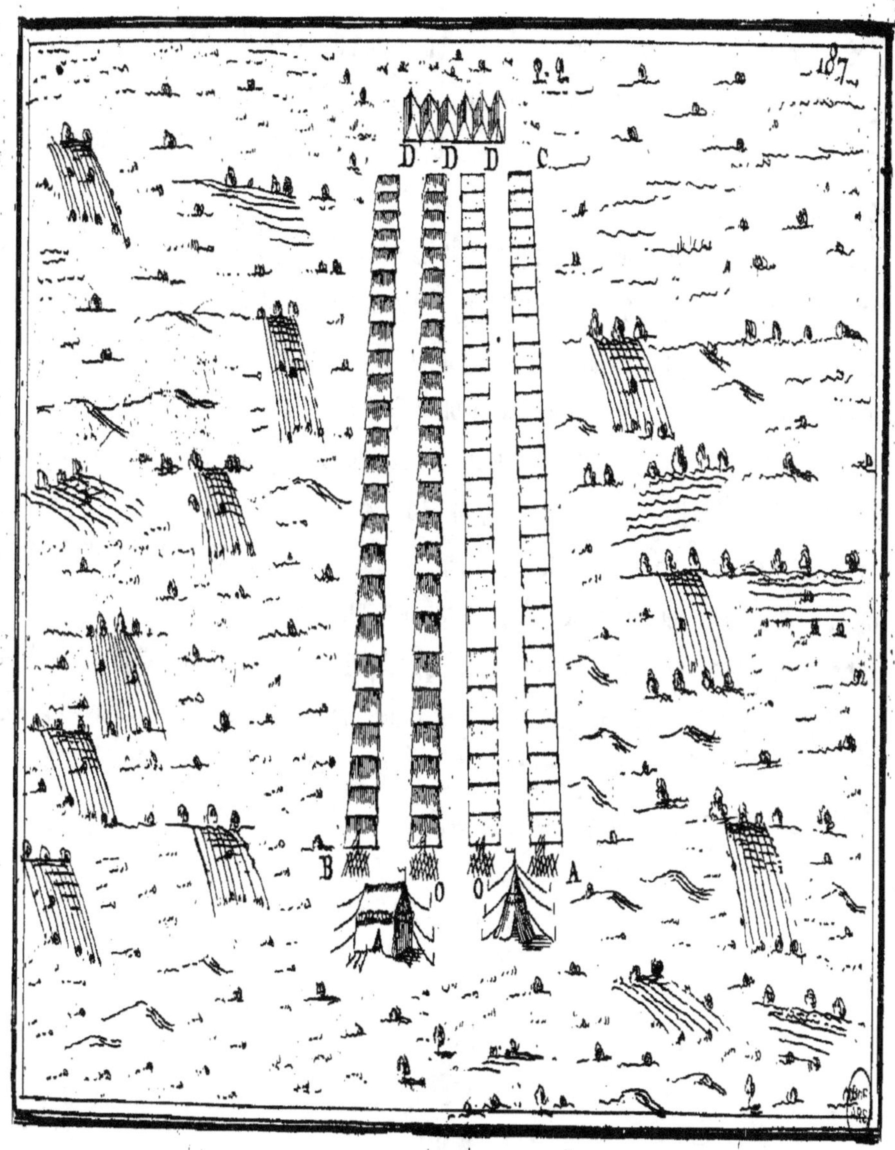
187
D D D C
B O O A

Derriere le Lieutenant-Colonel on laissera un chemin de 10 pieds, marqué D, après lequel on donne un espace de 50 pieds, pour les Officiers d'étape, j'entends l'Aumônier du Régiment, le Secretaire, le Prévôt, &c. à 10 pieds delà on laisse une place de 40 pieds marquée V, pour différentes huttes nécessaires.

Pour marquer le terrain pour un Régiment de six Compagnies, il faut faire le calcul suivant; chaque Compagnie ayant 56 pieds en largeur, six Compagnies occuperont 336 pieds; le Colonel prend environ 70 pieds en face, lesquels ajoûtez avec 336 font 406; chaque Compagnie est éloigné de l'autre de 8 pieds; on trouvera 48 pieds qu'on ajoûtera aux 406 pour avoir 454 pieds de largeur, sur 300 pieds de hauteur, que doivent occuper les six Compagnies d'Infanterie, on laissera d'un Régiment à l'autre 50 pieds d'espace.

Pour un Régiment de Cavalerie, le Colonel n'a pas plus grand logement que les autres Capitaines, on lui fera toûjours l'honneur de loger sa Compagnie au milieu.

Et pour marquer l'espace d'un Régiment de cinq Compagnies, dont chacune occupe 70 pieds de face, ou de largeur, feront 350 pieds; plus, quatre chemins qu'on laisse entre deux de 20 pieds, feront 80 pieds : ainsi tout le Régiment aura 530 pieds de largeur, sur 300 pieds de hauteur.

L'espace d'un Régiment à l'autre sera de 50 pieds.

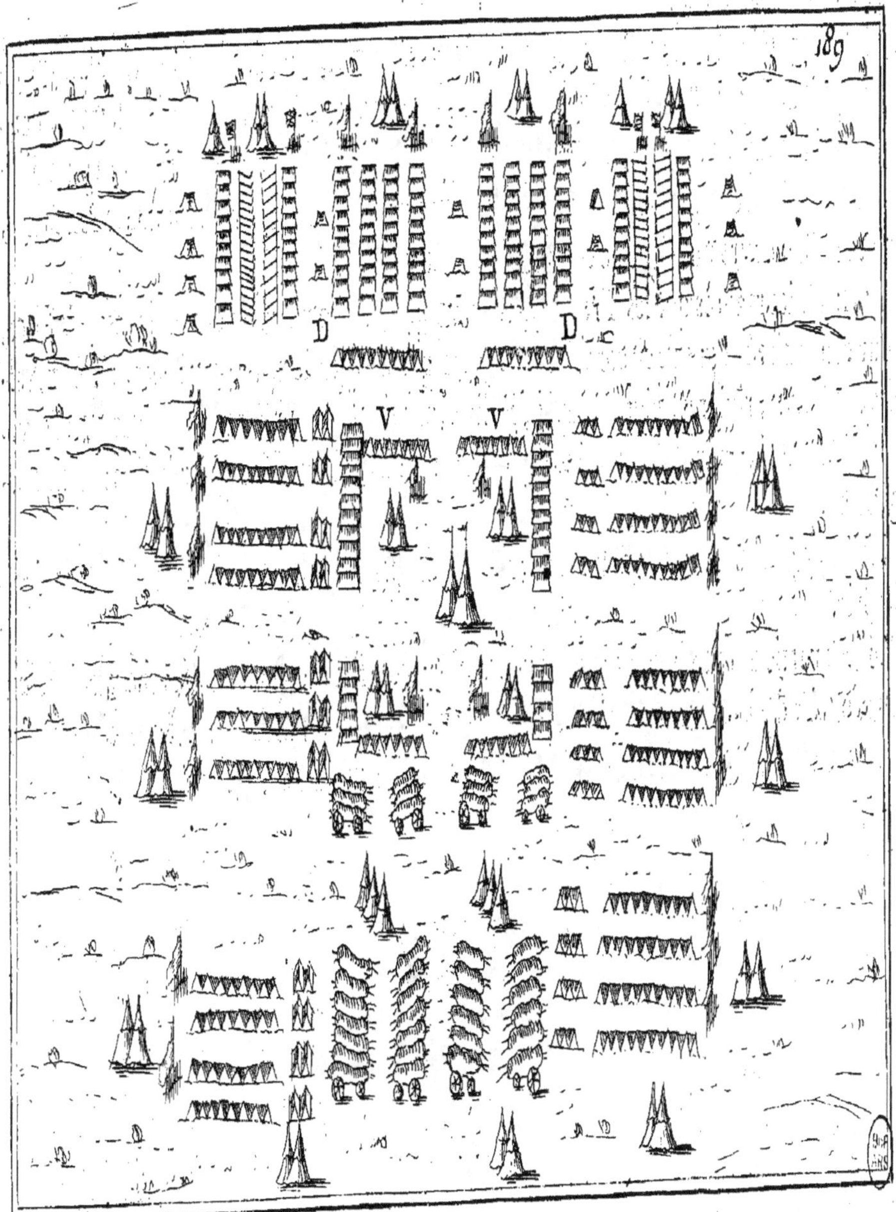

SI le Général prévoit qu'il ne puiſſe pas emporter d'emblée ou de vive force, la Place qu'il a ordre d'attaquer, & qu'il craigne que l'ennemi ne ſecoure la Place, alors il fera faire tout autour de ſon camp une ligne de circonvallation ; & s'il juge que la Ville ſoit puiſſante en nombre d'hommes, & que le Gouverneur puiſſe faire ſouvent des ſorties pour incommoder ſon camp, en ce cas il fera faire une ligne de contrevallation du côté de la Ville.

Les Ingénieurs après que les Troupes ſeront campées, leveront le plan des environs de la Place, pour conſtruire la ligne de circonvallation, y marquant généralement les collines, rideaux, vallées, ruiſſeaux, riviéres, vignes, hayes, Egliſes, marais, &c. & préſenteront le plan de ces environs au Général, pour regler avec lui l'endroit par où ils doivent faire paſſer la ligne de circonvallation.

Ils la marqueront & traceront ſur le terrain avec des piquets & cordeaux, ſuivant les dimenſions ci-après.

Si les quartiers ſont ſéparez par des Riviéres, il y faudra faire des ponts ſur des chevalets, ſi l'on peut, ou ſur des batteaux, mais plûtôt ſur des chevalets, parce qu'ils ſont plus ſûrs & plus fermes ; ils ſeront de 4 à 5 toiſes de large, & de 50 à 60 toiſes les uns des autres.

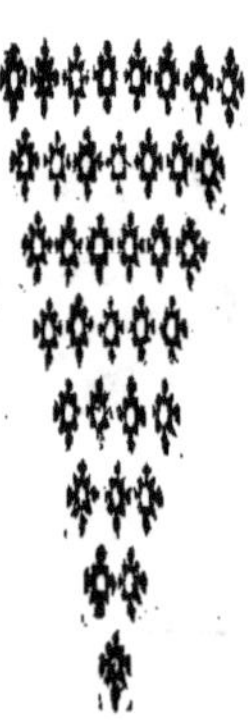

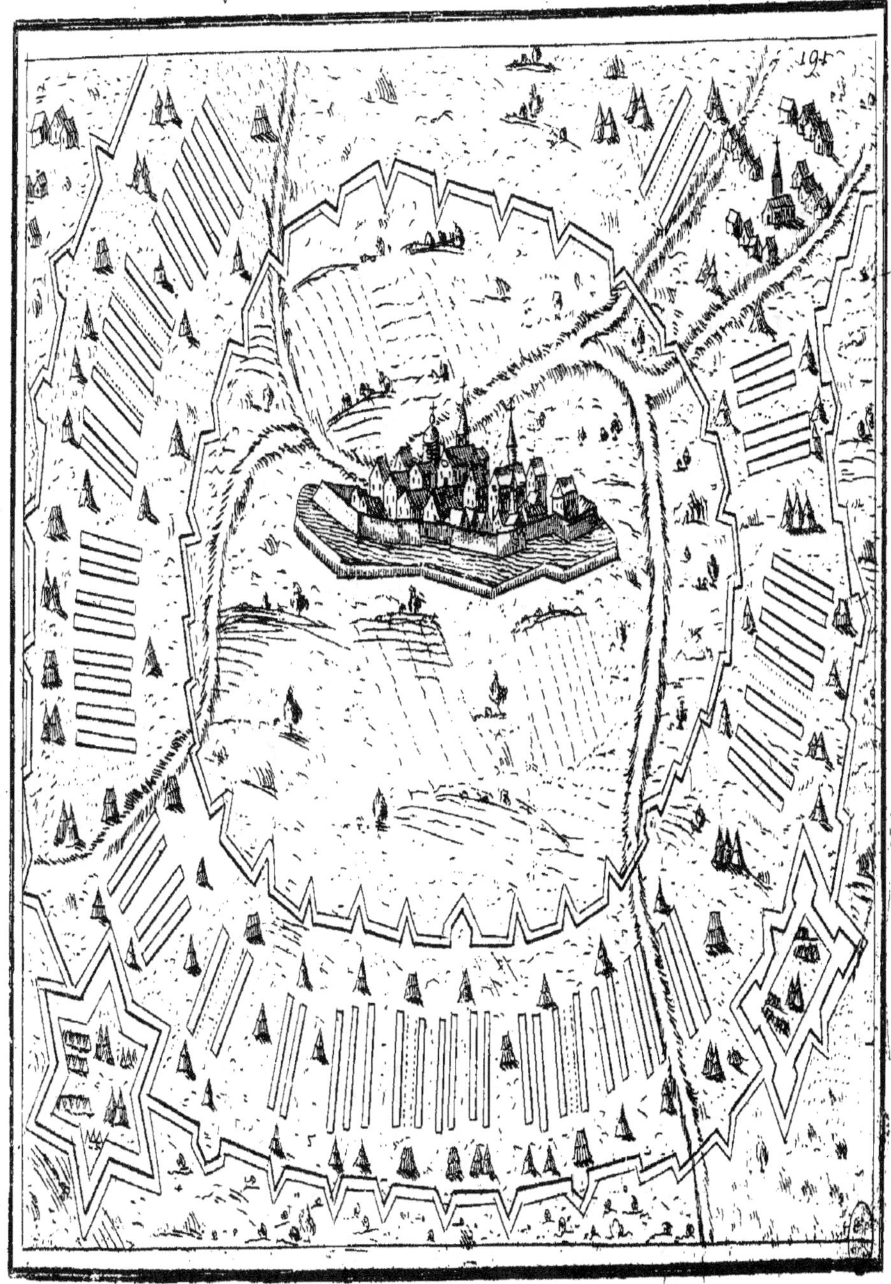

A Mesure que l'on tracera les lignes, on distribuera le terrain aux Troupes; si on est en Pays où on ne puisse avoir des Paysans, on distribuera 5 à 6 pieds courant par chaque personne; la mesure commune des lignes, quant au plan ci à côté, doit être de 120 toises, d'une pointe de redent à l'autre, ou d'autres ouvrages; 18 ou 25 toises de face, 90 à 100 toises de courtine, les angles du redent moins ouverts que l'angle droit; au surplus on accommode le circuit de ces lignes à l'irrégularité du terrain, pourvû qu'elle se flanque bien; l'ouverture du fossé des lignes doit être de 15, 16 ou 18 pieds, sur 6 à 7 pieds de profondeur, taluant du tiers de la largeur; de cette façon le fossé aura 18 pieds de large à l'ouverture; sa largeur au fond sera de 6 pieds, ce qui donne 12 pieds de large réduits sur 7 pieds & demi de profondeur, revenant par toises courantes à 2 toises & demi cubes, qui est l'ouvrage qu'un Paysan peut faire en cinq jours.

De la ligne au-dedans du camp on laisse une ruë de 90 à 100 toises de large pour y ranger les Troupes en ordre, quand il s'agit de faire des sorties.

Le camp est traversé la plûpart du tems, par plusieurs ruës de 30 pieds de large.

Le Général se choisit au milieu de l'Armée une place de 500 pieds de long sur 600 de large; autour de son logement, on laisse un espace de 250 pieds, pour la Place d'Armes; le Général de l'Artillerie prend une autre place, longue de 300 pieds, & large de 480 pieds, que l'on fortifie tout autour.

Le quartier des vivres sera également long de 300 pieds, & de 400 de large.

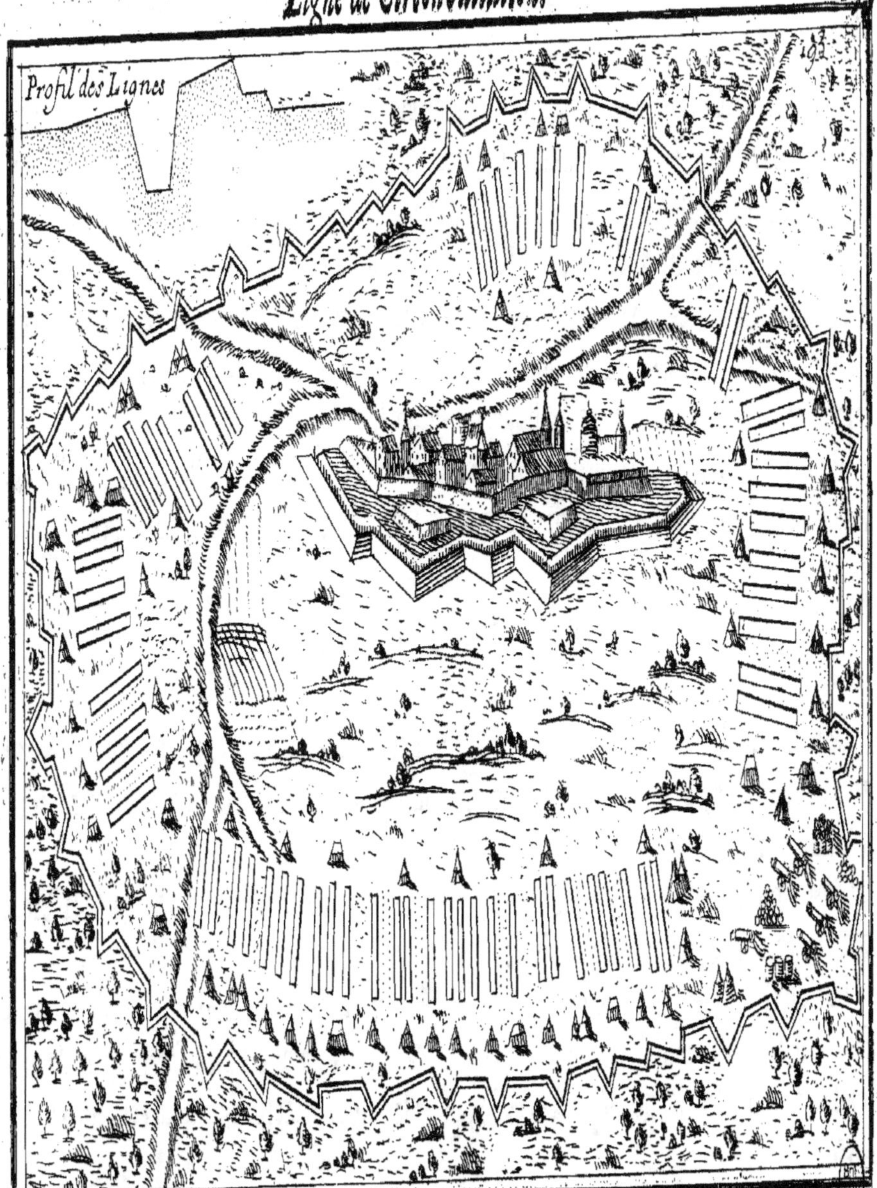
Profil des Lignes

LA contrevallation se trace & se construit de même façon que les lignes précédentes, excepté que la largeur du fossé à l'ouverture, n'aura que 14 pieds, la largeur par en-bas 4 pieds 8 pouces, & sa profondeur 6 pieds. Cette ligne doit passer derriere la queuë des camps à distance de 120 ou 150 toises ; on la flanque de Redent, demi-Redoutes, Redoutes, Bastions, &c. distans l'un de l'autre d'environ 100 toises ; on construit des portes & barrieres sur les avenuës des grands chemins, qui traversent les lignes, comme aussi de deux courtines ; on fait aussi une porte de 22 pieds de large, qui ferme par une barriere à fleau, tournante sur un poteau.

Pour aider à la construction des lignes, on enverra dans tous les Villages à 4 à 5 lieuës à la ronde, pour faire venir les Paysans, sur peine d'incendie, pour travailler aux lignes.

PARC D'ARTILLERIE.

Le parc d'artillerie est le lieu ou magazin dans lequel on conserve les poudres, bombes, petards, grenades, méches, & tous les équipages & instrumens qui servent à descendre & monter les canons de dessus leurs affuts, & chariots.

Le parc pour être bien placé, doit être tout-à-fait hors de la portée du canon de la Place, & commode pour toutes sortes de voitures.

Lorsqu'il y a quelque Village ou maison située aux environs de deux portées de canon de la Place, il faudra le choisir pour former le parc, & avoir soin de les bien fortifier, & de ne leur donner que des sentinelles l'épée à la main, pour la garde, principalement aux endroits des poudres.

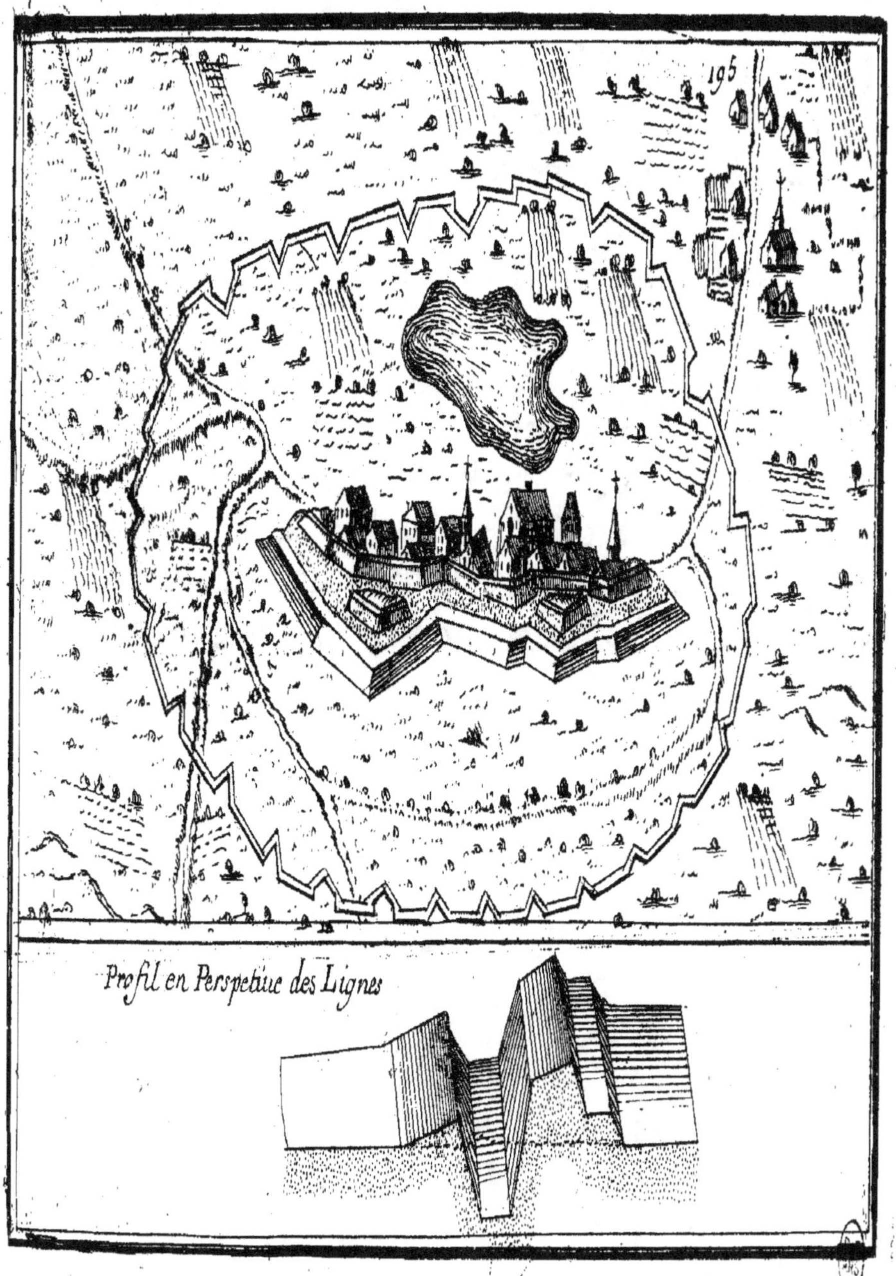

195
Profil en Perspetiue des Lignes

DE's le commencement du siége on doit faire provision de gabions, & tenir la main à ce qu'ils soient bien faits, de bonne assiette, & tous égaux; trois ou quatre jours avant l'ouverture de la tranchée; & lorsque les Troupes auront achevé de se camper, on les munira de fourages, on commandera des fascines & piquets, à tant par Bataillon, & tant par Escadron, ce qui va à deux ou trois milles pour les premiers, & à douze à quinze cens pour les derniers.

Il faut remarquer que les fascines & les piquets sont des ouvrages de corvée, de même que les lignes; mais les gabions se payent ordinairement cinq sols, à cause de la difficulté de leur construction. Tous les Corps font amas de ces fascines à la tête de leur camp, où chacun d'eux fait son magazin près des sentinelles. Quant aux gabions, c'est un ouvrage de Sapeurs & de Mineurs bien instruits, & d'un détachement de Suisses qu'on demande pour cet effet, étant plus adroits que les François à cette sorte d'ouvrage. On doit aussi faire amas de toutes les charpentes, & bariques vuides de l'artillerie, de même que celles qu'on trouve chez les Vivandiers, & à la campagne.

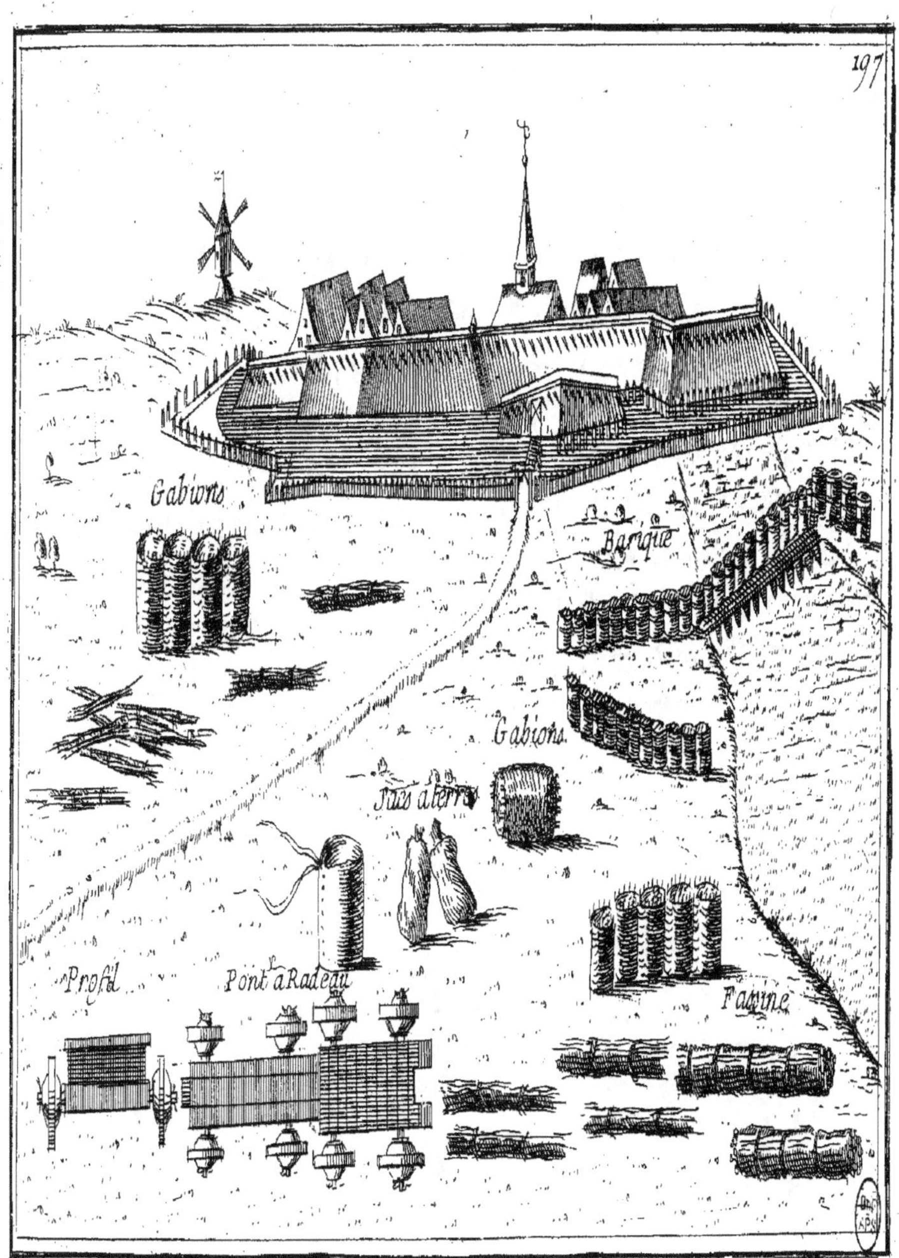
197
Gabions
Barique
Gabions
Sacs à terre
Profil
Pont a Radeau
Fagine

IL est néceſſaire d'avoir des magazins près & à portée des Places, ſur leſquelles on a deſſein; il eſt difficile & on ne peut guéres regler de quelle eſpéce, ni combien il en faut; cela va à la prudence du Général, ſuivant la Place qu'il attaque; il ne peut manquer toutefois de compter ſur un mois de tranchée ouverte, ou plus, parce qu'il n'y a guéres de Place qui ne puiſſe tenir ce tems-là, quand elle eſt un peu raiſonnable, & défenduë par gens intelligens. Nous compterons donc pour les poudres 8 à 900 milliers, ſelon que la Place eſt plus ou moins forte, 60 mille gros boulets, 20 mille de 8 & 12, 80 piéces de gros canons, 30 ou 35 de 8 & de 12 livres de balle, 18 ou 20 de quatre livres pour les lignes, 15 à 16 mille bombes, 40 mille grenades, 10 milliers de méches, & 180 milliers de plomb, 100 mille pierres à fuſils, 50 mille ſacs à terre, 30 mille petites charges à poudre de bois à mettre dans la poche; 100 plattes-formes de canon complettes, 60 affuts de recharge, 30 pour les mortiers, pluſieurs cris, chévres, triqueballes, & traineaux, des écoupes pour jetter de l'eau ſur le feu, & quantité de bois de charonnage, de madriers de réſerve, & de menuës charpenteries, 200 broüettes, autant de hottes avec les bretelles, 4000 outils bien emmanchez pour la tranchée & les lignes, outils de Mineurs, des forges & Forgerons, quantitez de Charpentiers & Charons, des chariots & charettes, &c.

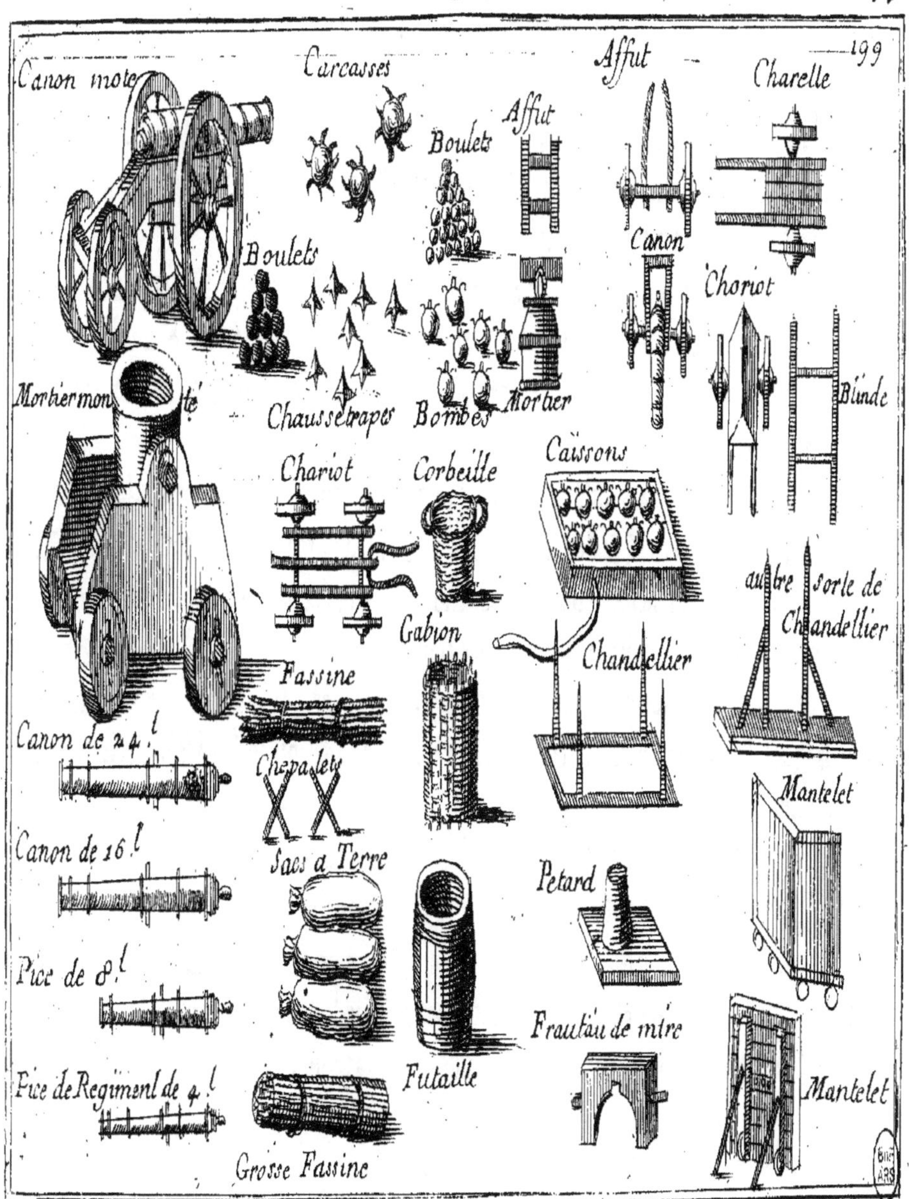
199
Canon mote
Carcasses
Affut
Charelle
Boulets
Affut
Canon
Choriot
Boulets
Chaussetrapes
Bombes
Morter
Blinde
Mortier monté
Chariot
Corbeille
Caissons
autre sorte de
Chandellier
Gabion
Fassine
Chandellier
Mantelet
Canon de 24.l
Chepalets
Canon de 16.l
Sacs a Terre
Petard
Pice de 8.l
Frautau de mire
Pice de Regiment de 4.l
Futaille
Mantelet
Grosse Fassine

A Sacs à terre, font des facs remplis de terre, dont les grands tiennent environ un pied cube, les petits un peu plus d'un demi pied ; ils fervent aux Afliégez à mettre fur leurs parapets en forme d'embrafures, & fur la tête des brêches.

B Corbeilles, font de petits paniers ayant environ un pied & demi de hauteur fur 8 pouces de large par le bas, & 12 pouces par le haut, afin qu'étant remplis de terre, & mis les uns contre les autres, ils laiffent une embrafure, par où les Moufquetaires qui feront derriere, puiffent tirer à couvert.

C Gabions, font des paniers qu'on remplit de terre d'environ cinq à fix pieds de haut, pour faire les parapets des batteries, & des logemens ; on les fait de branchages d'ofier, coudre, &c.

D Fafcines, font des branchages d'arbres liez en fagots, qui étant mêlées avec de la terre, fervent à combler les foffez & à faire les parapets des tranchées.

E Clayes, font faites de gros & menus branchages de bois vert, ayant 5 à 6 pieds de haut, & 3 à 4 de large ; elles doivent être extrêmement ferrées pour l'affermiffement des batteries, & le paffage des foffez bourbeux.

F Herfillon, eft une groffe piéce de bois lardée de toutes parts de pointes de fer, tournée fur un pivot, pour fermer les lieux que l'on doit fouvent ouvrir.

G Cheval de frife, eft une longue piéce de bois environ d'un pied de diametre, & 2 toifes en longueur, traverfée de part en part de piquets de 5 à 6 pieds de long pointus & ferrez par les deux bouts ; les Afliégeans pour fermer les avenuës de leur camp, en mettent plufieurs enfemble.

H Barique à terre, font des demi-muids qu'on remplit de terre, pour fervir de parapet quand le
terrain des environs eft plein de roche, pierreux, aquatiques, & marécageux, que l'eau empê-
che d'y foüiller ; les Afliégez s'en fervent pour rompre les galleries faites dans le foffé , & rouler
dans les brêches.

I Chandeliers , font deux groffes piéces de bois environ de fix pieds de haut, pofez debout fur
une traverfe à la diftance de quatre pieds pour être remplis de fafcines liées à l'entour ; ils fervent
à couvrir les Soldats & Pionniers dans le travail des tranchées.

K Sauciffons , font de gros brins de bois liez enfemble pour affermir le chemin des charois & faire
des traverfes & parapets dans les foffez pleins d'eau.

L Chauffetrapes , font des machines de fer à quatre pointes ; de quelque maniere qu'elles foient
jettées dans les brêches, ou dans les embufcades, où doit paffer la Cavalerie, elles ont toûjours
une de leurs pointes en haut ; il y en a de grandes & de moyennes ; les moyennes ont leurs pointes de trois pouces de longueur, & les grandes de quatre pouces.

M Herfillons, font des planches remplies de pointes de fer des deux côtez ; ces planches font longues
de 10 à 12 Pieds.

N Herfes , font des travées de bois remplies de pointes de fer ; la herfe à l'envers incommode la
marche tant de la Cavalerie , que de l'Infanterie.

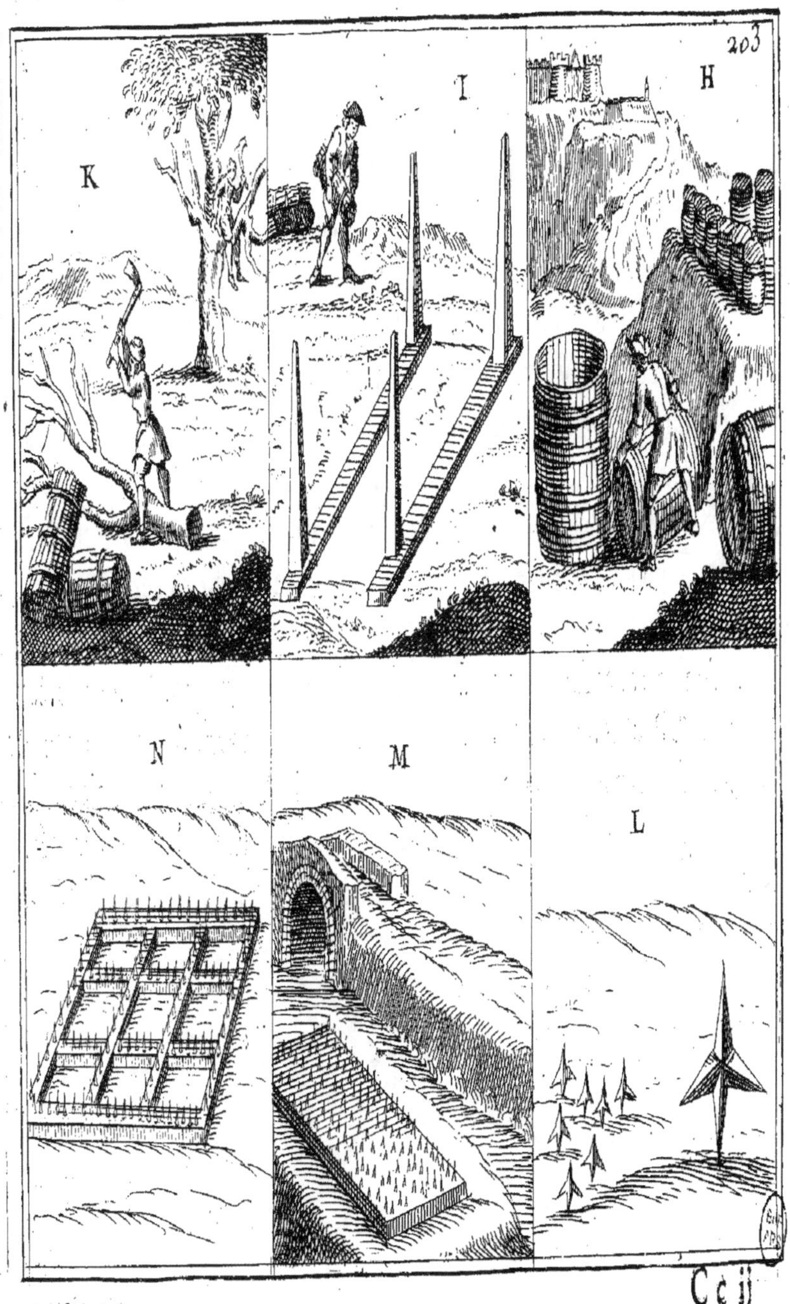
K
I
H
203
N
M
L

LEs mantelets propres aux Sapeurs, sont des machines roulantes qui ne conviennent qu'à la sa-pe. Pour les faire, on cherche des roulettes de charuë à la campagne, ausquelles on met un essieu de 4 à 5 pouces de diametre, sur 4 à 5 pieds de long entre les moyeux, aux moyens desquels on assemble une queuë fourchuë de 7 à 8 pieds de long à tenons & mortoise, passant les bouts de la fourche entaillée dans l'essieu ; on les arrête ferme par des chevilles ou des clous, les deux bouts traversez sur l'essieu passant au travers du mantelet, qui est un assemblage de madriers de 2 pieds 8 pouces de haut sur 4 de largeur, penchant un peu sur l'essieu du côté de la queuë, pour l'empê-cher de culbuter en avant.

Les madriers qui composent les mantelets, sont goujonnez l'un à l'autre, & tenus ensemble par deux traverses de 4 pouces de large, & 2 pouces d'épaisseur ; ils sont cloüez & chevillez, & tout le corps du mantelet appuyé sur une ou deux contre-fiches, assemblé dans les traverses du mantelet par un bout d'une part, & sur la queuë du même de l'autre, ausquelles elles sont fortement che-villées. Les Plans & Profils représentans cette machine, acheveront de faire entendre sa construction.

Comme le transport en est incommode à cause de sa figure & pésanteur, le mieux sera, après que toutes les piéces auront été préparées & présentées l'une à l'autre, de les marquer & faire porter toutes démontées à la tête des sapes, & de les monter là ; il y aura bien moins d'embarras.

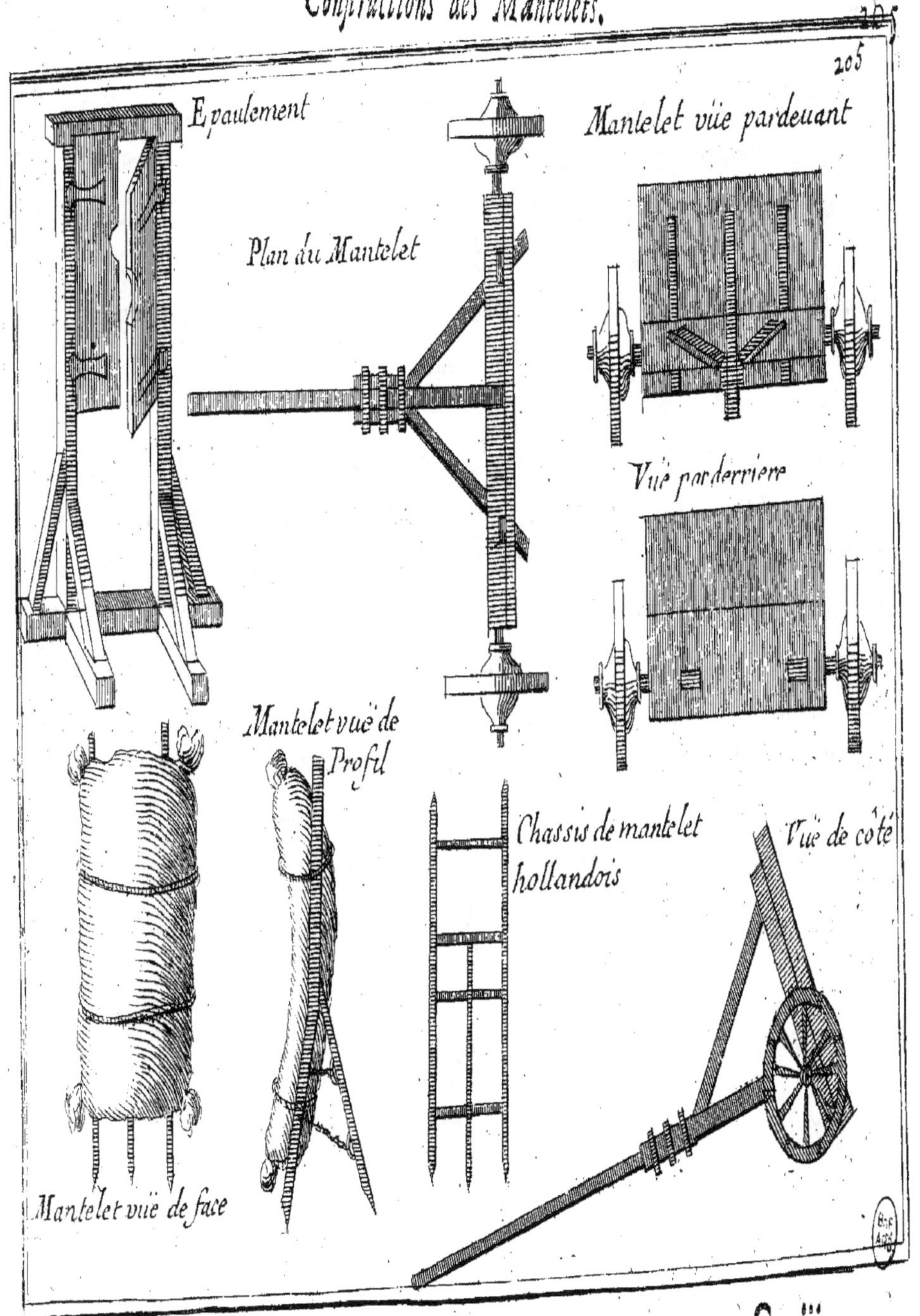
Epaulement
Plan du Mantelet
Mantelet vüe pardeuant
Vüe parderriere
Mantelet vüe de Profil
Chassis de mantelet hollandois
Vüe de côté
Mantelet vüe de face

LA conſtruction des gabions ſe fait ainſi; on plantera un piquet dans une place unie où l'on veut les conſtruire; de ce piquet comme centre, & de la diſtance d'un pied & demi ou 2 pieds (afin que le gabion ſoit large par en-bas de 3 ou 4 pieds) on fait une circonférence dans laquelle on plantera autour des baguettes ou piquets de la longueur de 5 ou 6 pieds, qui eſt celle qu'on donne aux plus grands gabions; puis on entrelaſſera ces gaules ou baguettes avec des branchages déliés, & les plus ſouples qu'on aura, les ſerrant les unes les autres le plus fortement qu'il ſera poſſible pour les élever comme A.

Les groſſes faſcines mêlées avec de la terre, ſervent au défaut des gabions à faire les parapets des tranchées & batteries; elles ſont bonnes auſſi pour combler les foſſez & y faire des traverſes, & autres retranchemens; on les fait de branchages d'arbres qu'on lie en fagots, liées en deux ou trois endroits, & ſont également groſſes par tout d'environ 4 pieds, leur longueur eſt de 4 à 5 pieds.

Les petites faſcines ſont de trois pieds de longueur, ayant un pied & demi de groſſeur; elles ſont ſeulement liées par le milieu comme un fagot; elles ſervent à conſtruire les tranchées; & lorſqu'elles ſont gaudronnées, & trempées dans de la cire neuve, poix-réſine, térébentine, & autres matieres glutineuſes, elles ſervent à éclairer la nuit, quand elles ſont allumées.

La broüette N ſert pour le tranſport des terres, elle doit contenir environ un pied cube de terre.

La hotte C, eſt faite d'oſier, & doit avoir & contenir environ demi pied cube de terre.

207
A
N
C
Profil d'un pont aradeau

PEndant qu'on travaille aux lignes & aux préparatifs de la tranchée, l'artillerie de son côté travaille à former son parc & son magazin à poudre, à monter les piéces de canon & mortiers sur leurs affuts, préparer leurs plattes-formes, à les séparer, à ranger les bombes, boulets, grenades, les outils à radouber, lorsqu'il en est besoin, à faire des portieres & fronteaux de mire.

On travaille en même tems à faire des blindes de bois ronds ou quarrez de 3 à 4 pouces de grosseur, larges de 2 pieds & demi ou 3 pieds entre deux poteaux pointus par les deux bouts; elles servent de rideau & couverture aux Pionniers dans leur travail; elles sont fort employées à couvrir les détours des tranchées & autres lieux, qui sont exposez à la vûë des ennemis; on les remplit de fascines.

A faire amas de roulettes, de charuës, & de madriers pour les mantelets roulans, des crocs, fourches de fer & gros maillets à long manche, des pelles de fer enmanchées, des pioches, des pics à hoyaux, pics à roc, bêches communes, feüilles de sauge, lochet de Flandre, des sarpes, haches communes, scies de toutes espéces, ciseaux, fermoires de toutes grandeurs, hachettes, doloirs, herminettes, paniers, sacs à terre, &c.

OUTILS DE MINEURS.

Le grelet, pic à tête, pic à roc, feüilles de sauge, pic à hoyau, ciseaux, poinçons, ciseaux plats, masse de fer, maillet, chandelier, pic en pied de biche, pince à talon, lochet à faire les rigolles, bêche courbée, pelle ferrée, grande pince, aiguille, sonde pour les terres, terriers de plusieurs grandeurs, &c.

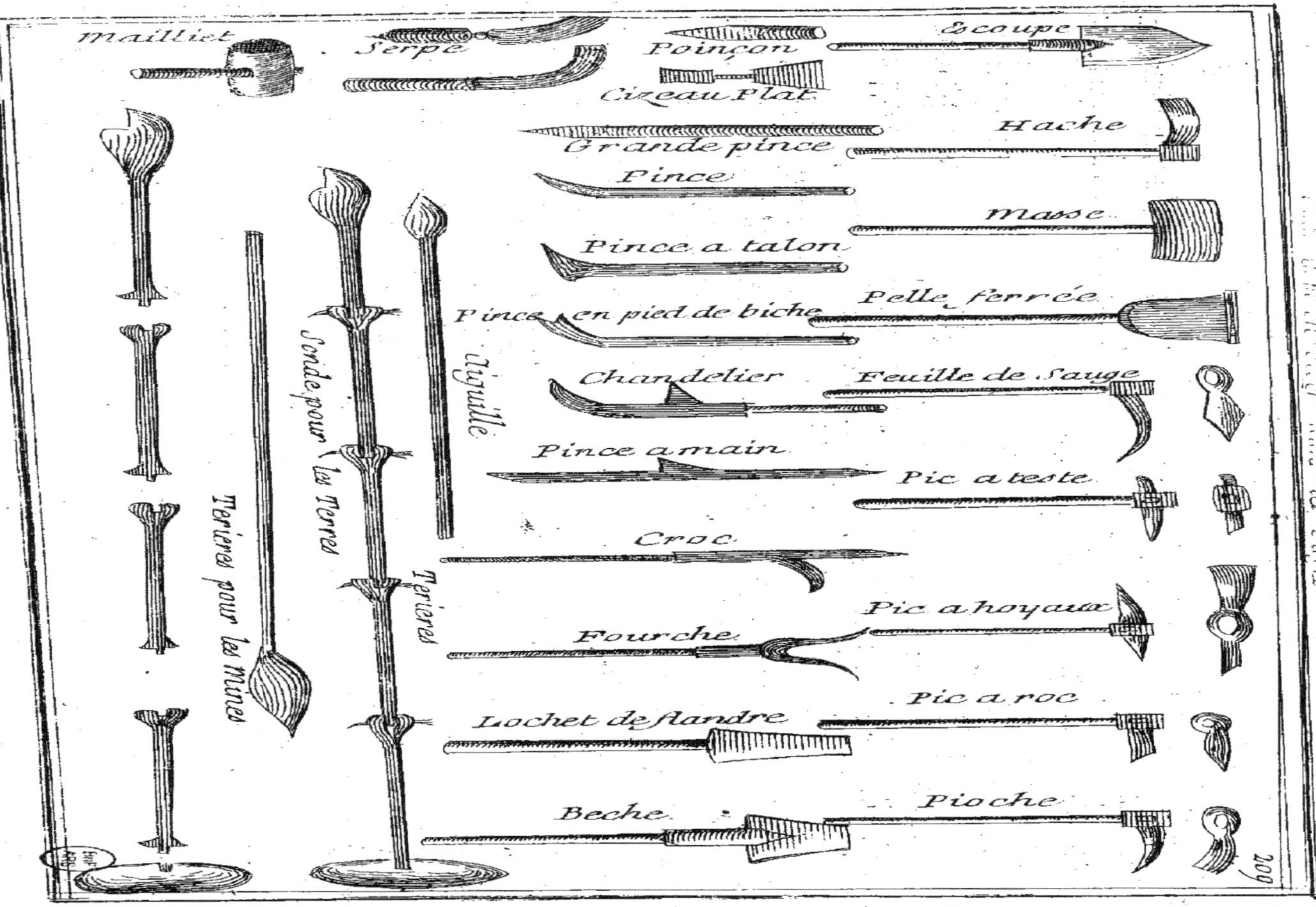
Maillet
Serpe
Poinçon
Cizeau Plat
Grande pince
Pince
Pince a talon
Pince en pied de biche
Chandelier
Aiguille
Pince a main
Croc
Sonde pour les Terres
Terieres
Terieres pour les Mines
Fourche
Lochet de Flandre
Beche
Ecoupe
Hache
Masse
Pelle ferrée
Feuille de Sauge
Pic a teste
Pic a hoyaux
Pic a roc
Pioche
209

IL y a présentement peu de Places dans l'Europe dont nous n'ayons des plans ; la plûpart sont imprimez & peu exacts ; on ne laisse pas de s'en aider & d'en tirer des lumieres qui ne sont pas inutiles, non plus que les cartes des environs des Places.

On trouve encore le moyen d'apprendre quelque chose de leurs situations par les ouvriers du païs, comme Massons, Tailleurs de pierres, Appareilleurs, Terrassiers, Entrepreneur ; & on peut encore y introduire quelqu'un dedans, qui après y avoir fait quelque séjour, vous apporte des nouvelles de la Place ; mais il ne faut pas trop se fier à ces sortes de rapports.

Il faut les reconnoître en personne, ce qui se doit faire à petit bruit de jour ou de nuit.

De jour il faut avoir de petites gardes avancées derriere soi, cachées dans les hayes ou dans quelques fossez, soûtenuës par d'autres un peu éloignées, à la faveur desquelles on s'avance seul ou très-peu accompagné ; cette pratique réüssit presque toûjours.

Cette maniere de reconnoître les Places, n'instruit guéres que du chemin à tenir pour les attaques, du nombre & grandeur des bastions, cavaliers, demi-Lunes, ouvrages à cornes & à couronnes, redens, chemins couverts, & qualité du terrain.

Mais s'il y a des fonds près de la Place & autres couverts, eaux dormantes & courantes, on ne les peut reconnoître que fort imparfaitement, & pour bien démêler tout ceci, il faut les reconnoître de nuit, bien accompagnez, afin de les pouvoir approcher ; & le matin en se retirant peu-à-peu avec le jour, on découvre ce que l'on vouloit voir d'une maniere plus parfaite, ce qui ne se fait pas sans péril ; mais aussi on tire de grands avantages d'une Place bien reconnuë.

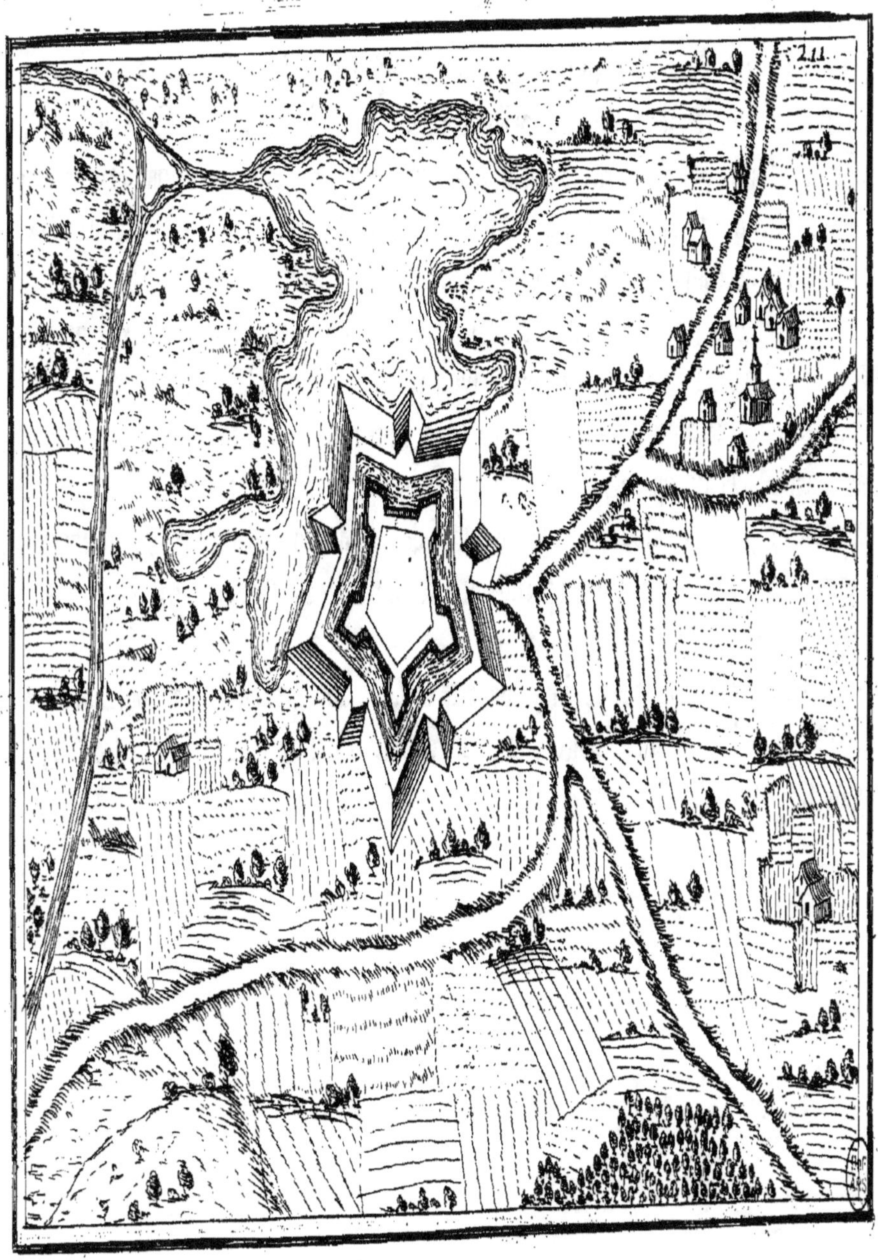

IL n'y a point de Place qui n'ait son fort & son foible ; si ce n'est par ses dehors , ce sera par le terrain qui l'environne ; c'est pourquoi les Ingénieurs feront leur rapport au Général de ce qu'ils auront vû de la situation de la Place, & qualité du terrain, afin de déterminer le nombre des attaques qui seront deux ou trois au plus, n'y ayant point d'armée assez forte pour en faire 4 ou 5 à la fois, & les fournir de tout ce qui leur est nécessaire ; car il n'y a point de Place si petite qu'elle soit, qui n'ait du moins 3 ou 400 toises de diametre avec ses Fortifications ; delà aux lignes il doit encore y avoir 14 ou 1500 toises pour n'avoir pas le canon dans le derriere du camp , ce qui fait 3000 toises ; joignez-y les 400 de diametre, vous aurez 3400 toises de diametre, dont la circonférence sera environ 10700 toises ; en la supposant parfaitement circulaire, & qui ne l'est pas d'ordinaire ; & si l'on ajoûte pour les sinuositez de la ligne 3 ou 400 toises, on trouvera qu'il n'y aura guéres de circonvallation si petite soit-elle, qui n'ait au moins 12000 toises de circuit, qui fait près de 5 lieuës de 2500 toises.

Il est aisé de concevoir que des lignes de cette étenduë doivent consommer considérablement de troupes pour la garde de ses postes, & pour soûtenir l'attaque d'une armée de secours, supposé qu'il y en ait une.

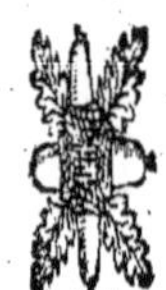

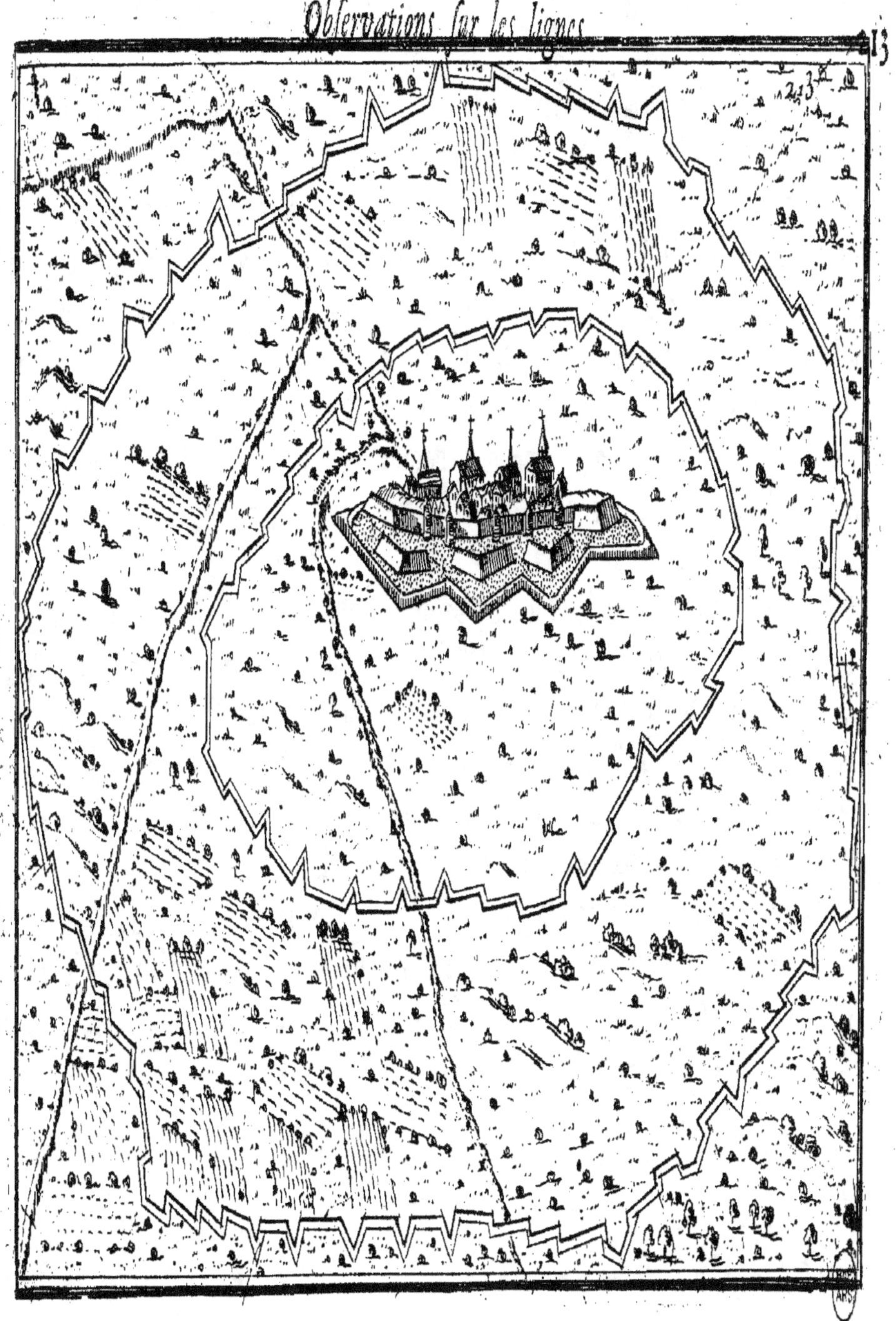

LE Général réglera l'état des Gardes d'Infanterie & de Cavalerie sur le pied d'avoir cinq ou six jours de repos; il reglera aussi la Cavalerie qui doit porter la fascine, & les travailleurs de jour & de nuit qui doivent être en fort grand nombre, & tout cela à la diligence du Major général & du Maréchal général de la Cavalerie, qui auront soin d'avertir les troupes : ces deux Officiers doivent s'entendre avec le Directeur général de la tranchée, recevoir de lui les demandes journalieres sur les besoins du travail de la tranchée.

Tout cela préparé, le Directeur regle son détail avec les Ingénieurs, il les instruit par où il faut ouvrir la tranchée, & a soin de leur faire prendre des méches, des piquets & des maillets pour la tracer, que l'on fait mettre en paquet, & porter par des Soldats : ce sont ordinairement des Sapeurs qui ont soin de ce détail.

C'est ici où les Ingénieurs doivent faire paroître toute leur capacité, car la disposition des attaques est principalement de leur ressort; l'on commande ordinairement pour le siége d'une Place 6 à 7 Brigades, plus ou moins d'Ingénieurs; la Brigade composée de 6 à 7 Ingénieurs; sçavoir, le Brigadier, Sous-Brigadier, & 4 ou 5 en second, afin qu'à chaque attaque on en puisse avoir qui se relevent alternativement toutes les 24 heures, pour que la tranchée ne soit jamais sans Ingénieurs, lesquels partagent les soins du travail.

Le jour qu'ils relevent les autres Ingénieurs, ils doivent aller dès les 10 à 11 heures du matin à la tranchée avec les principaux, reconnoître ce qu'ils auront à faire, pour ensuite distribuer les travailleurs qui leur sont donnez, selon les besoins qu'ils ont reconnus en avoir, après quoi ils vont les recevoir au rendez-vous.

LE jour de l'ouverture de la tranchée étant venuë, les gardes s'assemblent fur les deux ou trois heures après midi, se mettent en bataille, après quoi on fait la priere; les travailleurs s'assemblent aussi près delà, tous munis de fascines, de piquets, & de chacun une pelle & une pioche, & quand la nuit est venuë, les gardes se mettent en marche, chaque Soldat portant une fascine avec ses armes, ce qui se doit pratiquer à toutes les gardes.

La garde de la Cavalerie va en même tems prendre les postes qui lui ont été marqués; les Grenadiers & autres détachemens marcheront à la tête de tout, suivis des bataillons de la tranchée, & ceux-ci des travailleurs, lesquels sont tous disposez par divisions de 50 en 50; chaque division commandée par un Capitaine, un Lieutenant & deux Sergens; lorsqu'ils sont arrivés à l'ouverture de la tranchée, le Brigadier Ingénieur de jour qui a son dessein reglé, va poser sa brigade en avant où se doit conduire la tranchée, pendant que les bataillons se rangent à droite & à gauche de l'ouverture de la tranchée où ils déchargent leurs fascines; le Brigadier Ingénieur qui a posé ses détachemens, donne le premier coup de cordeau, & montre ce qu'il y a à faire aux Sous-Brigadiers, pour continuer à tracer la tranchée; il fait ensuite défiler les travailleurs un à un portant sa fascine, & pose le premier travailleur, puis le 2, 3, 4, 5, 6, 7, 8, &c. éloignez l'un de l'autre de 5 à 6 pieds, & les fait coucher à terre contre leurs fascines, & leur commandent de ne point travailler qu'on ne les avertisse.

Quand tous sont postez, on fait haut les bras, & tout le monde travaille, avertissant toûjours les travailleurs de jetter la terre du côté de la Place, c'est-à-dire, à côté de la fascine qu'on leur a fait poser : on se diligente le plus qu'on peut jusqu'au grand jour.

IL faut obſerver; 1°. De faire mettre les détachemens à couvert ſur les revers de ce qu'il y a de fait des tranchées, à meſure qu'on travaille , & de les faire coucher ſur le ventre.

2°. Ne pas manquer d'obſerver tous les replis & retours , ou zig-zacs de la tranchée ; 3°. De faire avancer les gens détachez à meſure qu'on avance la tranchée ; 4°. De faire toûjours jetter la terre du côté de la Place ; 5°. De prendre bien garde de ne pas s'enfiler, ni auſſi de ſe trop écarter de la paralléle , ce qui ſe fait plûtôt par eſtime qu'autrement ; 6°. Découvrir toûjours les retours par un prolongement de 2 ou 3 toiſes en arriere pour couvrir les enfilades ; 7°. De ne pas s'éloigner des capitales prolongées A D, B C, dont il faut renouveller les piquets F de tems en tems, & les coëffer d'un bouchon de paille, même de quelque bout de méche allumée pendant la nuit pour les reconnoître, afin de ne s'en pas éloigner , & de la fréquemment croiſer; ce ſont les vrais guides qui nous doivent mener à la Place.

Si la ſituation des ouvertures de la tranchée eſt favorable, il ne ſera pas impoſſible qu'on ne puiſſe parvenir à la premiere paralléle ou Place d'armes dès la premiere nuit; il eſt à préſumer que le Directeur général aura fait ſon projet ſur le pied d'avancer juſques-là , & même de la commencer en retours; ce qui eſt ici dit pour les attaques de la droite, ſe doit auſſi entendre pour celle de la gauche ; chacune d'elle devant aller auſſi vîte l'une que l'autre, autant que le terrain le permettra.

Le matin on congediera les travailleurs de la nuit, & on les relevera par un pareil nombre; l'on fera perfectionner le travail de la nuit pendant le jour par un détachement de 100 ou 200 hommes à chaque attaque, pour que la tranchée ait environ 12 pieds de large ſur 3 à 4 pieds de profondeur; on relevera les gardes tous les jours à deux ou trois heures après-midi; elles doivent être commandées par un Lieutenant général, un Maréchal de Camp, & un Brigadier.

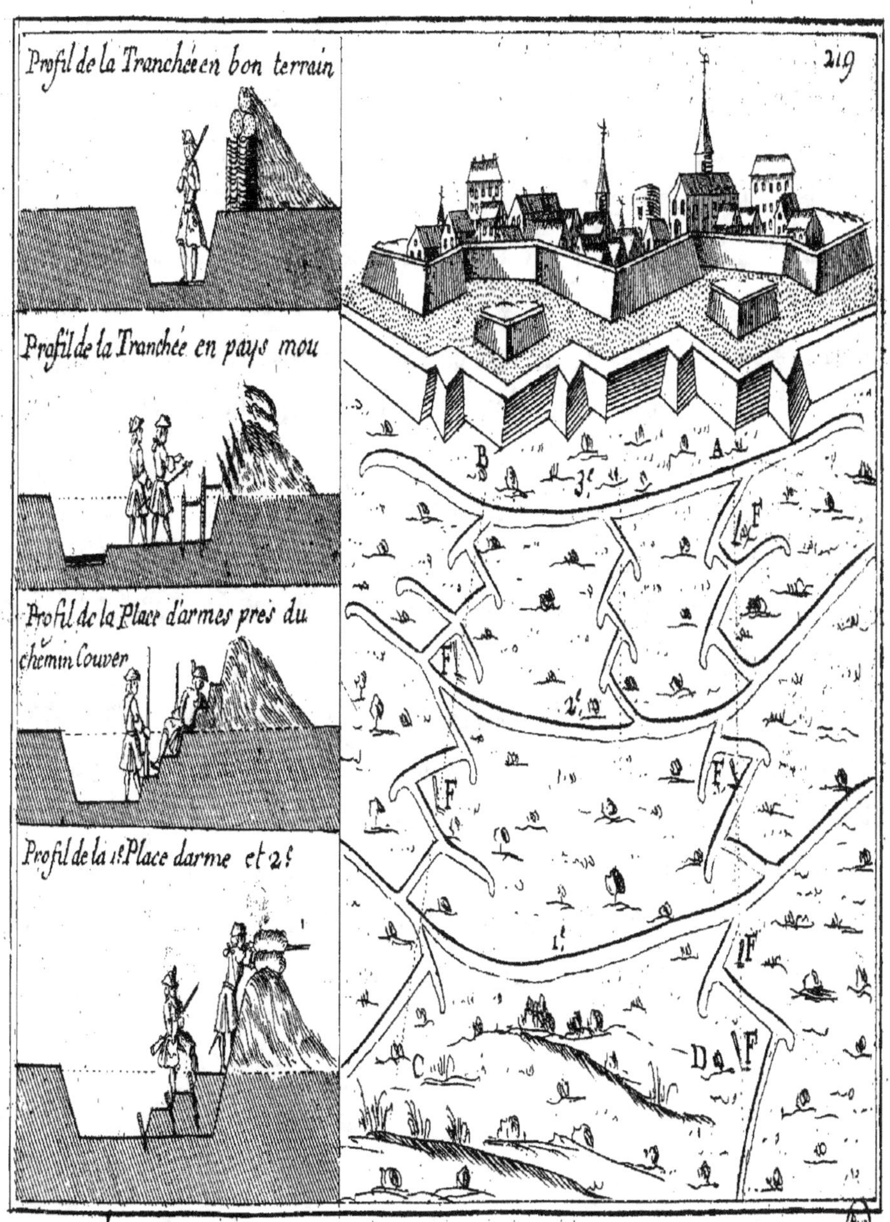

Profil de la Tranchée en bon terrain
Profil de la Tranchée en pays mou
Profil de la Place d'armes près du chemin couvert
Profil de la 1.ᵉ Place d'arme et 2.ᵉ
219

LA premiere Paralléle ou Place d'armes doit s'établir auſſi vîte qu'on pourra à 3 o o toiſes ou environ des dehors de la Place ſiégée; lorſque l'on peut l'établir plus près, il n'en eſt que mieux; 1°. Son uſage eſt de proteger les tranchées qui ſe pouſſent en avant, juſqu'à la deuxiéme Paralléle; 2°. De flanquer ou dégager la tranchée; 3°. De garder les premieres batteries; 4°. De contenir tous les Bataillons de la garde, ſans embarraſſer la tranchée; 5°. De leur faire faire toûjours front à la Place ſiégée, ſur deux ou trois rangs de hauteur; 6°. De communiquer les attaques de la droite à la gauche, juſqu'à ce que les ſecondes lignes ſoient établies; 7°. Elle fait encore l'effet d'une excellente contrevallation, contre la Place, de qui elle reſſerre & contient la garniſon.

La ſeconde Place d'armes ou Paralléle doit être moins étenduë que la premiere, éloignée de la Place environ 1 2 0 ou 1 4 0 toiſes; il faut faire des banquettes à l'un & à l'autre, & border leurs ſommets de roullots de faſcines, juſqu'à ce qu'elle ſoit achevée, & quelquefois de gabions, ſuivant le terrain.

La troiſiéme Place d'armes doit être éloignée du glacis de 1 5 ou 2 0 toiſes; c'eſt ſur le revers de cette derniere ligne qu'il faut faire amas d'outils, ſacs à terre, piquets, gabions & faſcines en abondance, pour ſervir au logement du chemin couvert.

Entre la ſeconde & la troiſiéme Place d'armes l'on fera des crochets ou demi-Places d'armes de 4 0 ou 5 0 toiſes de longueur, figurées A; elles ſervent à placer les détachemens qui doivent appuyer les travailleurs en cas de ſorties de la part des aſſiégez.

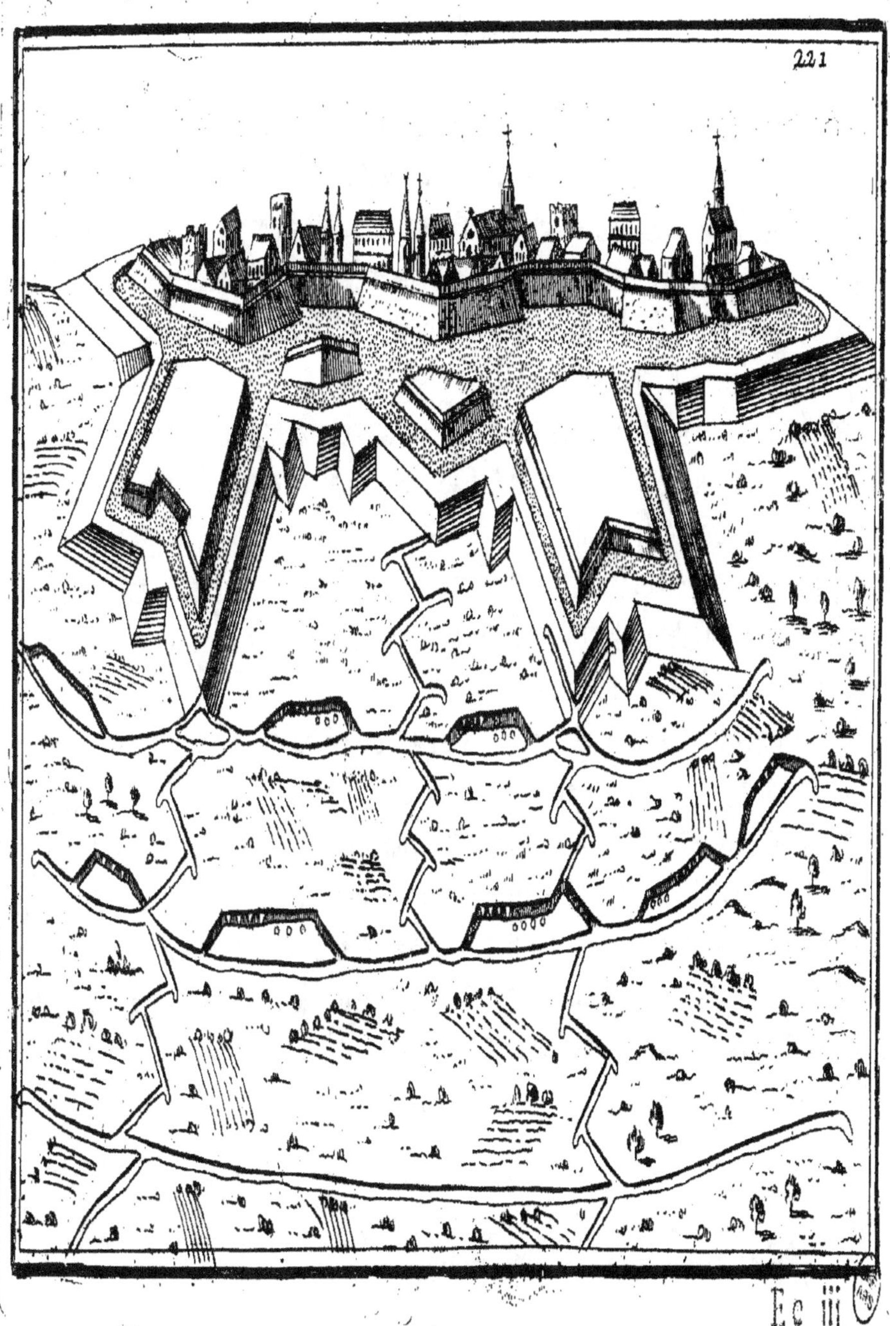

LA deuxiéme & troifiéme nuit l'on pouffera également la tranchée en avant, en croifant toûjours les capitales jufqu'à une feconde Place d'armes ou Paralléle, que l'on commencera, fi l'on peut arriver jufques-là; tout le monde doit contribuer à preffer & perfectionner le travail de jour, après quoi quand il eft en état, il faut faire avancer les premiers bataillons dans la Place d'armes, & ne mettre que des détachemens dans les ouvrages de la tête des tranchées, avec ordre de ne point tenir ferme, fi l'ennemi vient à eux.

Comme le feu de l'ennemi doit commencer à devenir dangereux, il faudra employer les Sapes, non qu'il faille renoncer tout-à-fait à pofer & tracer les tranchées à découvert, mais fe conduire avec une plus grande circonfpection.

Pour placer des batteries de canon, il faut avancer jufqu'à la premiere ligne, & même jufqu'à la deuxiéme, pour qu'elles puiffent faire l'effet qu'on fe propofe, qui eft de démonter le canon ennemi, & le chaffer de fes défenfes.

Leurs fituations étant déterminées à droite & à gauche, on ouvrira des Sapes pour y communiquer par un bout de tranchée; après quoi on en diftribue le terrain à l'artillerie qui fait fes préparatifs; pour cet effet, quand la nuit commence, on acheve de les difpofer, fur quoi on doit obferver; 1°. De faire front directe à la partie qu'on veut battre; 2°. D'enfiler directement & par plongées les faces des piéces oppofées aux attaques; 3°. D'ouvrir les embrafures de maniere qu'on puiffe écharper un revers fur les chemins couverts qui font face aux attaques; 4°. D'établir les plattes-formes de ces batteries auffi hautes que le niveau de la campagne, & plus, fi l'on peut de 2 ou 3 pieds.

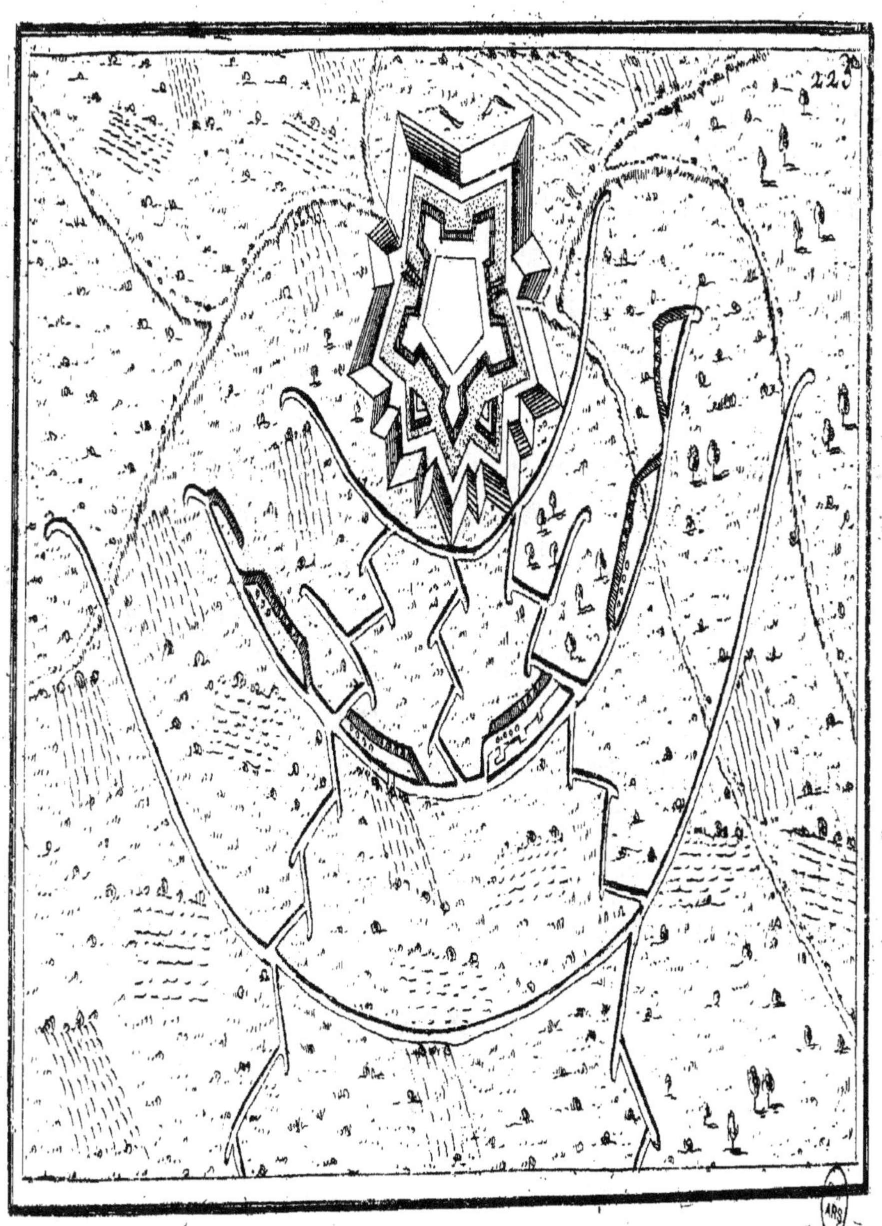

223

L'On ne peut dire au juſte la grandeur d'une Batterie; mais pour diſpoſer les Places, on don-nera 18 à 20 pieds du milieu d'une embraſure à l'autre, ſur la largeur de 18 à 20 pieds de platte-forme. Il faut faire les parapets de 3 toiſes d'épais, ſur la hauteur de 7 pieds & demi au moins; la matiere de ces parapets que l'artillerie appelle épaulement, doit être de la terre priſe au-devant de la Batterie foulée de lit en lit, & faſcinée en boutis & paremens, proprement reliée & bien piquetée; les embraſures doivent avoir deux pieds & demi à trois pieds de genoüillere A I.

Les plattes-formes doivent être compoſées de 5 à 6 giſtes par embraſures de bois quarrées de 5 à 6 pouces, ſur 18 à 20 pieds de long; d'un heurtoir de 6 à 7 pouces quarrés, ſur 7 pieds & demi de long; de 18 madriers d'un pied de large, deux pouces & demi d'épais ſur 7 pieds & demi de long près du heurtoir, revenant à 13 pieds & demi ſur le devant des plattes-formes.

Toute la platte-forme d'une piece de canon doit avoir 18 à 20 pieds de long ſur 7 pieds & demi de large au heurtoir revenant à 13 pieds & demi ſur le derriere, avec une pente de 4 à 6 pouces du derriere au devant, & de la tenir la plus élevée qu'il ſera poſſible.

Il faut border l'intérieur de chaque embraſure d'un cordon de faſcines, & les blinder avec de gros roullots bien liés, les armer de portieres, & que chaque piece ſoit munie d'un fronteau de mire; l'un & l'autre à l'épreuve du mouſquet.

Les Batteries achevées, on y mene le canon & ce qu'il faut pour le ſervice; il faut au moins deux jours & une nuit, ou deux nuits & un jour pour perfectionner une Batterie.

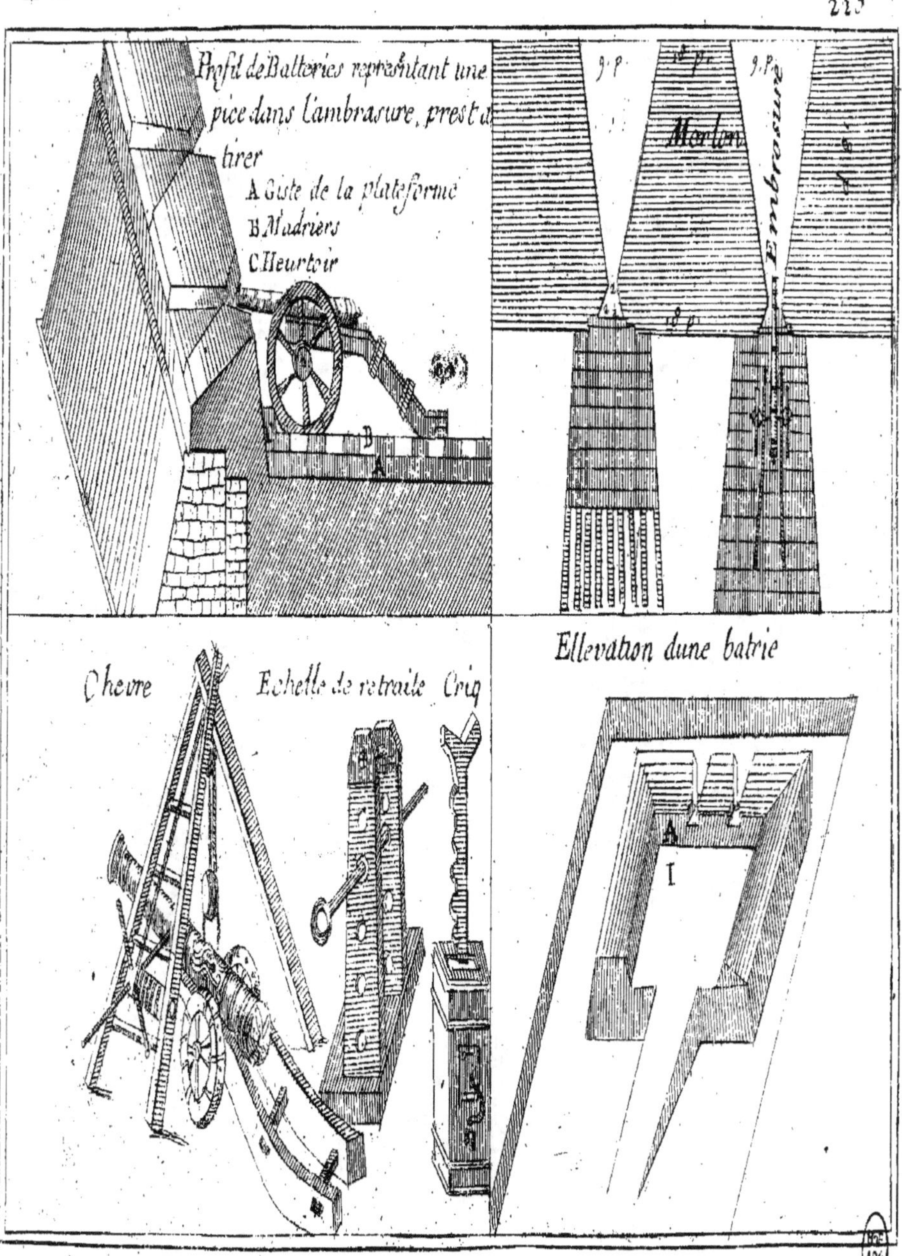
Profil de Batteries representant une
pice dans l'ambrasure, prest a
tirer
A Giste de la plateforme
B Madriers
C Heurtoir
Merlon
Embrasure
Chevre
Echelle de retraite
Cric
Ellevation dune batrie

TAnt qu'il s'agira de démonter le canon ennemi, on pourra battre à pleine charge, mais aussi-tôt qu'il sera démonté, il faut battre en ricochet, & pour cet effet il faut mettre la piéce sur la semelle, c'est-à-dire, à toute volée, & charger avec des mesures remplies & raclées avec éxacti-tude, versant la charge dans la lanterne, la conduisant doucement au fond de la piéce, sur laquelle on coule la bourre, appuyant dessus le refouloir, sans battre la piéce; étant chargée de la sorte, pointée & battuë sur la semelle, comme il est dit ci-dessus, il n'y aura plus que le trop ou le trop peu de charge qui puisse empêcher le boulet d'aller où on veut; mais on a bientôt trouvé la véritable charge qu'il lui faut, car en chargeant toûjours de même poudre, & de mesure, on l'augmente ou diminuë, jusqu'à ce qu'on voit le boulet entrer dans l'ouvrage effleurant le sommet du parapet; ce qui se voit aisément, parce qu'on conduit le boulet à l'œil.

Quand une fois on a trouvé la vraye charge, il n'y a plus qu'à continuer, & les marquer sur le coin de mir, ou sur la semelle, & recharger; le nombre de piéces à ricochet pour les batteries, doit être depuis 5 jusqu'à 8 ou 10 piéces.

On ne doit jamais tirer en salve, mais toûjours un coup après l'autre, par intervales égaux.

On forme aussi les embrasures des batteries avec des gabions pleins de terre & de fascines; on doit renfermer ces batteries par un fossé de 7 à 8 pieds de profondeur, & 10 à 12 de large pour em-pêcher l'ennemi de surprendre vos canons, & les encloüer.

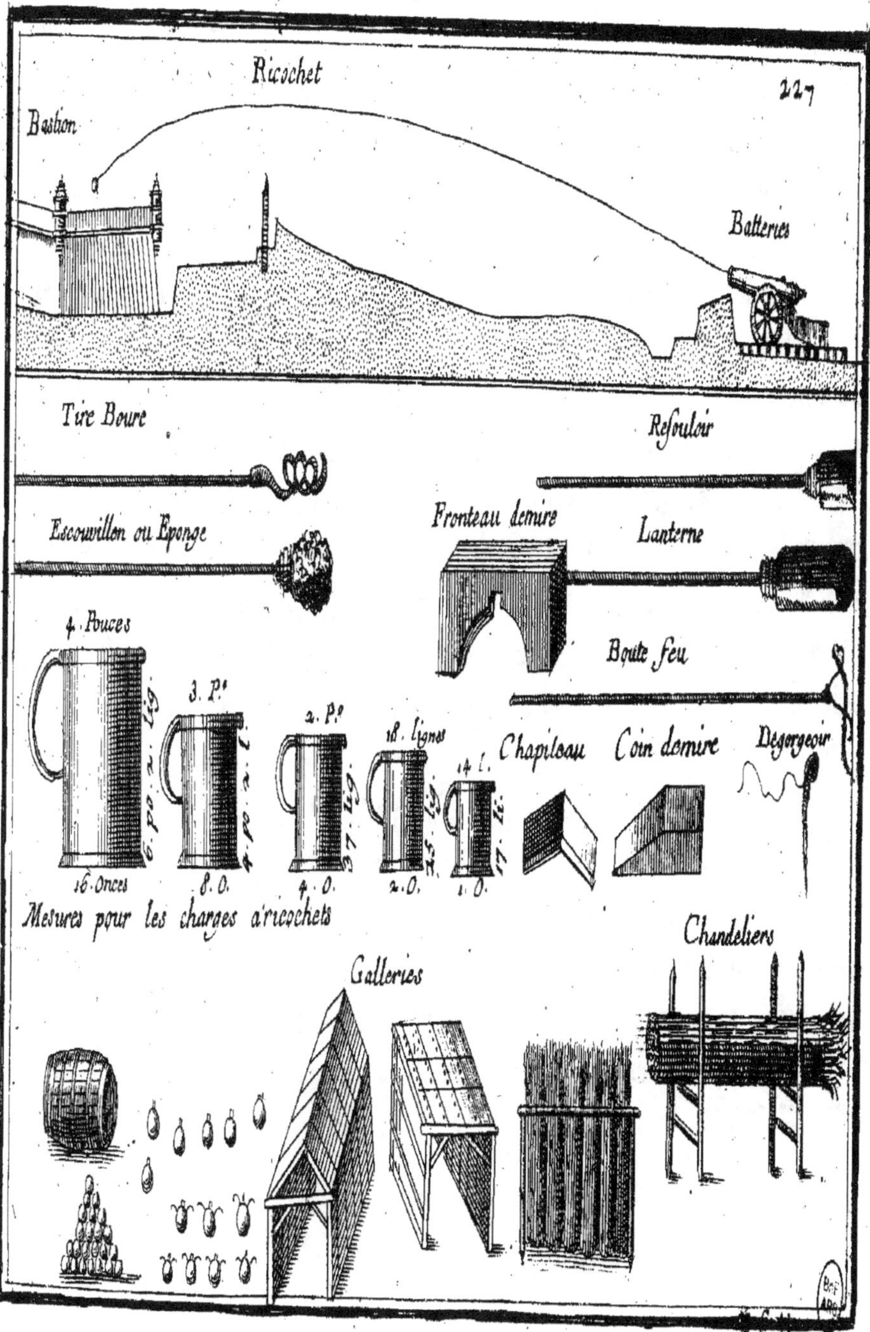
227
Ricochet
Bastion
Batteries
Tire Boure
Refouloir
Escouvillon ou Eponge
Fronteau demire
Lanterne
Boite feu
4. Pouces
3. P.
2. P.
18. lignes
14. l.
Chapiteau
Coin demire
Degorgeoir
16. Onces
8. O.
4. O.
2. O.
1. O.
Mesures pour les charges a'ricochets
Galleries
Chandeliers

LEs batteries à bombes doivent être situées à droite & à gauche de la tranchée, assez éloignées d'elle ; à l'égard de leur distance de la Place, il faut les placer entre les premiere & deuxiéme Places d'Armes, ou paralléles, joignant les batteries à ricochet, afin quelles puissent aussi battre d'enfilade.

Le parapet de leur batterie doit être de la qualité de celui des canons, excepté qu'on n'y fait pas d'embrasure.

Pour établir une batterie à bombes, il faudra applanir & préparer une place de 10 à 12 pieds quarrez pour chaque mortier, avec pente de 4 pouces du derriere au devant, sur lequel on posera des poutrelles de bois quarré de 8 à 9 pouces de gros sur 9 à 10 pieds de long, qu'on arrêtera ferme sur le terrain par des piquets ; & après avoir égalé leurs distances & leurs pentes, on remplit les environs, & les entre-deux de la platteforme, de même terre battuë, qui sera couverte de madriers bien joints sur les poutrelles de 3 pouces d'épais, sans être cloüez, ni chevillés, mais arrêtés par des piquets tout autour ; on environnera la platteforme d'une tringle pour arrêter le recul du mortier.

La distance d'un mortier à l'autre doit être de 15 à 16 pieds, & éloigné de l'épaulement ou parapet de 9 à 10 pieds ; les mortiers à bombes ont 12 à 13 pouces de diametre. Il est bon d'avoir une demie douzaine de Comminges qui ont 16 à 18 pouces de diametre, & un millier de bombes par mortier, pour faciliter l'éboulement des bréches, &c.

Les pierriers se doivent mettre entre la troisiéme Place d'Armes & le glacis, parce qu'ils ne portent pas loin, & sur les angles saillans & rentrans du chemin couvert, il leur faut un épaulement ou parapet semblable à celui des mortiers.

229
Profil d'une Batterie representant un mortier qui tire
Plan d'une Batterie
Platte forme jmparfaite
Platte forme parfaite

L'On entend par sape la tête d'une tranchée pousée pied à pied, qui chemine jour & nuit également. C'est un métier qui demande un apprentissage; pour s'y rendre habile, elle se construit ainsi. L'ouvrage étant tracé par les Ingénieurs, & les Sapeurs instruits du chemin qu'ils doivent tenir, on commence par garnir la tête de la tranchée de gabions, fascines, sacs à terre, fourches de fer, crocs, gros maillets, mantelets, &c. cela fait, les Sapeurs percent la tranchée par une ouverture qu'ils font dans l'épaisseur de son parapet, à l'endroit qui leur est montré, après quoi le Sapeur qui méne la tête de la sape, commence à faire place pour son premier gabion, qu'il pose sur son plan du côté de la Place, & l'arrange de la main, du croc & de la fourche, du mieux qu'il peut, étant couvert de son mantelet; il le remplit de terre en la jettant de biais en avant, & se tenant un peu arriere pour ne pas se découvrir : à mesure qu'il remplit le premier gablon, il frappe de tems en tems de son maillet, ou de sa pioche contre, pour faire entasser la terre; ce premier étant rempli, il en pose un deuxiéme sur le même alignement qu'il arrange & le remplit comme le précédent, & après, un troisiéme, avec les mêmes précautions. Après ce troisiéme, un quatriéme, se tenant toujours à couvert & courbé derriere ceux qui sont remplis; ce qui se continuë toujours de la sorte : Le deuxiéme Sapeur mettra deux ou trois sacs à terre l'un sur l'autre, pour fermer les joints des gabions; à l'égard de l'excavation de la sape, voici comme elle se doit conduire. Le premier Sapeur creuse un pied & demi de large sur autant de profondeur, laissant une berme de 6 pouces au pied du gabion, & taluant un peu du même côté : Le deuxiéme élargit de 6 pouces, & approfondit d'autant, ce qui fait deux pieds de large & autant de profondeur. Le troisiéme & quatriéme Sapeur creusent encore d'un demi pied chacun, & élargissent d'autant, font les talus, &c. & réduisent les sapes à trois pieds de profondeur & autant de large par le haut, revenant à deux pieds & demi sur le fond. Lorsque les gabions sont pleins de terre, on les garnit de fascines; deux sur les bords, qu'on a soin de faire entrer dans les piquets pointus des gabions, & un autre au milieu, après quoi on les charge de terre.

231
Veue de la sape du cotté de l'assiegeant
Veue de la sape du Cotté de l'assiegée
Profil representant l'excavation des 4 Sapeur
Profil d'une Sape achevée

Lorsque l'on a affaire à des ennemis un peu éveillez, ils canonent la tête des sapes, & font des sorties sur elles, de maniere que souvent on est obligé de les abandonner ; mais s'ils font ces sorties de jour, on s'en dédommage la nuit ; à mesure que cette sape avance, on fait garnir celle qui est faite par les travailleurs de la tranchée, qui l'élargissent, jusqu'à ce quelle ait 10 à 12 pieds de large sur 3 pieds de profondeur, pour lors elle change de nom & s'appelle tranchée.

Ces sortes d'ouvrages demandent de l'adresse & de l'intelligence, c'est pourquoi ils doivent être bien payez, si l'on veut être bien servi.

Le prix le plus raisonnable de la sape est de 40 s. la toise courante, au commencement de la seconde paralléle.

Du côté de la troisiéme paralléle, 2 l. 10 s. jusqu'au pied du glacis, 3 l. & plus avant, 3 l. 10 s. sur le haut du chemin couvert, 5 l. celle qu'on fait au passage des fossez secs, 20 l. A l'égard de celle que l'on fera dans les brêches des Bastions & demi-Lune, elle n'a point de prix reglé.

Le toisé se doit faire par un Ingénieur ; l'on peut estimer que les Sapeurs peuvent faire 80 toises en 24 heures.

APrès avoir décrit la Sape, sa conduite & le moyen de l'employer utilement, nous la laisserons pour un tems se prolonger à droite & à gauche des capitales, & faire son chemin vers la Place, pendant que nous allons expliquer comme il faut soûtenir les sorties des assiégez : la disposition suivante pourra servir d'éclaircissement à ceci ; 1o. Bien garnir les deux extrêmitez de la premiere ligne ou Place d'armes, & le milieu de Grenadiers, & le surplus de la même ligne bordée par des bataillons ; 2°. Si la deuxiéme Place d'armes est bien avancée, quoique non-achevée, y faire tenir deux ou trois bataillons avec des détachemens de Grenadiers à l'extrêmité des aîles ; 3°. Une compagnie de Grenadiers à la queuë des travailleurs les plus avancés, & quelques détachemens pour les soûtenir avec des Sentinelles à la tête du travail, bien avertis de ce qu'ils auront à faire, & le surplus de la garde postée de maniere qu'elle puisse border les Places d'armes, & toutes les batteries de canons, mortiers en bon état ; cela bien disposé, avertir tous les postes de ne pas se laisser surprendre, de céder les parties imparfaites du travail, si l'ennemi vient pour vous les détruire, & de se retirer dans les revers des Places d'armes prochaines, & laisser agir le feu de vos batteries, & de ne se pas presser d'aller aux ennemis, mais attendre qu'ils soient à 15 pas de la tranchée, avant que de faire sortir les Grenadiers pour leur donner lieu de s'engager, & les attirer sous votre feu, ensuite de quoi, & quand ils seront bien en désordre par le feu de vos batteries, les faire pousser par les Grenadiers, sans poursuivre trop loin, à cause de leur feu, qui sans doute agira violemment, lorsqu'ils seront retirez.

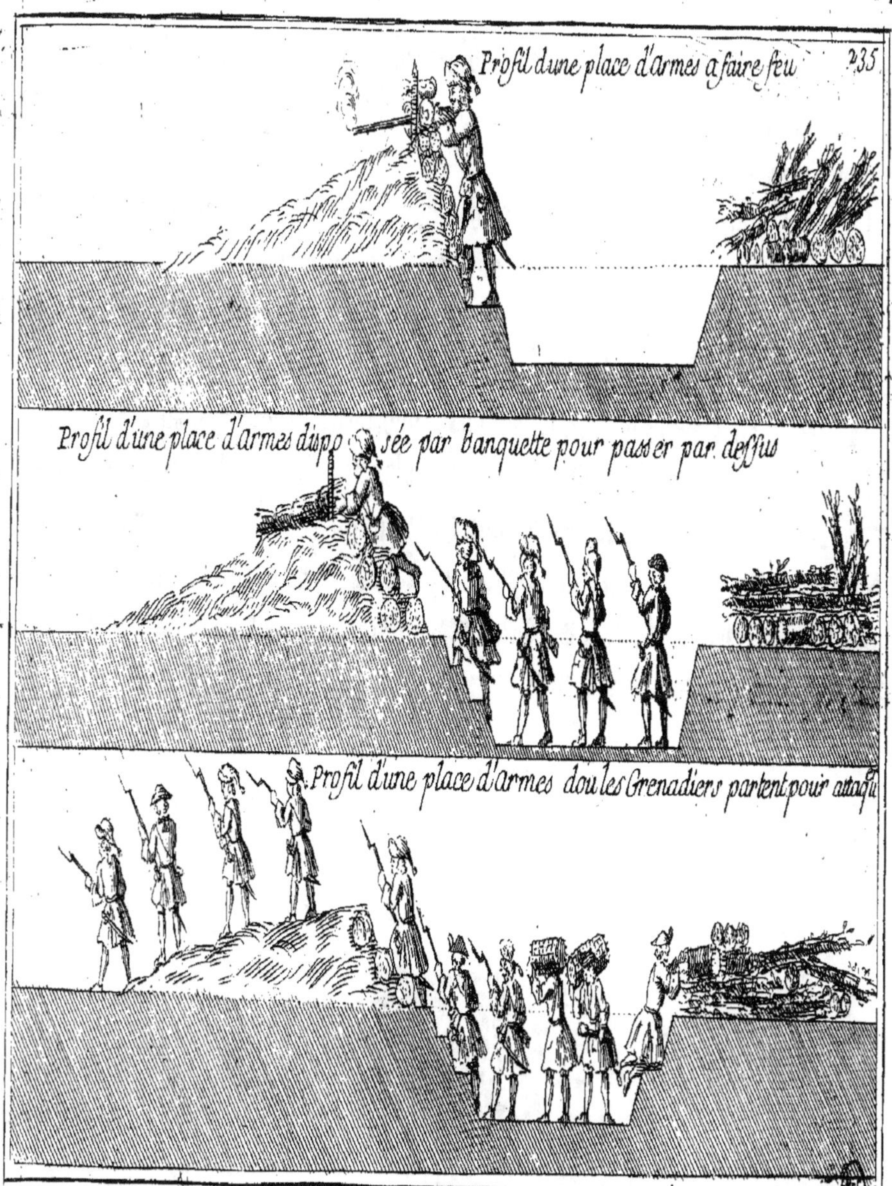
Profil d'une place d'armes a faire feu
Profil d'une place d'armes disposée par banquette pour passer par dessus
Profil d'une place d'armes d'ou les Grenadiers partent pour attaqu

LEs traverses sont des bouts de tranchée qui servent à couvrir les revers & les enfilades, selon les endroits où on les applique ; comme elles ont différentes figures, nous les expliquerons suivant l'usage qu'on en fait.

Les tranchées doubles sont celles dont l'un des côtez sert de traverse à l'autre, pour se couvrir mutuellement contre les revers & enfilades qui viennent des deux côtez.

Les tranchées à crochets se font sur tous les retours de la tranchée, sur les extrêmitez des Lignes & Places d'Armes, & sur ceux des cavaliers de tranchée.

La tranchée directe sert à boucher les enfilades, à quoi on est quelquefois contraint.

Les tranchées tournantes sont principalement employées, tant dans les logemens du chemin couvert dont on n'est pas encore bien les maîtres, que dans les grandes piéces, comme Bastions, demi-Lunes, Ouvrages à Cornes, & à Couronne, &c. on les employe aussi, quand après avoir pris quelqu'ouvrage, on prolonge la tranchée vers leurs centres, pour achever d'en occuper le dedans, & y faire quelques établissemens.

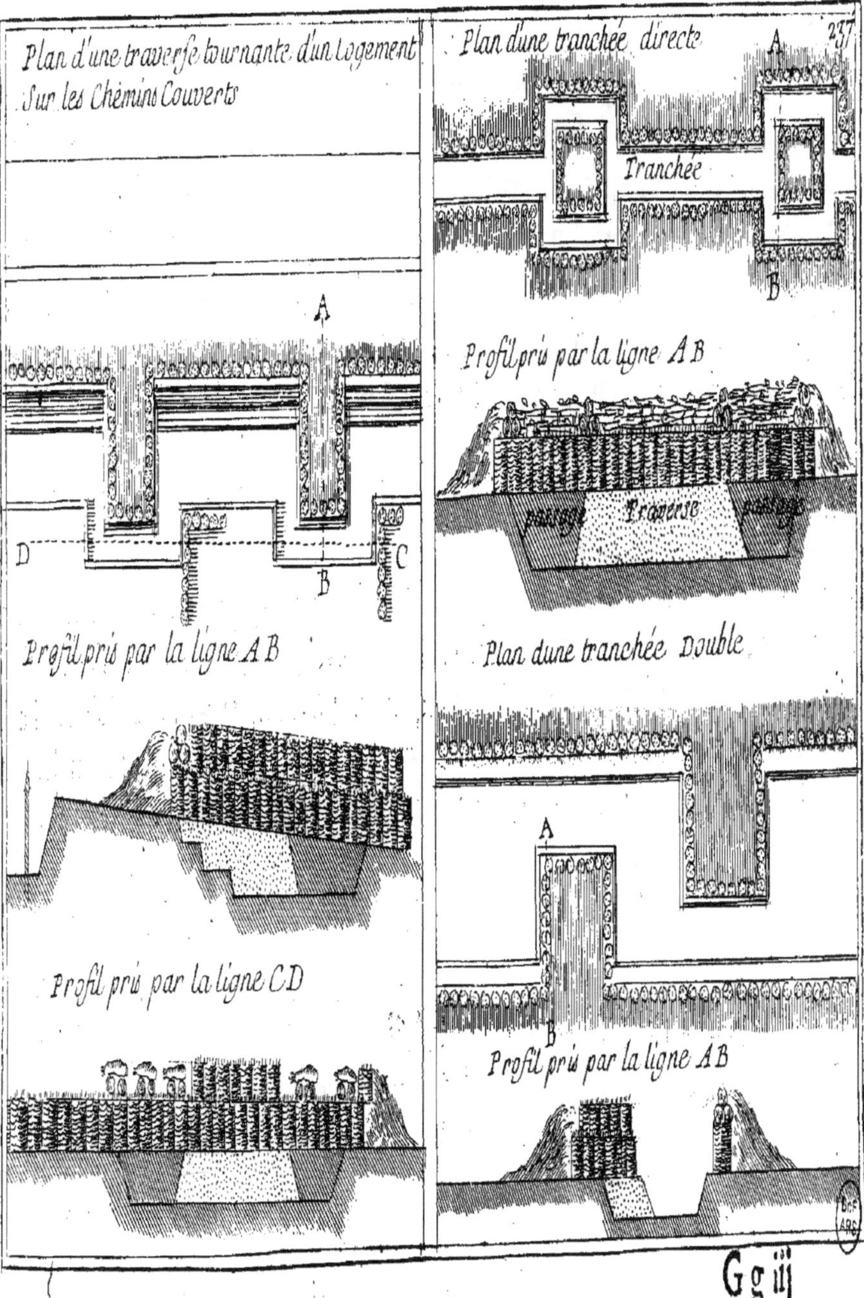
Plan d'une traverse tournante d'un Logement
Sur les Chemins Couverts
Plan d'une tranchée directe
237
A
A
B
Tranchée
A
D
B
C
Profil pris par la ligne A B
Profil pris par la ligne A B
Traverse
Profil pris par la ligne A B
Plan d'une tranchée Double
A
A
B
Profil pris par la ligne C D
B
Profil pris par la ligne A B

SUppofons la tranchée arrivée à moitié du glacis, on fera en état de choifir l'un de ces deux parties ; fçavoir, d'attaquer le chemin couvert de vive force ou par induftrie ; celui de l'in-duftrie ne peut être que par l'effet des batteries à ricochets foûtenuës de la proximité des Places d'armes, & des Cavaliers, qu'on aura fait pour impofer au chemin couvert.

Ou bien de vive force, en commandant 8 ou 10 Compagnies de Grenadiers d'extraordinaire, joints à ceux de la tranchée, avec d'autres détachemens de Fufilliers, difpofez tout le long de la troifiéme ligne ou Place, fur trois ou quatre rangs de hauteur contre le parapet ; les travailleurs commandez derriere eux, fur le revers de la Place d'armes fournie de gabions, fafcines, facs à terre, &c. & chacun de deux outils.

Quelque tems avant cela on doit avertir les batteries de canons, bombes & pierriers de fe tenir prêts au premier fignal qu'on leur fera ; & quand tout eft prêt, on donne le fignal qui fe doit faire par une certaine quantité de coups de canons ou de bombes, defquels les trois dernieres traî-nent un peu, afin de donner le tems aux troupes de fe développer ; quand le dernier coup a fini le fignal, tous les gens commandez paffent brufquement par-deffus le parapet de la Place d'armes, marchant à grand pas au chemin couvert qu'ils enveloppent de tous côtez, & entrent dedans par les ouvertures, chargent tout ce qu'ils rencontrent, & en chaffent l'ennemi.

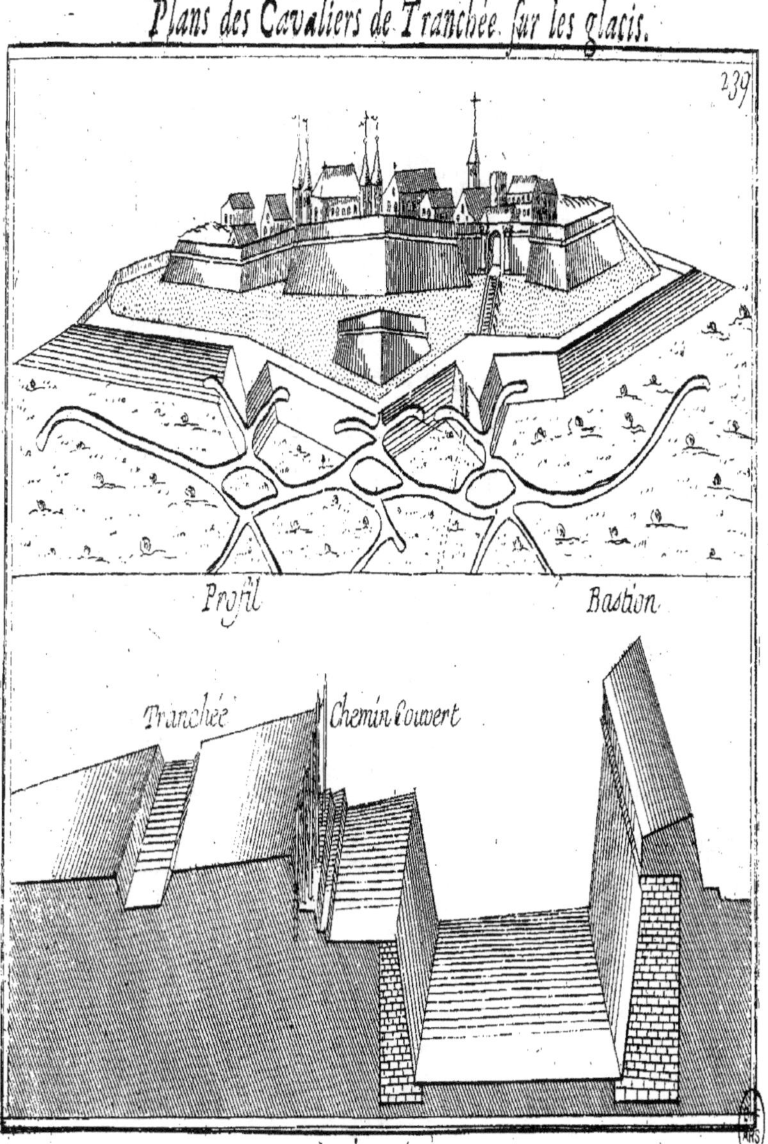
Plans des Cavaliers de Tranchée sur les glacis.
239
Profil
Bastion
Tranchée
Chemin Couvert

PEndant cela les Ingénieurs établiffent promptement les travailleurs fur le haut du parapet du chemin couvert, qui n'y font pas plûtôt arrangez, qu'on leur fait inceffamment fervir des facs à terre, gabions, & fafcines par d'autres; on rappelle prefqu'en même tems les troupes qui ont chargé, lefquelles fe viennent rallier derriere les travailleurs où ils reftent genoüil en terre, jufqu'à ce que le logement foit en état de les couvrir; pendant cette action qui eft toûjours violente, toutes les batteries de canons & de mortiers tirent inceffamment aux défenfes de la Place, auffi bien que les Places d'armes de la tranchée qui ont des vûës fur la même défenfe.

Si après être logé fur le parapet du chemin couvert, l'ennemi s'avifoit d'y revenir, avant que le logement fut bien établi, il ne faut point s'opiniâtrer à le foûtenir, mais il faut faire retirer les travailleurs & gens armez à l'abri des Cavaliers de tranchée, & leur laiffer jetter leur feu qui fe réduira peut-être à faire joüer quelques fougades; pendant ce tems-là il faut faire fervir les batteries à ricochet, & les mêmes gens qui étoient à la garde du logement, ayant repris haleine, ou d'autres bien munis de grenades, & de ce qui leur fera befoin, reviendront fur la fortie, & acheveront de leur faire quitter le logement, qu'il faudra réparer, & mettre en état de fe pouvoir foûtenir par lui-même le plûtôt qu'il fera poffible.

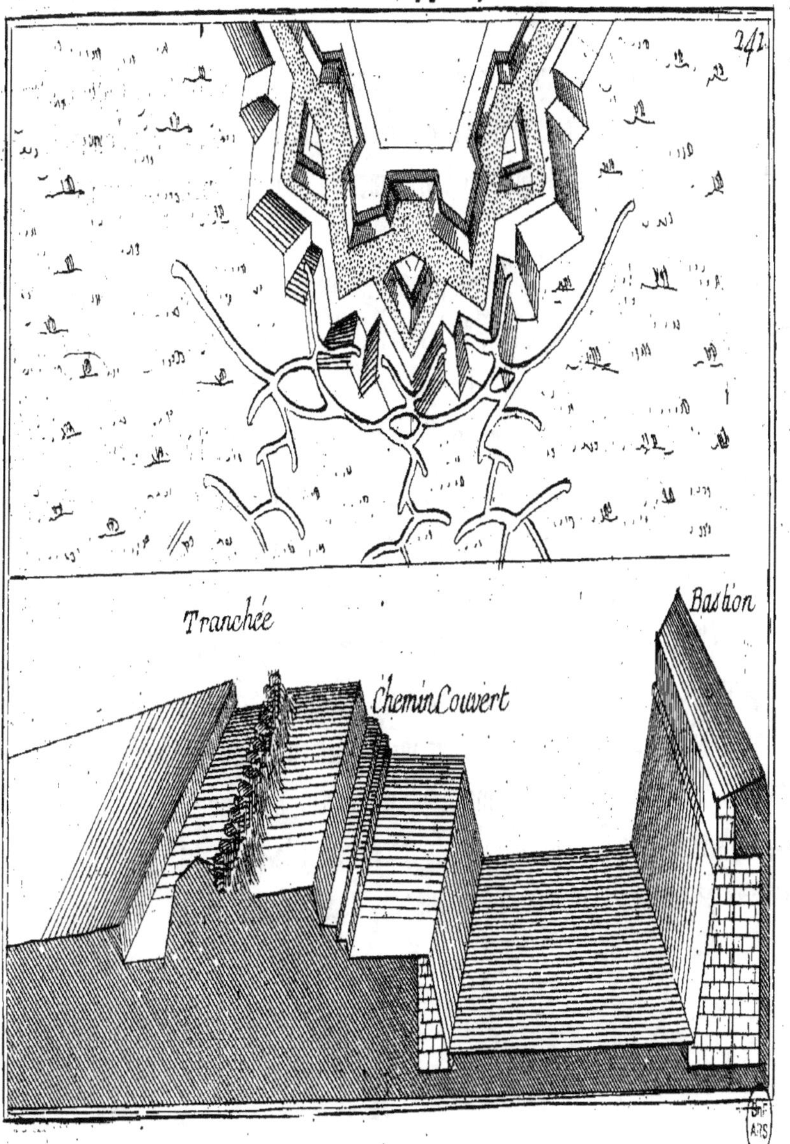

Hh

SUppofons la tranchée étenduë à droite & à gauche des angles faillans, d'où on veut chaffer l'ennemi à la diftance de 14 toifes; il faudra élever des Cavaliers, & leur donner la capacité des Places d'armes; dans cette fituation il eft à préfumer qu'on fera à-peu-près au niveau du chemin couvert.

Pour conftruire les Cavaliers, il faut avoir grand amas de gabions, facs à terre, fafcines de toutes efpéces auprès de fes logemens, & des travailleurs tous prêts; & quand le jour commencera à tomber, travailler de force à l'élevation, en y employant trois ou quatre rangées de gabions pofez l'un fur l'autre, en retrait de pieds & demi l'un de l'autre, pour fervir de relais, & d'autant de banquettes à rafer le deffus de chaque gabion; après qu'ils feront remplis de terre & de fafcines, jufqu'à ce que de cette élevation on puiffe plonger à l'aife dans le chemin couvert; après quoi border le fommet de ces Cavaliers, de facs à terre, y faifant les créneaux néceffaires, obfervant d'élever auffi les traverfes à pareille hauteur, & même un peu plus; tout cela bien pouffé, peut être fini au grand jour, & en état d'y faire monter des Grenadiers, qui plongeant de près dans le chemin couvert, en chafferont infailliblement l'ennemi, y étant aidez des batteries de canons, mortiers & pierriers; l'ennemi en abandonnant ne manquera pas de mettre le feu à fes mines, s'il y en a; ce qui fera le fignal de fa retraite; s'il le fait, il faudra faire paffer des travailleurs & Sapeurs, qui fe logeront dans le trou qu'elles auront fait.

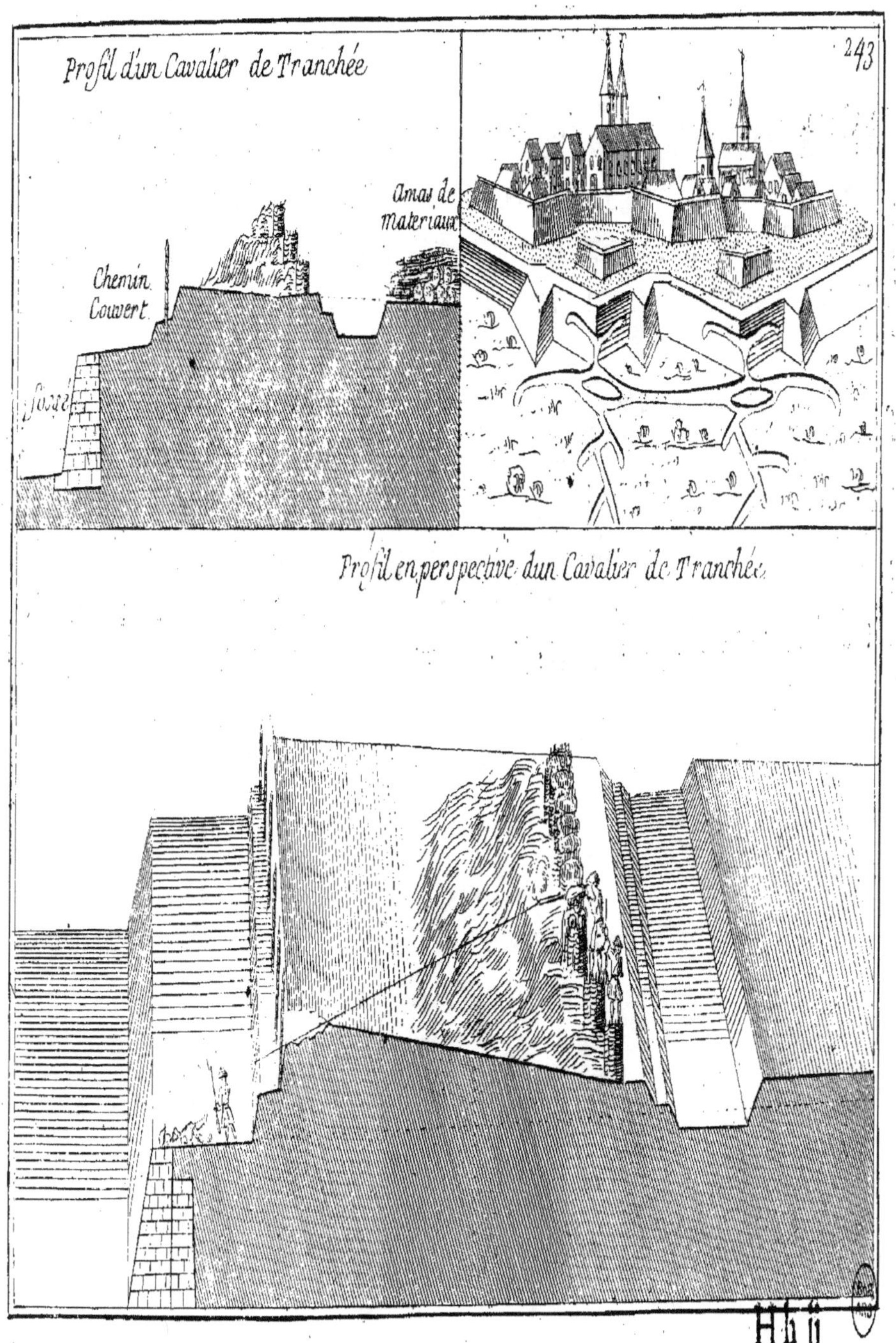
Profil d'un Cavalier de Tranchée
243
Amas de Materiaux
Chemin Couvert
Fossé
Profil en perspective d'un Cavalier de Tranchée

POur parvenir à ces logemens, il faudra pousser les sapes à droite & à gauche, sans s'écarter du bord du parapet du chemin couvert, qu'il faudra toûjours serrer de près & réduire celui des batteries à l'épaisseur nécessaire pour résister au canon, & toûjours perfectionner ce qu'on fera à mesure que l'on avancera, & les bien traverser contre les enfilades, & revers des Bastions & demi-Lunes.

Lorsque l'on sera parvenu aux premieres traverses des Places d'Armes du chemin couvert, il faut faire une entrée dans ledit chemin couvert, & le percer vis-à-vis le milieu de cette traverse, afin d'en couvrir sa tranchée ; & pour les défiler du feu de l'ennemi, bien enfoncer ces passages, les faire de bonne largeur, les blinder & les prolonger vers le bord du fossé à la sape ; il faut continuer à couler dans l'épaisseur des parapets du chemin couvert, tant dans les angles rentrans, que saillans, & toutalentour y établir des batteries, & avoir soin de se bien traverser.

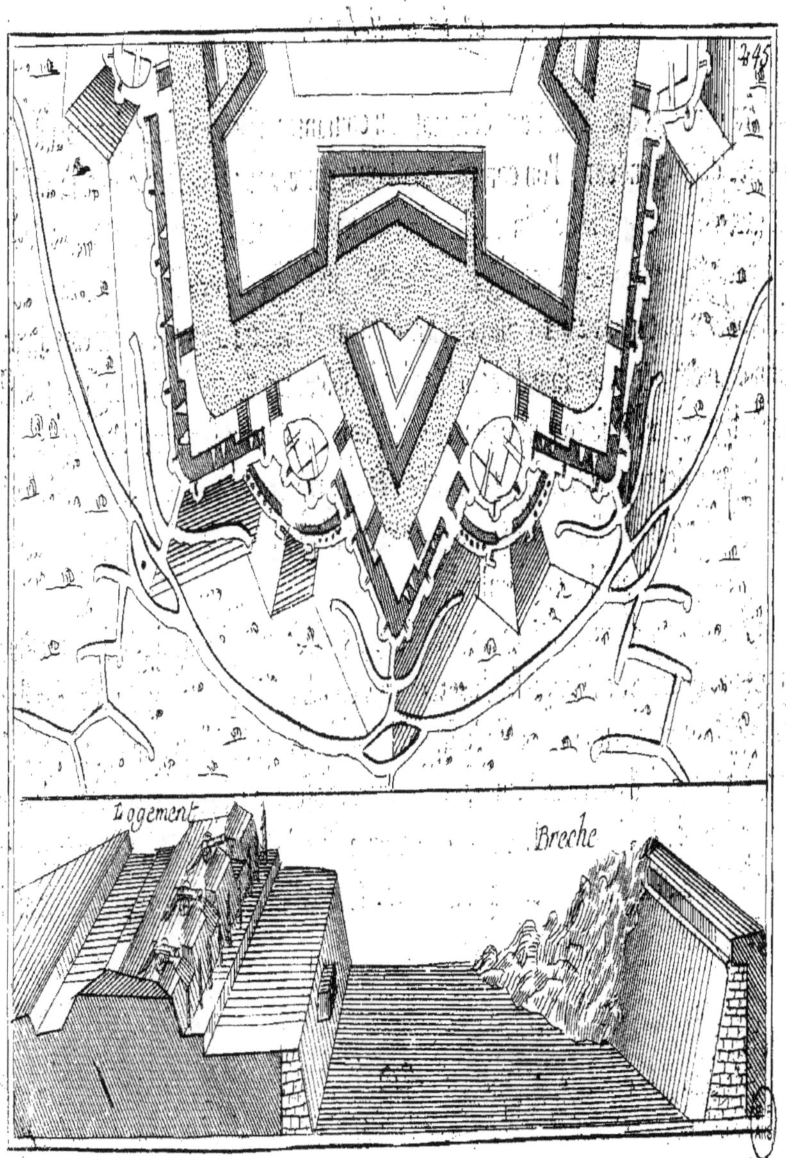
Logement
Breche

LEs foſſez ſont ſecs ou pleins d'eau dormante ou courante; s'ils ſont ſecs, depuis 18 juſqu'à 30 pieds de profondeur, l'on commencera l'ouverture pour la deſcente dès le milieu du glacis, & on paſſera en galerie de Mineurs par-deſſous le logement de la contreſcarpe, & du chemin couvert, pour ſortir à-peu-près auſſi bas que le fond du foſſé, comme il eſt marqué ci à côté; mais ſi les foſſez n'ont que 12 à 15 pieds de profondeur, il ſuffira de paſſer au travers du parapet du chemin couvert, & avoir ſoin de bien blinder la deſcente, & de s'enfoncer 4 à 5 pieds au-deſſous de la banquette, & ſe conduire en rampe & à ſape découverte ſur tout le travers du chemin couvert, le long des traverſes juſques le bord du foſſé, reglant le fond en marches d'eſcaliers, s'il eſt néceſſaire, ſoutenuës par des planches avec des piquets, & de bien étayer les terres des bords, pour empêcher qu'ils ne s'éboulent.

Si le foſſé eſt plein d'eau dormante, élevé de 4 à 5 pieds près du bord, la deſcente ſera plus facile ayant peu de rampe à faire, il faudra toûjours s'épauler très-fortement du côté des flancs, & marcher en galerie couverte, compoſée de faſcines ſoutenuës par de fortes blindes, plantées de part & d'autre à 5 ou 6 pieds l'une de l'autre, avec d'autres poſées en travers; ce qui fera la largeur des galeries ſur 6 pieds de hauteur, la charger de 2 ou 3 lits de faſcines poſées avec la fourche & bien arrangées, afin qu'il n'y reſte pas de jour, & continuer juſqu'à ce qu'on ſoit arrivé au pied de la brêche.

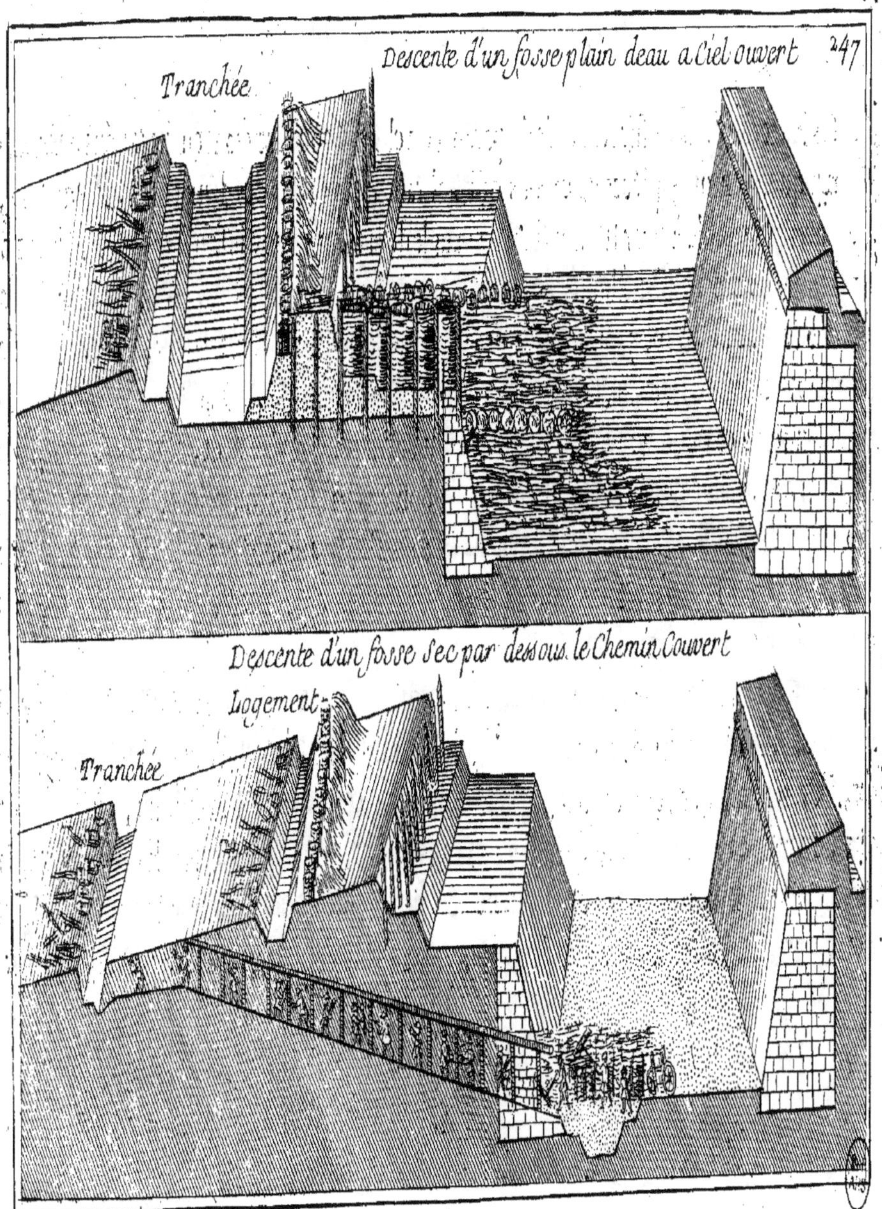
Descente d'un fosse plain deau a Ciel ouvert 247
Tranchée
Descente d'un fosse sec par dessous le Chemin Couvert
Logement
Tranchée

DE LA PRISE DE LA DEMI-LUNE,
& comme il faut monter à l'assaut.

VOs batteries établies sur les bords du parapet du chemin couvert étant en état, vous ordonnerez que les 4 ou 5 piéces de canons qui embraffent les angles des deux côtez, marqués D, commencent enfemble à tirer sur la pointe de l'angle de la demi-Lune, jufqu'à ce qu'on ait fait 1 2 ou 1 5 toifes de bréche bien éboulée de part & d'autre de fon angle flanqué, obfervant toûjours de battre en fape de 3, 4, 5 ou 6 pieds près du pied des murs, & de ne pas tirer un feul coup de ces batteries contre le haut, mais toûjours contre le bas & en faluë, ramaffant tous les coups enfemble, jufqu'à ce qu'on voye tomber la terre du derriere du revêtement, ce qui fera connoître qu'il eft entierement coupé ; le parapet fuivra l'éboulement ; fi les contreforts ne fuivent pas, il les faudra battre auffi, & faire tirer des bombes dans l'excavation & fur les bords des brêches ; pendant ce tems-là, il faut faire amas de fafcines, gabions, facs à terre, & quantités d'outils pour le logement de la demi-Lune.

Commander cinq ou fix Compagnies de Grenadiers d'extraordinaire, & avertir ceux qui commandent les batteries de toutes efpéces, de fe tenir prêts au premier fignal ; tout cela en cet état, l'on fera monter deux ou trois Sapeurs dans la brêche du côté des épaules, où il fe fait pour l'ordinaire un couvert, & étant dans ces couverts, ils tireront en bas les décombres en remuant vers le haut avec un croc ou fourche, & feront place pour deux ou trois autres qu'on y fera monter, avec ordre à tous de s'en revenir, lorfque l'ennemi viendra à eux pour les chaffer.

249
D
H

SI-tôt que l'ennemi se mettra en devoir de chasser les Sapeurs qui sont dans ces couverts, ils quitteront la brêche, & en même tems il faudra faire le signal pour que les batteries de toutes espéces, & les logemens fassent un feu très-violent ; il est sûr que l'ennemi n'y demeurera pas long-tems ; les Sapeurs reviendront sur la brêche, & reprendront leurs ouvrages, avec ordre de quitter, si l'ennemi vient à eux, & faire le même signal à votre artillerie, jusqu'à ce que l'ennemi quitte tout-à-fait, pour lors faudra faire travailler de vive force au logement, & le bien assûrer dans l'excavation des brêches, & non plus avant, ensuite l'étendre à droite & à gauche sur le rampart, en y entrant par des sapes, formant une portion de cercle qui occupe tout le terrain de son angle flanqué ; on coulera après par les extrêmitez le long des faces de la droite & de la gauche, pour former son établissement à l'endroit marqué C, pour y établir une batterie de 4 ou 5 piéces de canons pour battre le milieu de la courtine, & principalement la tenaille, & la porte de sortie par où on y communique ; pour cet effet, il faudra bien affermir le passage du fossé, le paver de gits & de madriers, pour le rendre plus commode à passer le canon, & ouvrir le chemin couvert, pour achever de lui faire un passage, & en même tems une rampe sur la brêche, pour en faciliter la montée.

Tout le secret d'une attaque est de sçavoir faire executer chaque chose à tems ; & toûjours supposer que la Place qu'on attaque doit faire une vigoureuse défense.

Plan qui fait voir les logemens sur le glacis & dans la demi-Lune.

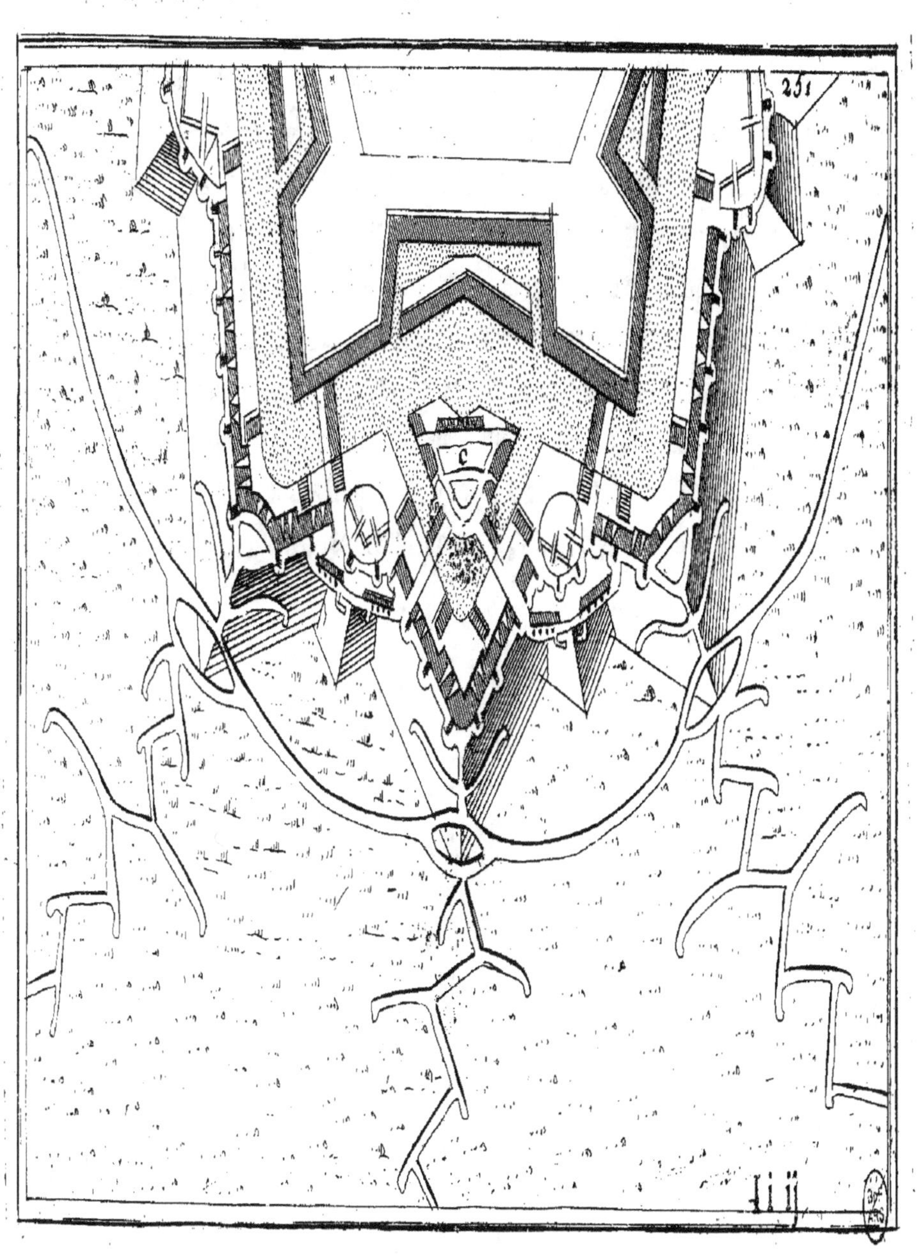

Pendant l'attaque de la demi-Lune, l'on a dû travailler aux descentes du Fossé vis-à-vis le bastion, auquel cas, s'il est sec, il faudra proceder à son passage comme à celui de la demi-Lune, s'il est de la nature de ceux qui se peuvent défendre sec & plein d'eau, il faudra prendre garde à ne pas déboucher plus bas que la superficie de l'eau, quand il est plein, parce qu'il innonderoit la descente, ce qu'il faut éviter; voici donc ce qu'il est nécessaire d'observer dans ce passage : on fait passer la fascine de main en main en rangeant 100 ou 120 hommes plus ou moins en haye, selon les besoins à deux pas l'un de l'autre, adossés contre le parapet, jusqu'à la tête du pont, & à mesure qu'on passe la fascine, le Sapeur qui mene la tête, l'ajuste en épaulement sur la droite ou sur la gauche, selon le côté dont il a à se couvrir, & puis quand il en a jetté une assez grosse masse pour pouvoir en être couvert, il s'avance quelques pas, & pour lors il travaille au pont.

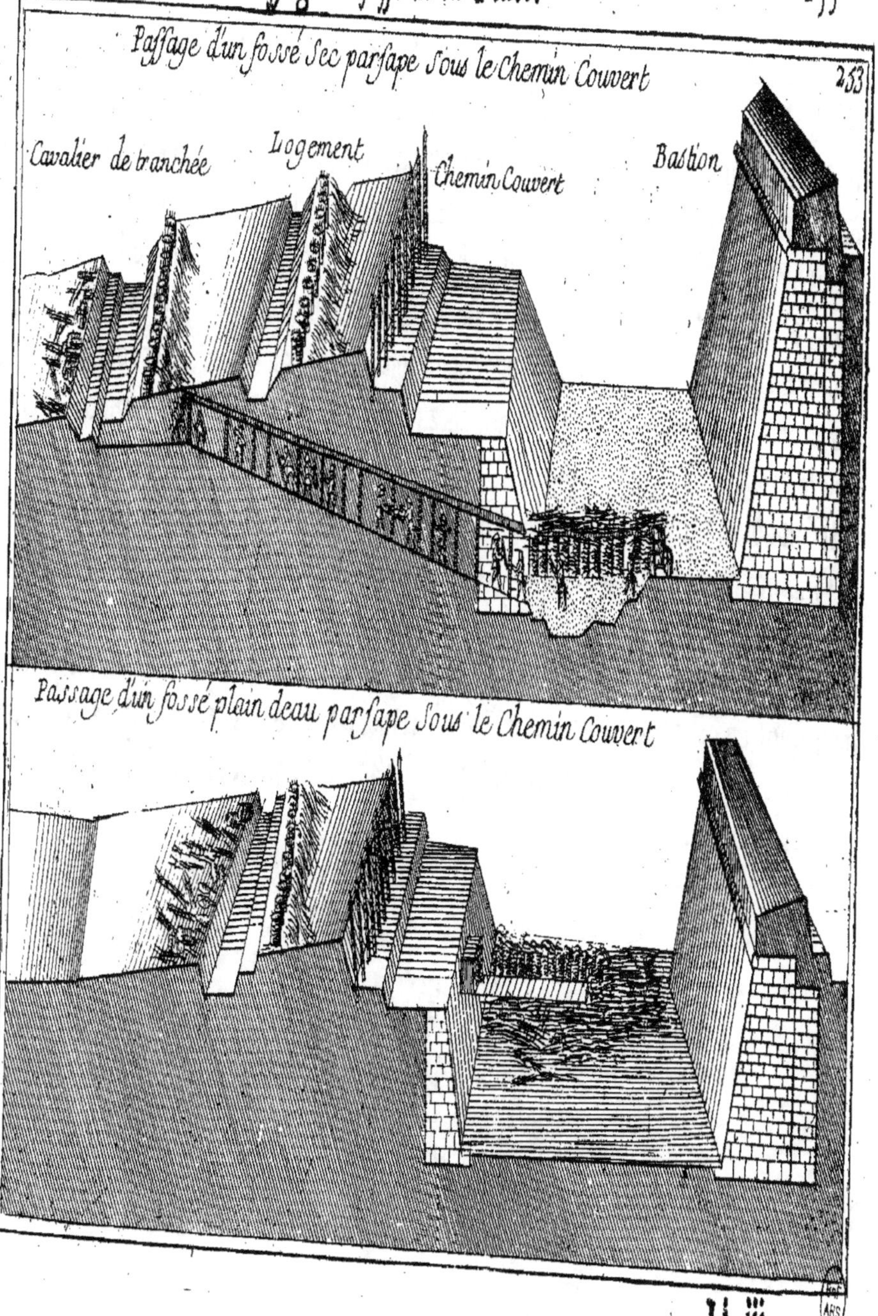
253
Passage d'un fossé Sec parsape Sous le Chemin Couvert
Cavalier de tranchée
Logement
Chemin Couvert
Bastion
Passage d'un fossé plain deau parsape Sous le Chemin Couvert

POur travailler au pont, le Sapeur pique la fascine de haut en bas devant lui en la plongeant dans l'eau, & quand elle vient à hauteur de la superficie, il en pose des lits en travers, sur lesquels on fait voiturer de la terre qu'on répand le long pour la faire enfoncer, ensuite de quoi on recharge sur le même lit, jusqu'à ce que le passage soit fermé, & élevé de quelques pieds au-dessus de la superficie de l'eau sur la largeur de 12 à 14 pieds, qui est celle qu'il faut donner au pont ; pendant cette manœuvre, on fortifie toûjours l'épaulement, en y jettant des fascines un peu en avant à la fourche, qu'on arrange comme on peut, & qu'il faut élever considérablement, parce que les fascines s'affessent toûjours assez ; voyez la maniere d'exécuter toutes ces choses dans le profil A.

Il faut observer que si le débouchement est plongé des bastions, il faudra commencer ce passage en formant une montagne de fascines devant soi qu'on éleve de 8 à 10 pieds ; on se coule derriere pour travailler à l'épaulement, & ensuite à la galerie, entretenant toûjours ladite montagne de fascines, & la poussant en avant, jusqu'à ce que l'on soit tout-à-fait au-dessous des plongées, après quoi on retire peu-à-peu les fascines de la montagne, & on les employe à l'épaulement & au pont, continuant toûjours ce passage jusqu'au pied des brêches qui doivent être fort avancées, quand on y parviendra.

253

SI le baſtion plonge ſur le débouchement, ce ne ſera pas aſſez de la montagne de faſcines devant ſoi; il faudra y ajoûter une bonne & forte gallerie qu'on avancera peu-à-peu à l'abri de la montagne, comme il a été dit; ce qui ſera continué auſſi loin que la plongée ſe pourra étendre & même au-delà.

Si l'eau du foſſé étoit groſſe & courante au moyen des écluſes nourries par une riviére, le moyen le plus ſûr eſt de tâcher de rompre les écluſes à force de bombes & de canons; alors le paſſage de ce foſſé ſe fera comme il eſt dit ci-deſſus; & ſi l'on ne peut venir à bout de rompre les écluſes, ce paſſage ſera fort difficile.

Il n'y aura d'autre moyen de le faire que par une groſſe & forte digue au travers du foſſé, de la hauteur que les écluſes peuvent retenir les eaux; en ſorte que leurs niveaux ne puiſſent ſurmonter celui de la digue à deux pieds près; lorſque l'on ſera parvenu à 3 à 4 toiſes du pied du revêtement de la face du baſtion, & qu'on aura bien aſſûré la tête de la digue, il faudra pour lors battre vivement le pied du revêtement vis-à-vis la digue, juſqu'à ce qu'il tombe dans ce foſſé, ce qui achevera d'en former le paſſage par ſes décombres, & enſuite attacher le mineur ſur la jonction du mur reſté debout, ou la partie éboulée, & enfoncer la mine bien avant, vis-à-vis la tête du pont ou digue.

Voilà la maniere la plus aſſûrée pour le paſſage de ce foſſé, & à laquelle il en faudra venir, ſi on veut faire paſſer des troupes & du canon ſur les baſtions.

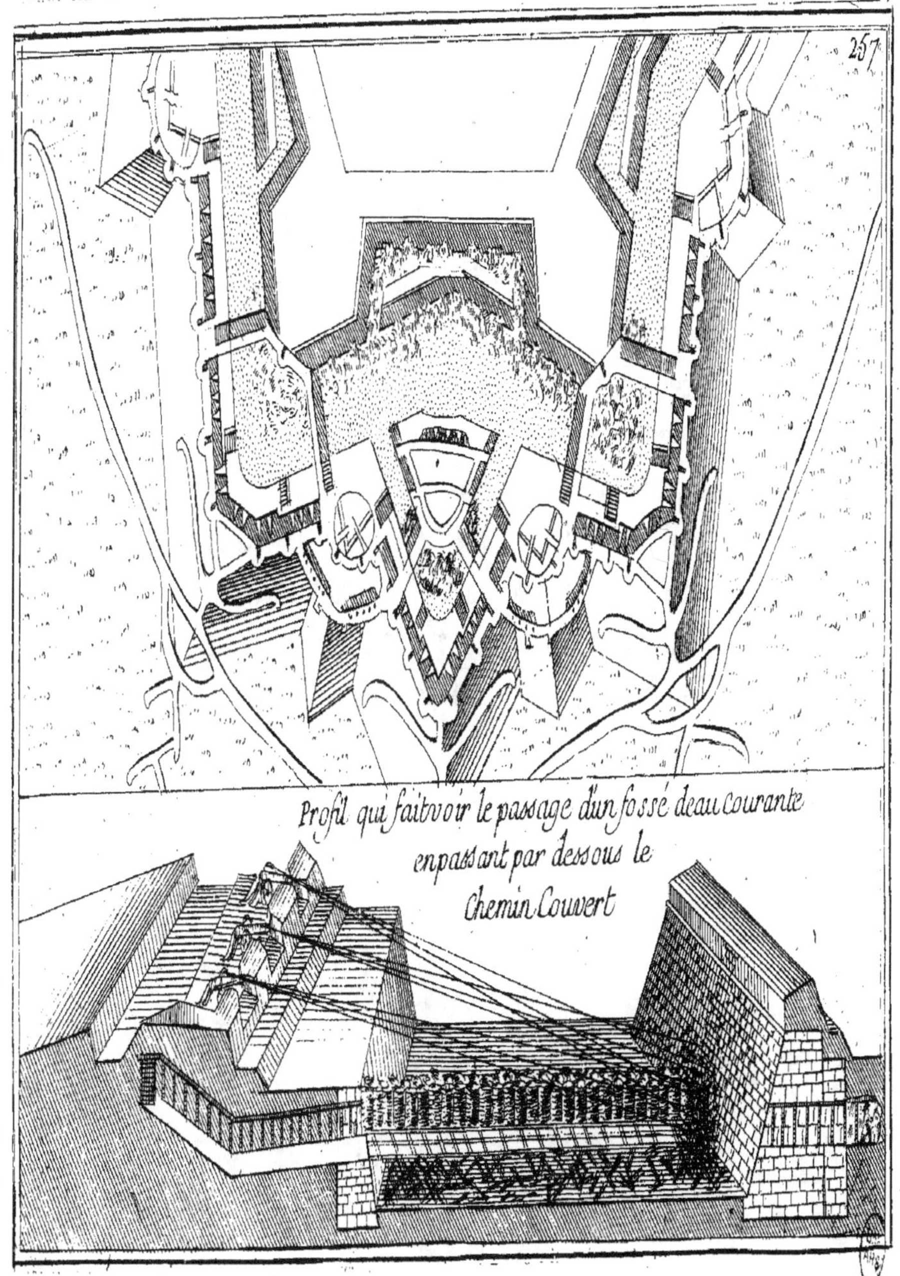

Profil qui fait voir le passage d'un fossé d'eau courante
en passant par dessous le
Chemin Couvert

LA mine ayant jouée & fait fon effet, il y aura deux partis à prendre , celui de fe loger de plein faut fur le haut de la brêche, pouffant de vive force tout ce qui fe préfentera, ou de s'y prendre comme il a été propofé à la demi-Lune.

Si les affiégez ne battent point la chamade pour demander à capituler, le Général affemblera le Confeil de guerre, où on décidera pour l'affaut général.

Pendant ce tems-là on redoublera le feu des batteries de toutes efpéces, & auffi la moufqueterie, pour ruiner les flancs qui défendent les brêches, Le Général donnera promptement fes ordres pour mettre l'armée en bataille, fera un détachement des meilleurs troupes de fon Infanterie, & de Dragons bien armés, que l'on fera défiler par les tranchées.

On fera provifion de fafcines, gabions, facs à terre, &c. pour fe loger à la tête de la brêche ; le tout étant difpofé, on donnera le fignal au moyen d'une bombe ou de plufieurs, qui ne feront chargées que de leurs amorces, pour monter à l'affaut ; 100 Grenadiers marcheront à la tête, foûtenus de 200 qui marcheront à 15 ou 20 pas, & le refte fuivra en bon ordre, & on fe logera à la tête de la brêche.

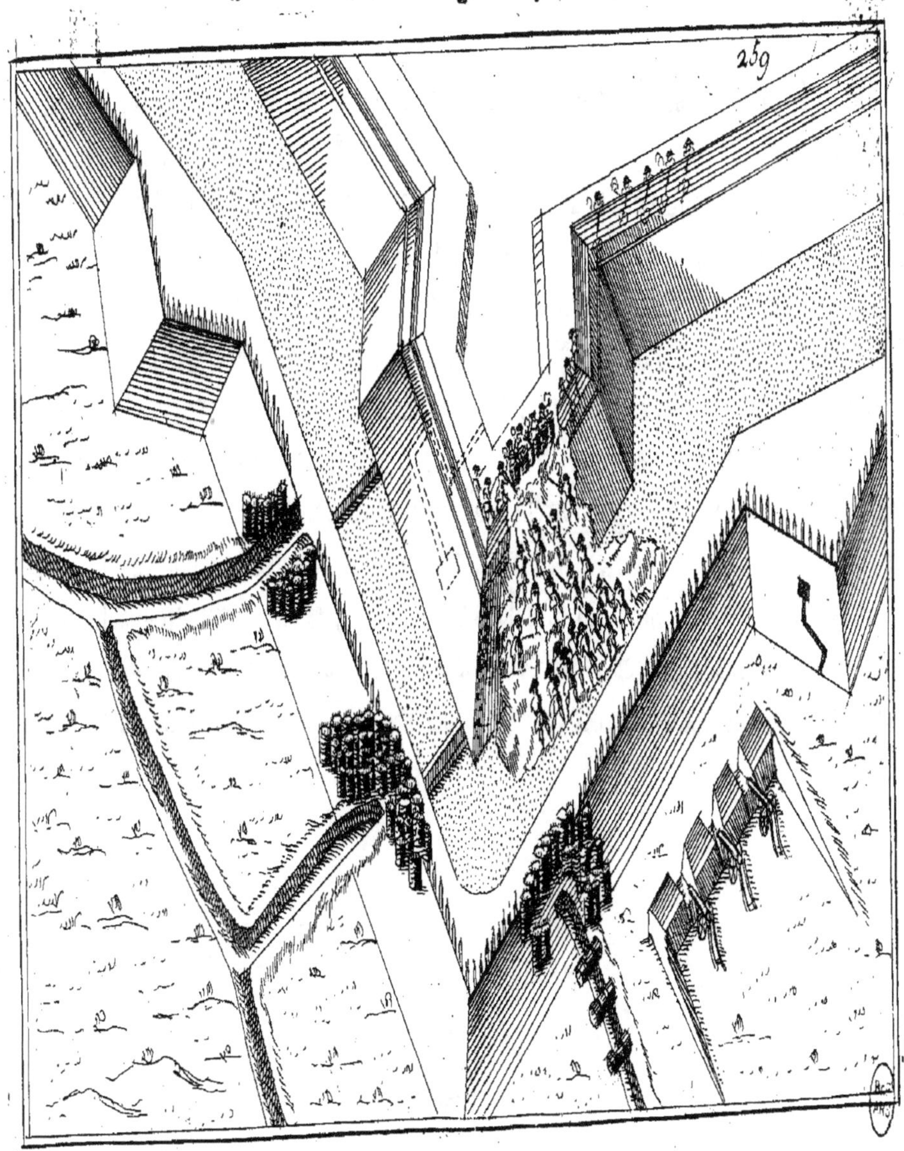

259

L'Affiégé ayant été obligé de rendre fa Place , les premiers qui entreront dedans , feront le Maréchal de Camp de l'armée , les Maréchaux des logis, & quelques Ingénieurs, avec quantité de Pionniers ; ces premiers pour marquer & diftribuer les logemens des Troupes, & les autres pour faire nétoyer, & faciliter les chemins & les ruës.

Les ruës étant nettes & les logemens marqués, une partie de l'Infanterie commencera à entrer dans la Place, pour fe faifir des poftes qu'abandonnent ceux qui quittent la Ville.

Enfuite entrera l'artillerie qui fera fuivie des malades & des bleffés, derriere lefquels feront les Vivandiers, & le refte de l'Infanterie & Cavalerie ; avant que le dernier gros de l'Infanterie entre dans la Place, les Ingénieurs doivent avoir eu le foin de faire ruiner le camp, en brûlant & détruifant tous les forts, batteries, tranchées, & généralement tout ce qui pourroit fervir aux ennemis, s'ils entreprenoient à leur tour de former un fiége ; les victorieux auront auffi un foin fort particulier de faire réparer les brêches , nétoyer les foffez, relever les dehors, & parapets , faifant même provifion de vivres & de troupes, comme s'ils craignoient d'être affiégés au premier jour.

QUand on a deſſein ſur une Place puiſſante en habitans & commerce, on ne s'amuſera point à faire des tranchées ni des lignes de circonvallation, lorſqu'on ne craint point d'armée ennemie.

On fera un grand feu pour la réduire, l'armée ſe logeant pour cet effet dans les villages & lieux circonvoiſins de la Place ; & on commandera ſeulement quelques Régimens pour appuyer les travailleurs qui iront élever à la hâte, à la portée du canon de la Place, & même plus près des redoutes ou autres petits forts, avec des foſſez larges de deux ou trois toiſes, & profonds de 7 ou 8 pieds, s'il eſt poſſible ; dans ces forts on logera quantité de piéces de canons, & plus grand nombre de mortiers qu'il ſera poſſible, afin que faiſant agir l'artillerie contre les maiſons, ſans aucun relâche, jettant ſans ceſſe des bombes dans la Place, pour renverſer & mettre le feu par-tout ; cette façon de faire la guerre eſt très-bonne ponr ſe rendre maître des grandes Villes en peu de tems, ſuppoſant qu'il n'y ait point d'armée ennemie en campagne.

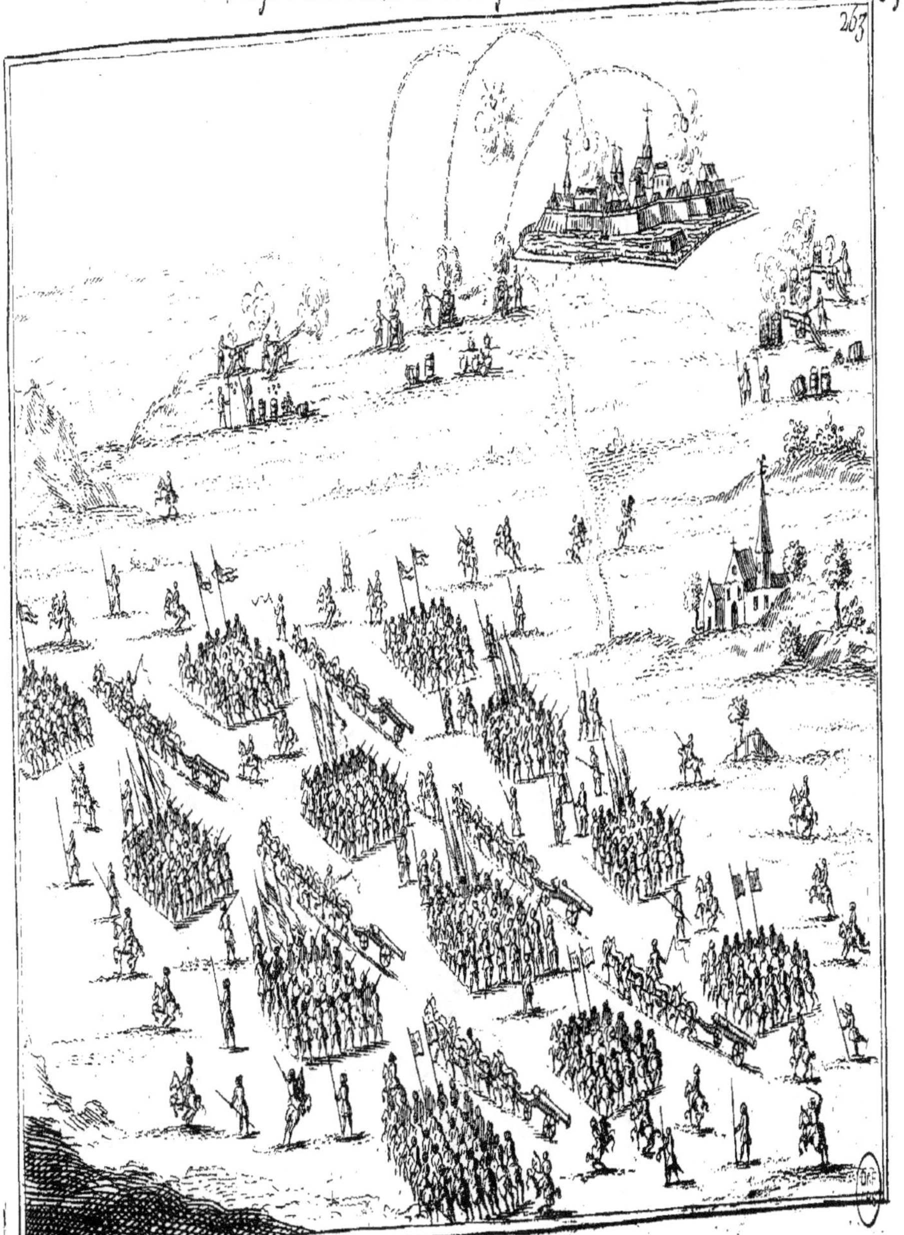

TOutes les entreprifes qu'on fait, ne réuffiffent pas toûjours, & l'on fe voit quelquefois obligé de lever un Siége, foit parce que les maladies fe mettent dans le Camp, ou que la faifon eft avancée, ou bien, parce que les affiégés font bien retranchés, & reçoivent continuellement du fecours, tant d'hommes que de vivres.

On leve le Siége en plein jour, lorfqu'on ne craint point que ceux de la Place faffent de forties, fur ceux qui feront les derniers à fe retirer.

Pour fe retirer en bon ordre, on divifera les troupes en trois parties inégales, la plus petite qui fera la premiere, renfermera les malades, les bagages, Vivandiers, canons rompus, & généralement tous les inftrumeus, qu'on avoit apportés pour les travaux du Siége.

La feconde qui fera plus forte que la premiere, & plus foible que la derniere, emmenera l'artillerie & toutes les munitions qui en dépendent; la troifiéme qui fera la plus forte mettra le feu au Camp, & fera tête aux affiégés en cas qu'ils vouluffent charger en queuë.

Quand il vient une puiffante armée en faveur des affiégés pour forcer les lignes, alors il faut fe retirer tous par une même route, afin de fe rallier promptement, & faire tête à l'ennemi, jufqu'à ce qu'on ait gagné quelques places pour fe retirer & attendre des fecours.

265

L'Escadron de Cavalerie se fait ordinairement de 80, 100 ou 120 maîtres, & jamais plus de 200 ; les bataillons se font les plus forts qu'il est possible, depuis 5 à 600 hommes jusqu'à 1000.

L'armée est ordinairement divisée en trois corps, que l'on range sur trois lignes ; la premiere ligne s'appelle avant-garde, ensuite la seconde ligne, & puis la troisiéme ligne ou arriere-garde & corps de reserve.

Le milieu de chaque ligne est d'Infanterie, la Cavalerie est sur les aîles droite ou gauche de chaque ligne, & quelquefois on met des escadrons dans les intervalles des bataillons.

Quand l'armée se met en bataille, il faut qu'il y ait environ 5 pieds d'intervalle entre chaque Cavalier, & 3 pieds entre chaque Fantassin, c'est-à-dire, de front ; mais dans le choc la file se resserre, son front diminuë, & se réduit presqu'à la moitié.

Dans chaque ligne les bataillons sont éloignés l'un de l'autre d'environ 180 pieds d'une distance égale à celle de leur front, & les escadrons sont éloignés l'un de l'autre d'une distance égale à celle de leur front, qui est environ 300 pieds, l'on laisse ces intervalles parce que les escadrons & bataillons de la seconde ligne, se mettent vis-à-vis des intervalles de la premiere ligne, & celles de la troisiéme ligne se mettent vis-à-vis les intervalles de la seconde ligne, afin que les uns & les autres aillent plus facilement aux ennemis par ces distances ; on laisse environ 300 pieds de terrain, entre la premiere & seconde ligne, & 600 pieds entre la seconde & troisiéme ligne, afin d'avoir de l'espace pour rallier les troupes, lorsque les bataillons & escadrons se rompent.

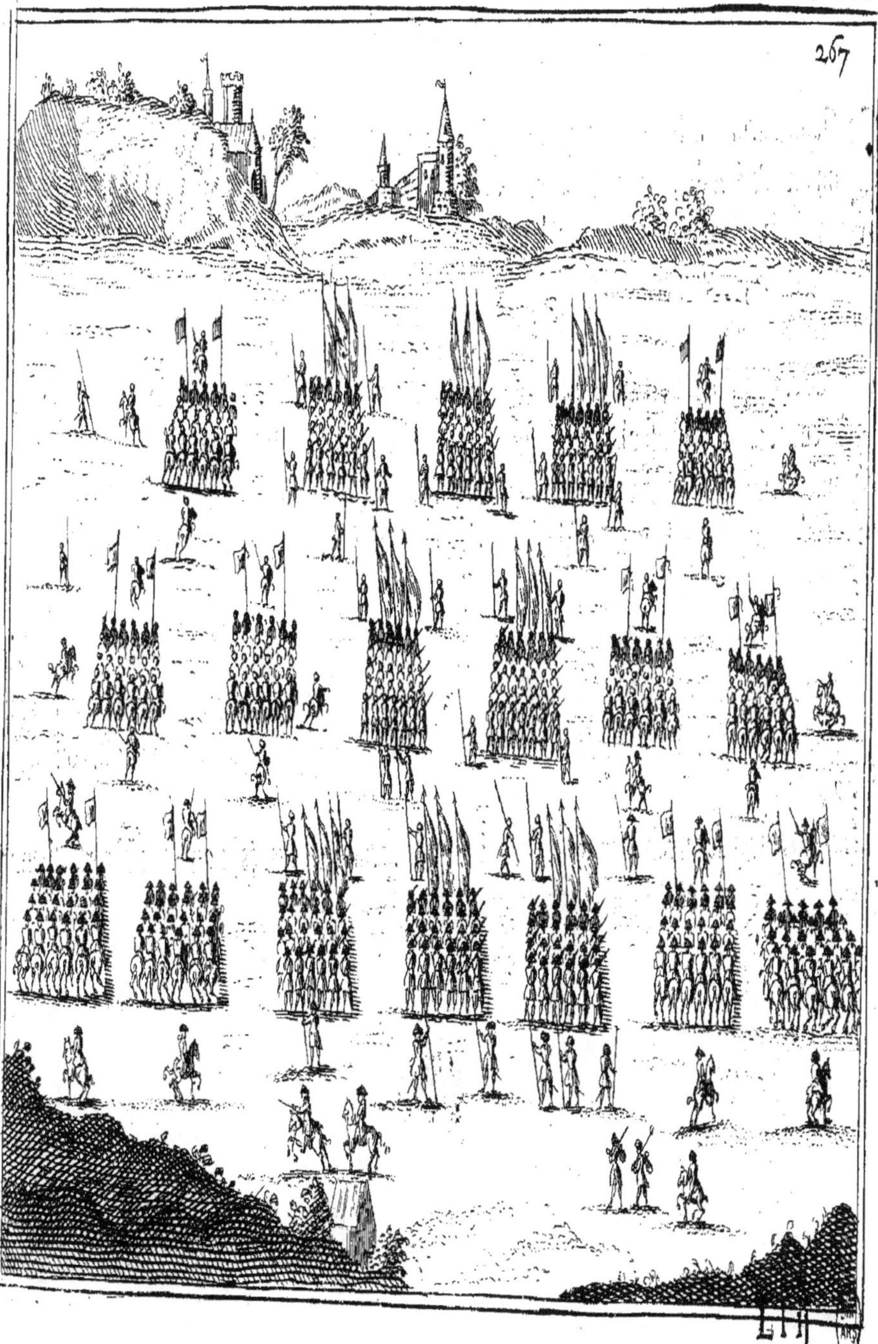

Quand l'armée a ſur ſa route l'ennemi en tête, & qu'elle marche par un païs commode, ouvert & étendu, elle ſe tient en état de combattre ; alors il faut ranger la Cavalerie ſur les aîles ; mais la Gendarmerie ſe met derriere la ſeconde ligne ; le canon marche à la tête de la premiere ligne, la deuxiéme ligne vient enſuite ſoûtenuë de la Gendarmerie, & l'on fait marcher enſuite ſur un même front les vivres, le bagage, & l'équipage de l'artillerie ; & pour la ſûreté de ces équipages, l'arriere-garde vient après ; mais s'il faut combattre, l'arriere-garde ſe met à leur tête, & laiſſe ſeulement deux ou trois eſcadrons à la queuë des vivres & bagages.

Quand l'armée a l'ennemi en tête, dans un païs ſerré, coupé par des foſſez couverts de bois, traverſés de hayes ; il faut néceſſairement diminuer le front de chacune de ces trois lignes, & faire défiler un corps après l'autre.

Dans un païs de cette nature, la Cavalerie ne pouvant guéres combattre, ayant beſoin d'être promptement ſoûtenuë, on commence la marche par un eſcadron ou deux de front, puis par un bataillon ou deux de front, & ainſi alternativement, ſelon que les paſſages ſont plus ou moins ouverts.

Dans ces ſortes de marches on mêle force pelotons parmi les bagages, pour les aſſûrer de l'ennemi qui les pourroit couper à la faveur des bois.

UN Général eſt quelquefois contraint de venir au combat, lorſqu'il s'eſt engagé dans le païs ennemi, dans le deſſein de ſecourir quelqu'une de ſes Places aſſiégées ; il faudra pour lors qu'il tâche à diſpoſer ſes troupes en la maniere ſuivante.

Il fera ranger ſon Infanterie en bataillons, chacun deſquels ſera depuis 5 ou 600 hommes juſqu'à 1000 pour faire un bon bataillon ; car ceux qui excéderoient le nombre de 1000, ne pourroient pas ſe former ſur toute ſorte de terrain, & ceux qui ſeroient au-deſſous de 500 hommes, ne ſeroient pas aſſez forts pour réſiſter en un même tems à l'impetuoſité de deux eſcadrons de Cavalerie ennemie.

Sa Cavalerie qui doit toûjours être ſur les aîles de ſon Infanterie, ſe rangera en eſcadron de 100 maîtres ou environ, & ce feront les eſcadrons les plus petits ; mais les meilleurs, & ceux qui ſervent à faire plier & ouvrir les bataillons, font depuis 150 juſqu'à 200 maîtres ; car lorſqu'ils paſſent ce nombre de 200, ils ſont trop difficiles à être dreſſés à cauſe de la trop grande longueur des rangs & de la quantité des chevaux.

Bataille rangée prêt à combattre.

UN Général ayant réfolu d'attaquer le pofte qu'il rencontre dans fa marche, que je fuppofe un pont fortifié de quelques baftions & demi-baftions, le tout flanqué de quelques Tours ou petits Châteaux.

Il prendra lui-même le foin de le reconnoître, où y enverra fes Ingénieurs, afin de remarquer fi ce pont eft de bois ou de pierre, entrecoupé de bafcules ou tout uni, & en même tems il fera détacher quelque petite partie, afin de fonder le gué de la riviére ; car en cas que la riviére fut guéable, le Général pourroit faire paffer quelque Cavalerie qui porteroit en croupe de l'Infanterie, & par ce moyen attaquer le pont par fes deux bouts.

Si le pont eft défendu de quelque Château qui ait du canon, le Général fera faire à la hâte quelque batterie croifée, de telle maniere que ces piéces foient hors de la mir de celles qui font fur les tours du Château, d'où l'on ne peut tirer que par les créneaux & embrafures qui regardent feulement ce qui eft oppofé de front : le Général ne ceffera de faire feu, jufqu'à ce qu'on ait rompu ces embrafures, & démonté les piéces du Château.

Si la tête du pont étoit fortifiée de quelques baftions, le Général fans s'amufer à l'attaquer dans les formes ordinaires, y allant par tranchée, fera conftruire quelque Cavalier à la hâte pour fe faire brêche, & monter à l'affaut, l'épée & le piftolet à la main, afin de l'emporter d'emblée.

ECOLE MILITAIRE.

TROISIE'ME PARTIE.

QUI TRAITE

DE LA DE'FENSE DES PLACES CONTRE TOUTES SORTES DE SIE'GE, Capitulations, Réditions, &c. Diſtributions des Troupes pour combattre, avec la maniere de les mettre en bataille rangée, &c.

Précautions d'un Gouverneur pour la défense de sa Place.

UN Gouverneur doit toûjours être sur ses gardes, soit en paix ou en guerre, visiter souvent ses magasins, avoir soin qu'ils soient bien remplis de munitions de guerre & de bouche pour 4 ou 5 mois au moins, visiter son artillerie, être exact à faire les réparations des murailles, des parapets & palissades, faire souvent des revûës de la garnison sans la fatiguer, se transporter dans les corps-de-gardes, faire sa ronde toutes les nuits à différentes heures pour tenir les Officiers & Soldats en leur devoir, ce que l'on appelle allerte ; s'il est menacé d'être assiégé ; ce qu'il doit sçavoir par ses espions qu'il aura toûjours en campagne ; il dépêchera des courriers à son Prince, & lui enverra un état de la garnison, & de tout ce qui est dans la Place, lui demandant ses ordres, & tout ce qui lui est nécessaire pour se défendre.

Pour la défense d'une Place, il faut environ 3000 hommes bien disciplinés, un Régiment de Dragons, des Canoniers, Bombardiers, 100 piéces de canons, 30 mortiers, &c.

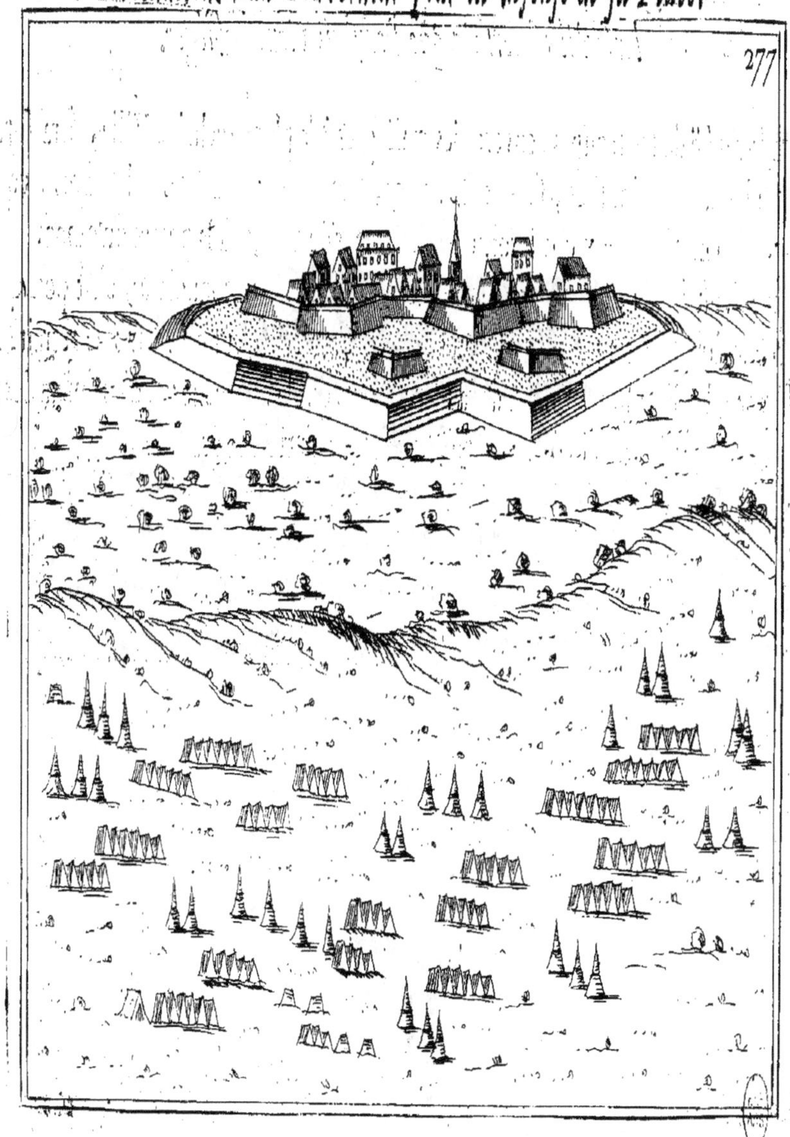

IL fera la revûë de ſes troupes, enverra les malingres à la plus prochaine Ville, fera ſortir de la Place les habitans inutiles, femmes & enfans, fera couper les arbres & les hayes, combler les ravines & chemins creux qui feroient aux environs de la Place à la portée du canon.

La Place étant inveſtie, l'ennemi ne manquera pas d'aller la reconnoître, c'eſt pourquoi le Gouverneur doit laiſſer au-dehors quelque peu de Cavalerie qui puiſſe par une retraite feinte faire eſſuyer à l'aſſiégeant tout le feu de la Place, au cas qu'il s'approche; il diſtribuera des troupes dans les dehors ſur les chemins couverts, & par-tout où il ſera néceſſaire.

Ayant reconnu le deſſein de l'ennemi par l'endroit de l'ouverture de la tranchée, il doit faire travailler diligemment à des fourneaux ſous le glacis de la contreſcarpe, faire planter des paliſſades à deux pieds du parapet, & au-dedans des ouvrages avancés, avec quantité de petits fourneaux; il fera grande proviſion de faſcines, gabions, ſacs à terre, pour remplir & rétablir les parapets.

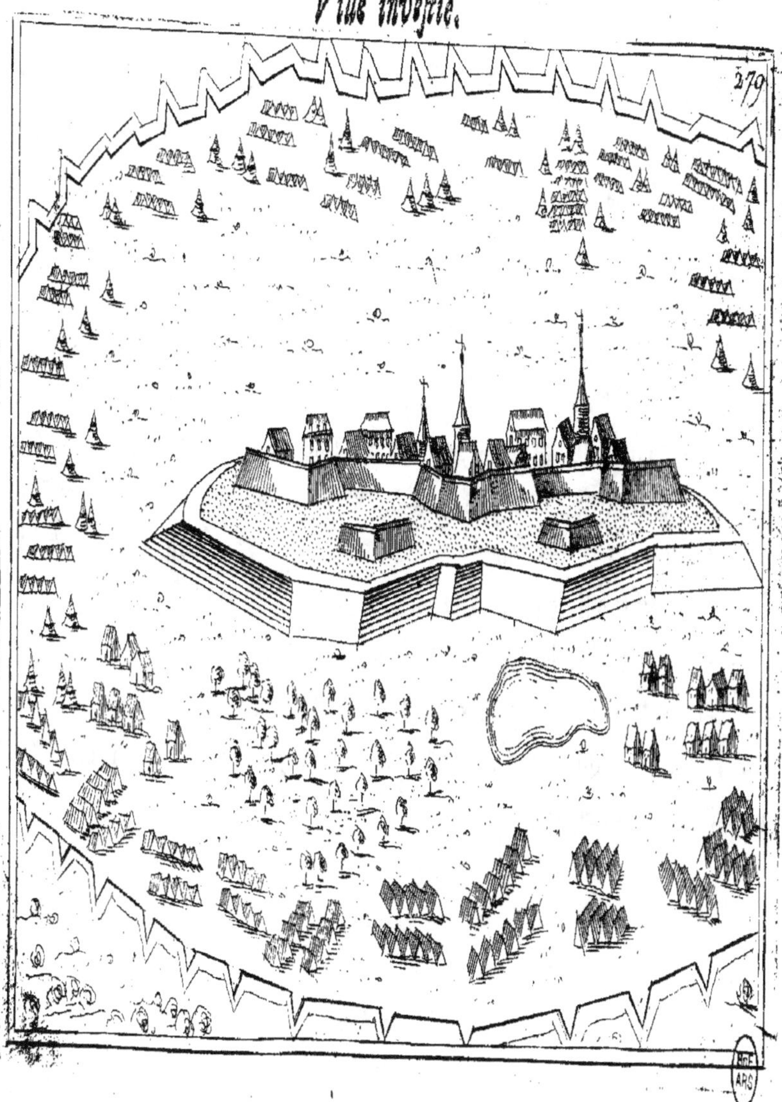

LA ligne de contre-approche eſt une eſpéce de tranchée que l'aſſiégé fait depuis ſon chemin couvert à droite & à gauche des attaques, pour aller enfiler les travaux des ennemis ; cette ligne doit commencer dans l'angle de la Place d'armes de la demi-Lune qui n'eſt point attaquée, & du baſtion attaqué, éloigné des attaques de 50 ou 60 toiſes, & prolongé autant qu'on le jugera néceſſaire, pour voir l'ennemi dans ſes tranchées & paralléles.

Cette ligne doit être parfaitement enfilée vis-à-vis le chemin couvert & la demi-Lune, afin que ſi l'ennemi en chaſſe les troupes, il n'en puiſſe tirer aucun avantage.

Il faut placer aux côtés de l'ouverture de cette ligne de contre-approche de petites piéces d'artillerie, & dans la demi-Lune vis-à-vis cette même ouverture de bonnes piéces de canons pour la nétoyer, s'il arrivoit que les ennemis vouluſſent s'y loger, après en avoir chaſſé les aſſiégés.

Le Gouverneur aſſiégé doit ſouvent pendant la nuit à des heures différentes, faire ſortir 15 ou 20 maîtres pour chaſſer les travailleurs de leurs travaux.

Et auſſi faire ſortir 8 ou 10 hommes réſolus & de bonne volonté, qui ſe gliſſeront ſur le ventre à la faveur de la nuit, & enleveront, s'ils peuvent, ceux qui ont le principal ſoin de la conduite des attaques, c'eſt-à-dire, les Ingénieurs.

281
Ligne de contre approche
Tranche

IL faut fatiguer les Affiégéans par de continuelles allarmes; fi la garnifon eft affez nombreufe, il fera bon de faire des forties; elles fe font deux heures avant le jour; pour les faire avec fuccès, on fera marcher à la tête un petit bataillon de 90 hommes, 30 de front fur 3 de hauteur, & 30 Grenadiers formeront un quatriéme rang, un autre bataillon de 180 hommes fuivra de près, 30 de front fur 6 de hauteur, ils feront tous armés de toutes piéces.

Après ce deuxiéme bataillon marcheront 200 travailleurs avec outils, pour rafer le travail ennemi, dont 15 ou 20 feront chargés de feux d'artifice, pour brûler ce qui pourroit être détruit promptement, & autant qui porteront les chofes néceffaires pour encloüer le canon, & derriere tout cela, un bataillon de 3 ou 400 hommes qui doivent marcher à petit pas, jufqu'à la tête des travaux ennemis, & là faire halte, fi ce n'eft que ceux qui les précedent, euffent befoin de leur fecours pour achever de vaincre, ayant chacun le mot, & une marque pour le ralliement, on attaquera la tête de la tranchée avec chaleur, & on chaffera les travailleurs, pendant le combat les Pionniers combleront les tranchées, tandis que d'autres iront attaquer les batteries & encloüer le canon.

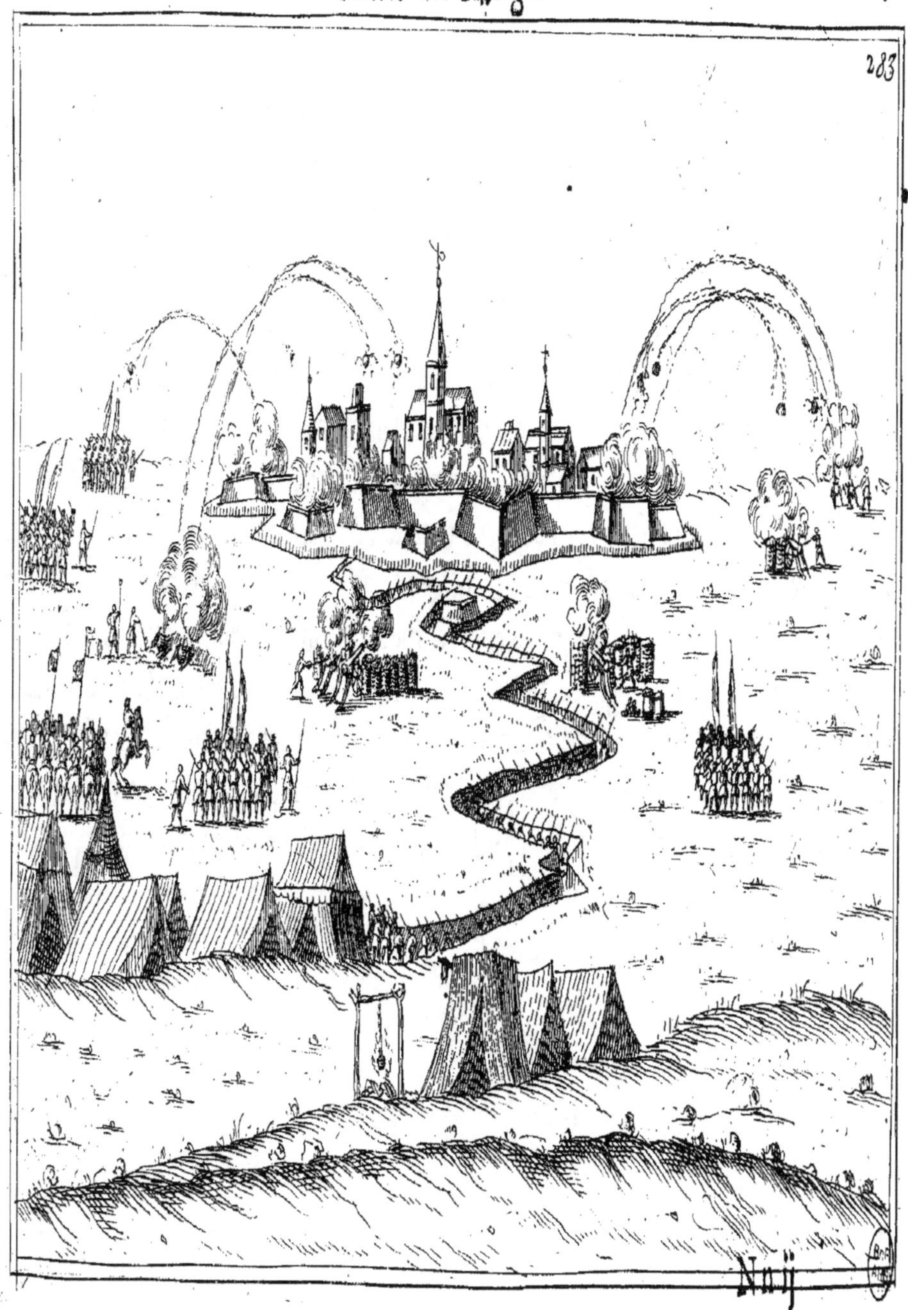

283
Nuij

COmme il faut que l'ennemi se rende maître des travaux avancés, avant que d'attaquer la contrescarpe à laquelle ils sont attachés, il faut qu'il en chasse l'assiégé par la force, qui en les attendant de pied ferme, les éclairera avec des torches à feu & des lances, lesquelles jetteront à 30 ou 40 pas un feu qui s'attachera & brûlera ce qu'il rencontrera de combustible ; & si malgré ces feux d'artifice & le canon logé dans les Places d'armes retranchées qui doit raser les attaques de ces petits dehors, l'ennemi s'obstine à s'y loger, on doit abandonner l'ouvrage, jusqu'à ce que le logement commence à se faire ; pour lors ne restant plus que les travailleurs à découvert, il faut faire sortir 100 hommes armés pour attaquer la tête de la tranchée, pendant que 100 autres feront seulement le tour de l'ouvrage pour le nétoyer, & à force de grenades & feux d'artifices on reviendra à la charge ; si malgré vos efforts ils parviennent à faire ces logemens, vous les ferez sauter par les mines & fourneaux que l'on aura pratiqués dessous.

Les assiégés ayant fait les logemens sur le glacis, il faut travailler à faire des fourneaux sous le chemin couvert, & se tenir prêts à soûtenir l'assaut, mettre de bonnes troupes dans les Places d'armes, & employer toute la force tant du fer que du feu pour les repousser ; si on est obligé de se retirer : on fera sauter les logemens par les mines & fougades que l'on y aura pratiquées.

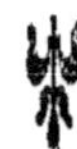

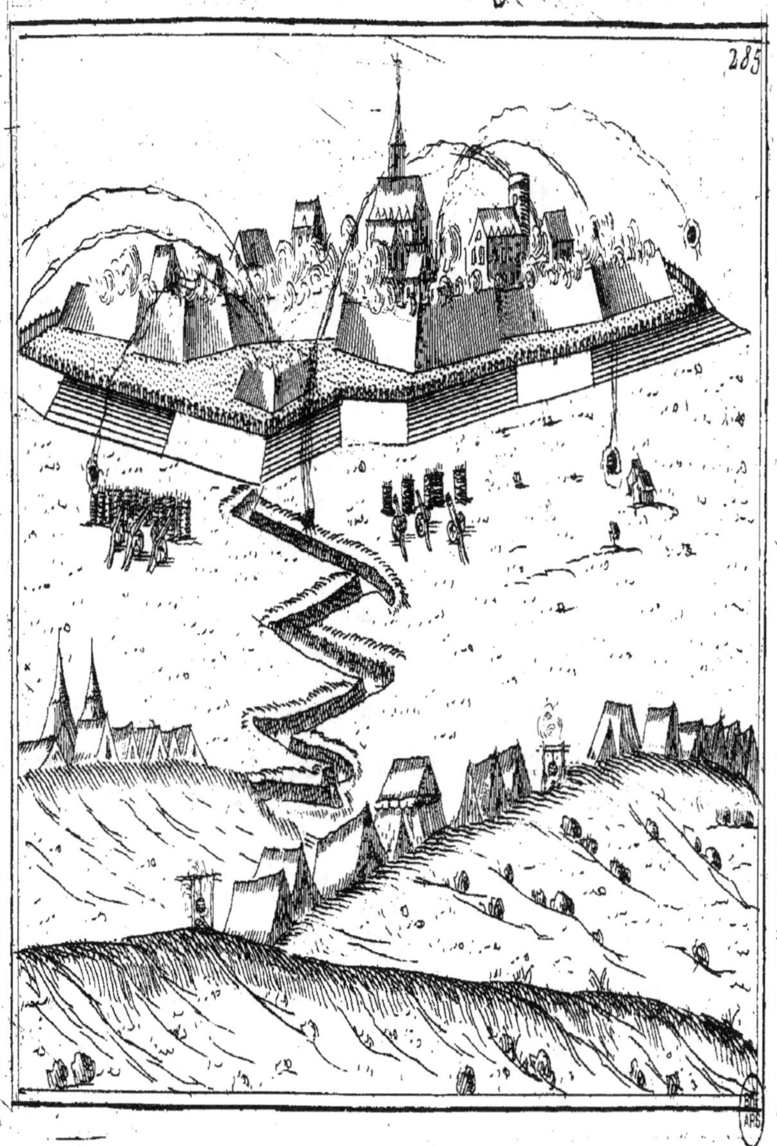

LEs affiégeans étant logés fur le chemin couvert, on ne doit rien épargner pour les faire retirer par des détachemens des meilleures troupes , & avec une vigueur intrépide les en chaffer, & combler leurs travaux; mais fouvent après s'être bien défendu, on eft obligé de fe retirer foi-même ; la nuit étant d'un grand fecours aux affiégeans pour le travail, on éclairera les foffez par des fauciffons gaudronnez, afin d'interrompre leurs travaux.

Lorfqu'ils tenteront le paffage du foffé pour attacher le Mineur, on fera un feu continuel de la tenaille & de la caponiere, & on difputera le paffage du foffé pied à pied, s'il eft fec, fi le foffé eft plein d'eau, il faut brûler l'épaulement que les affiégeans feront pour le paffage par les feux d'artifices que l'on jettera deffus , & aller au-devant du Mineur par les contremines. Enfin la brêche étant faite, on fera des retranchemens fur le terreplein de l'ouvrage & des contremines fous la brêche, & on fe mettra en état de foûtenir l'affaut & de repouffer l'ennemi, oppofant ce que l'on a de meilleures troupes; le canon des flancs retirés , grenades & bombes ne feront point épargnés , jettant dans la brêche des herfes, herfillons, chauffe-trapes, &c.

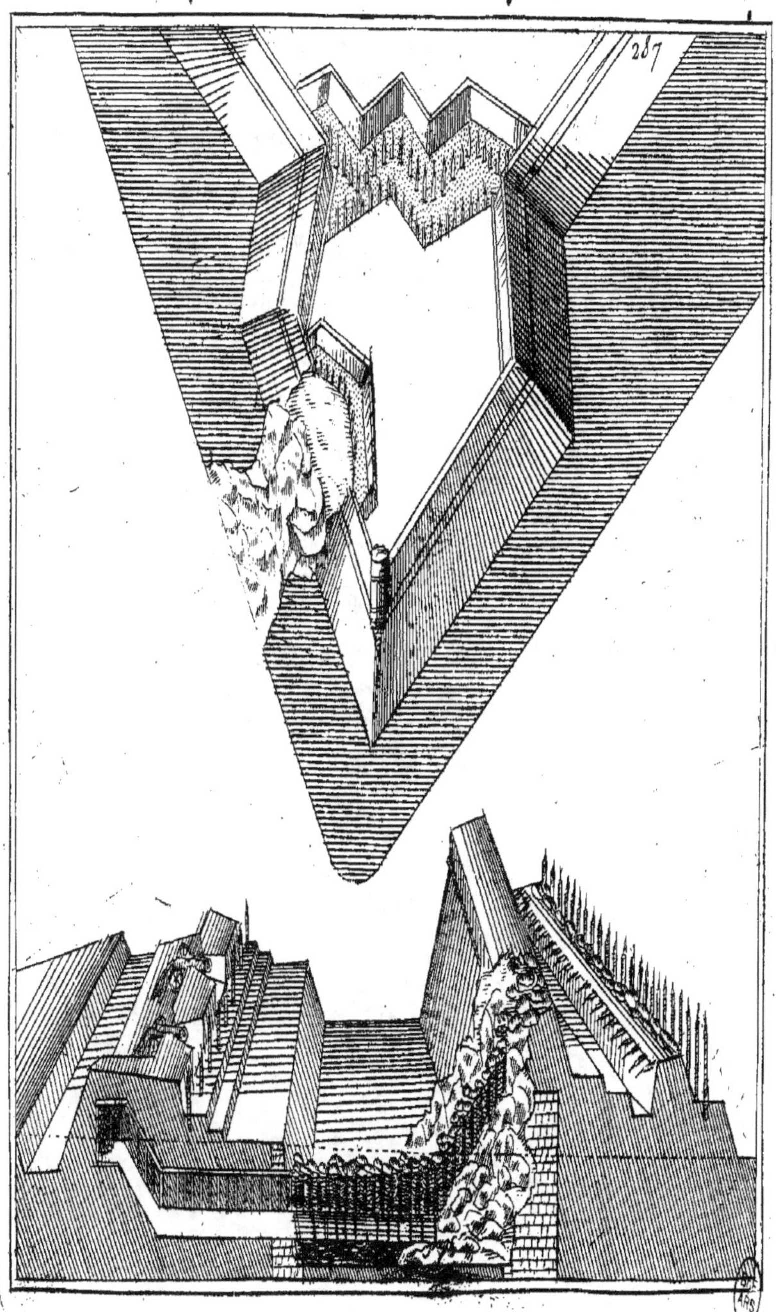

287

LEs choses étant dans l'état que nous venons de dire, la face du bastion toute déchirée, le fossé tout labouré, la garnison affoiblie, une partie des munitions consommées, les Soldats fatigués, & l'espoir du secours presque ôté, le Gouverneur doit en apparence songer à capituler ; mais il y a bien des choses encore à faire avant que de prendre ce parti.

On met toute la garnison sous les armes, on fait plusieurs retranchemens l'un devant l'autre sur le terreplein des bastions, derriere les brêches que l'on farcit de troupes ; on jette dans la brêche quantité de chausse-trapes, des herses & hersillons ; & on postera au haut de la brêche assez de troupes pour le combat ; & lorsque l'ennemi montera, on le chargera avec vigueur ; on roulera dans la brêche des tonneaux remplis de terre, & on fera tous ses efforts pour le repousser.

S'il parvient à s'y loger, on fera joüer les mines, mais n'ayant plus d'espérance de secours, ne pouvant plus tenir, & forcé d'abandonner aux ennemis une Place presqu'entiérement démolie, dont le débris servira de monument à la gloire du Gouverneur, il fera battre la chamade & arborera un drapeau blanc pour demander à capituler.

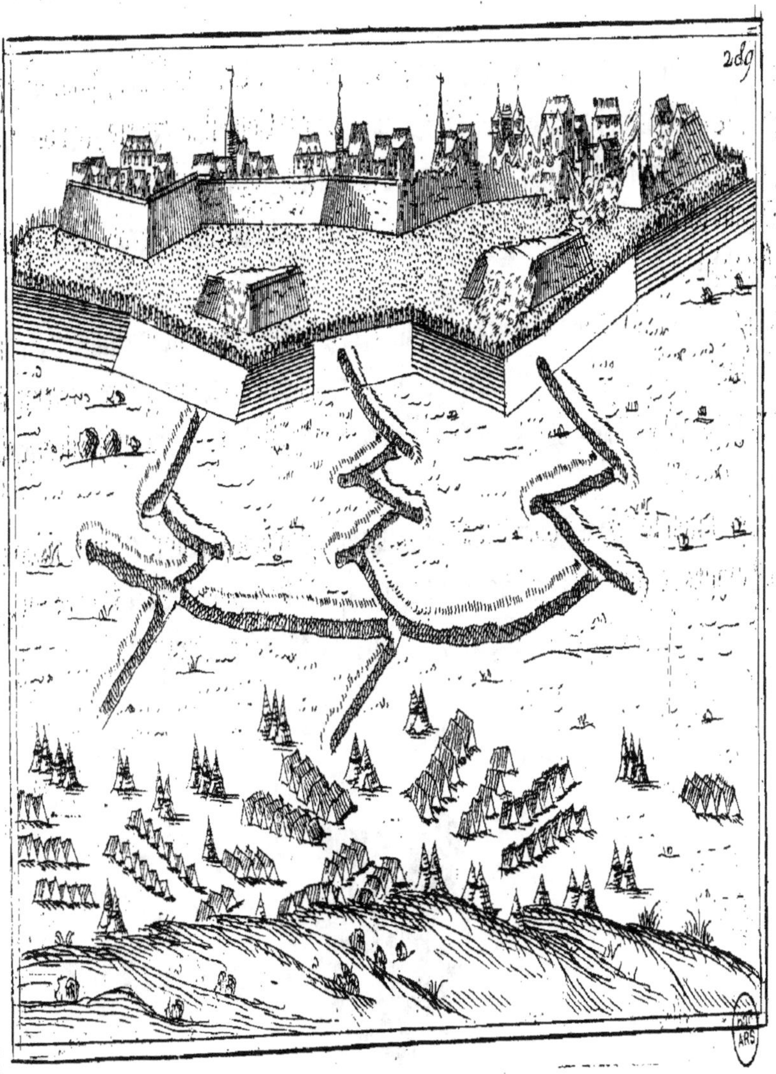

LE Gouverneur ayant fait battre la chamade & arborer le drapeau blanc, pour demander à capituler, le Général en étant averti il fera assembler le Conseil de guerre, & l'on enverra de part & d'autre des hôtages, jusqu'à ce que l'on soit convenu des conditions.

On ne peut parler au juste des Capitulations; car selon les différentes guerres, les Capitulations font dissemblables.

Ceux qui se défendent pour l'interêt de leur Prince & pour leur propre liberté, pourront demander qu'ils auront tous la vie sauve, & qu'il ne sera fait aucun tort ni injure tant aux Soldats de la garnison, qu'aux Bourgeois de la Ville; soit qu'ils sortent ou qu'ils demeurent dans la Place.

Que la garnison sortira tambour battant, Enseigne déployée avec plusieurs chariots couverts & piéces de canons, & tous les honneurs de la guerre; qu'ils se retireront où ils voudront, ou bien où le vainqueur lui imposera, & signeront de part & d'autre les conditions.

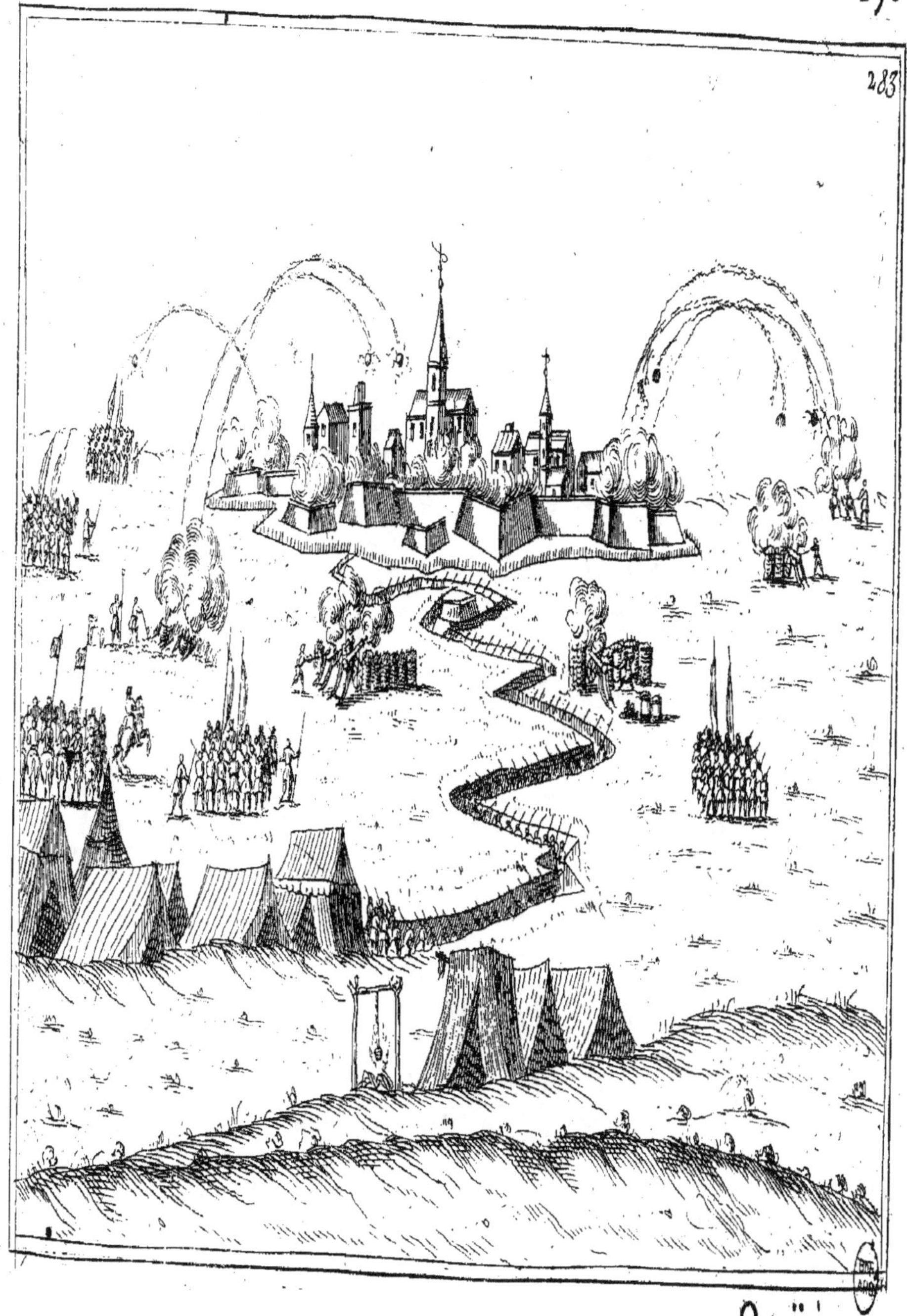

ECOLE MILITAIRE

QUATRIE'ME ET DERNIERE PARTIE.

QUI TRAITE

DE L'ARTILLERIE COMPRENANT LA FABRIQUE ET EFFET
de la Poudre; de la Conſtruction des Mines, Fourneaux & Fougades, &c.

LA Poudre est composée de salpêtre, de soufre, eau & charbon de chenevote ou de bois de saule, & coudre; sa composition est trois quarts de salpêtre, un demi-quart de soufre, & & un demi-quart de charbon pour chaque livre de Poudre.

Ces trois compositions se lient avec de l'eau commune; & pour donner le grain à la Poudre, on mettra la composition susdite dans un crible fait de parchemin, & percé de petits trous, selon la grosseur qu'on veut avoir la Poudre.

Quoique l'action de la Poudre enflammée, soit d'une force incomprehensible, on n'a pas laissé de trouver moyen de soûmettre ces effets à des regles certaines, par exemple, les canons de toutes espéces, & toutes les armes à feu dont on se sert, se chargent avec des quantités de Poudre mesurées.

1°. Pour enlever une toise cube de terre commune, il y faut employer 12, 15 ou 18 livres de Poudre, & pour les grosses murailles solides, il en faut 20 à 25 livres, selon que la Poudre est bonne.

2o. Pour contenir 80 livres de Poudre, il faut un peu plus d'un pied cube de vuide.

3o. La Poudre suit la loi naturelle des mécaniques, & agit toûjours du côte le plus foible.

4o. Si on fait une mine en terrain, dont la superficie soit de niveau, son effet formera un cône tronqué, renversé, dont la base sera double de la hauteur du cône entier; remarquez que si le terrain de la mine étoit sablonneux, on pourroit épargner le cinquiéme de la Poudre.

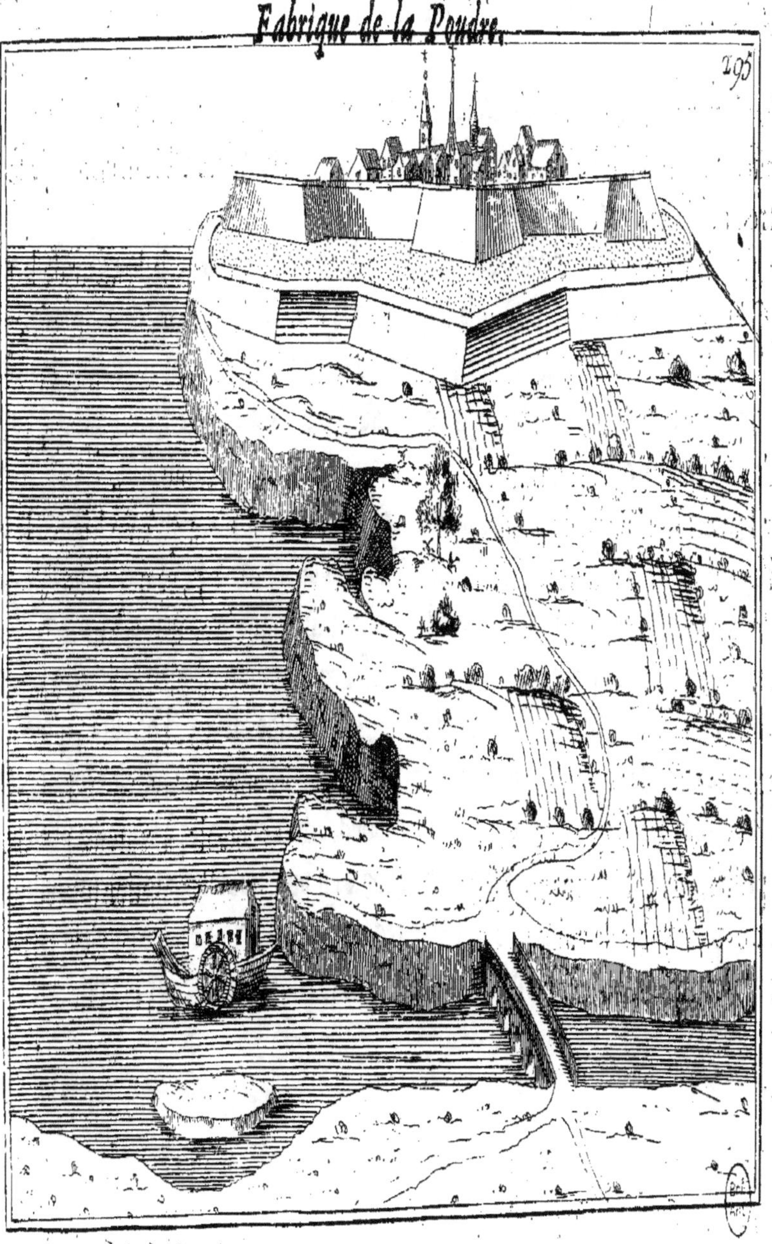
Fabrique de la Poudre.
295

L'Eboulement d'une mine eſt le trou ou l'excavation que laiſſent les terres qui en ont été chaſſées ; ce trou fait l'effet d'un cône tronqué, dont la chambre eſt le diametre de ſa baſe, & doit être double de ſa profondeur.

Suppoſons la largeur de la chambre A B C D, de deux pieds & demi, la hauteur de la terre au-deſſus G H, de 22 pieds ; ajoûtez-y la largeur de la moitié de la chambre ; ſçavoir, un pied & demi, la ſomme fera 23 pieds & demi ; ſuppoſons 24 pieds qui font 4 toiſes, multipliez 4 par 4, vous aurez 16 toiſes pour ſon quarré, que vous multiplierez encore par 4, pour avoir ſon cube 64 qui marque la quantité de cette excavation à peu de choſe près.

Pour ſçavoir la quantité de poudre pour charger la mine, il n'y a qu'à multiplier la quantité de toiſes cubes par 15 livres, c'eſt-à-dire, 64 toiſes cubes par 15, ce qui donnera 960 livres pour la charge de cette mine, à laquelle ajoûtant un cinquiéme à cauſe de la maſſonnerie, vous aurez 1152 livres pour la charge la plus raiſonnable : un pied cube de poudre peſe environ 80 livres ; ainſi diviſant les 1152 livres de poudre de la mine par 80, l'on aura 14 pieds, & peu plus pour le cube de la poudre ; mais la chambre des poudres doit occuper une eſpace d'un tiers ou environ plus grand que ce que le cube de la poudre doit contenir, à cauſe des planches, ſacs à terre, paillés, &c. qui ſervent pour ſa conſtruction, c'eſt pourquoi l'excavation totale doit occuper 18 à 20 pieds cubes de vuide ; ce calcul ſe réduit à ſuppoſer une mine en plein terrain, dont l'effet également retenu de tous côtez par le bas, ne ſe peut faire que par le haut.

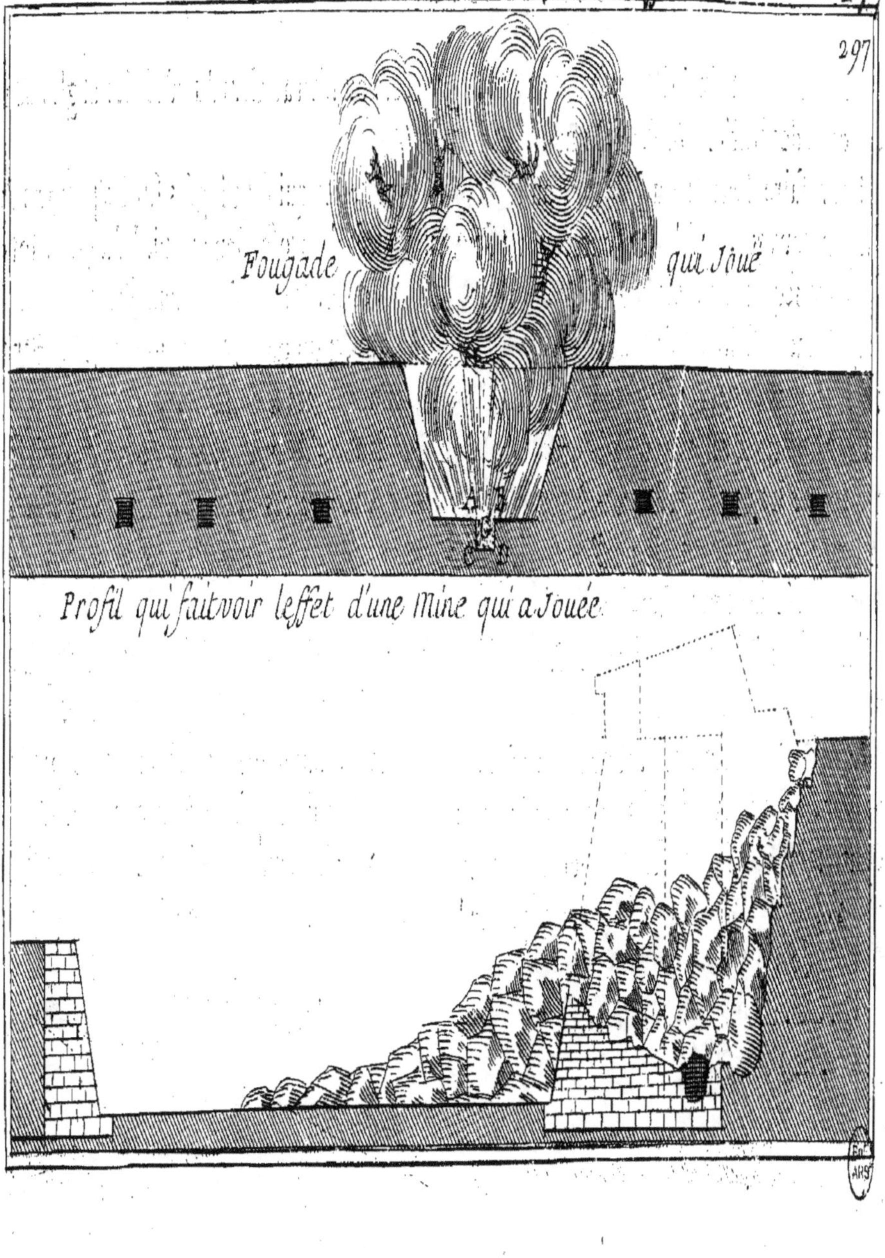

Fougade *qui Joüe*

Profil qui fait voir l'effet d'une Mine qui a Joüée

L'Attachement du Mineur se fait au milieu des faces ou bien au tiers du côté des angles flanqués des bastions & demi-Lunes.

Pour faire le trou du Mineur, on se servira des batteries qui sont logées sur les parapets du chemin couvert, qui lui en fonceront un de 4 ou 5 pieds de profondeur au pied du mur, lorsqu'il est sec, & à un pied au-dessus de la superficie des eaux, lorsqu'il est plein d'eau.

Le Mineur se logera dans ce trou, & se mettra à couvert du canon & du mousquet des flancs en fort peu de tems; il n'aura que les sorties & contremines à craindre.

Les Mineurs se relevent de 2 heures en 2 heures; pendant qu'ils avancent leurs ouvrages, on fait approcher les poudres, les sacs à terre, & les fumiers nécessaires au bouchement de la mine & galerie; les Charpentiers de l'artillerie préparent en même tems les étais, les bois, planches pour la galerie & pour boucher la mine.

La galerie doit avoir trois pieds & demi de haut sur deux pieds & demi de large, & quand on travaille aux rameaux, on leur donne deux pieds & demi de haut sur deux pieds de large.

Le Mineur doit exactement se méfier des contremines, écouter souvent s'il n'entend pas travailler, auquel cas, il faut le prévenir par une fougade qui étouffe le Contremineur dans sa contremine; pour cet effet, il se servira des tariers brisés de deux ou trois pieds, chaques brisures qui s'ajustent les uns aux autres, pour percer les terres, & dans ce trou y pousser une grosse gargouille de 10 ou 12 livres de poudre.

Ou bien d'un petit fourneau de 80 ou 100 livres de poudre, faite à la hâte pour enfoncer la galerie de l'ennemi.

299

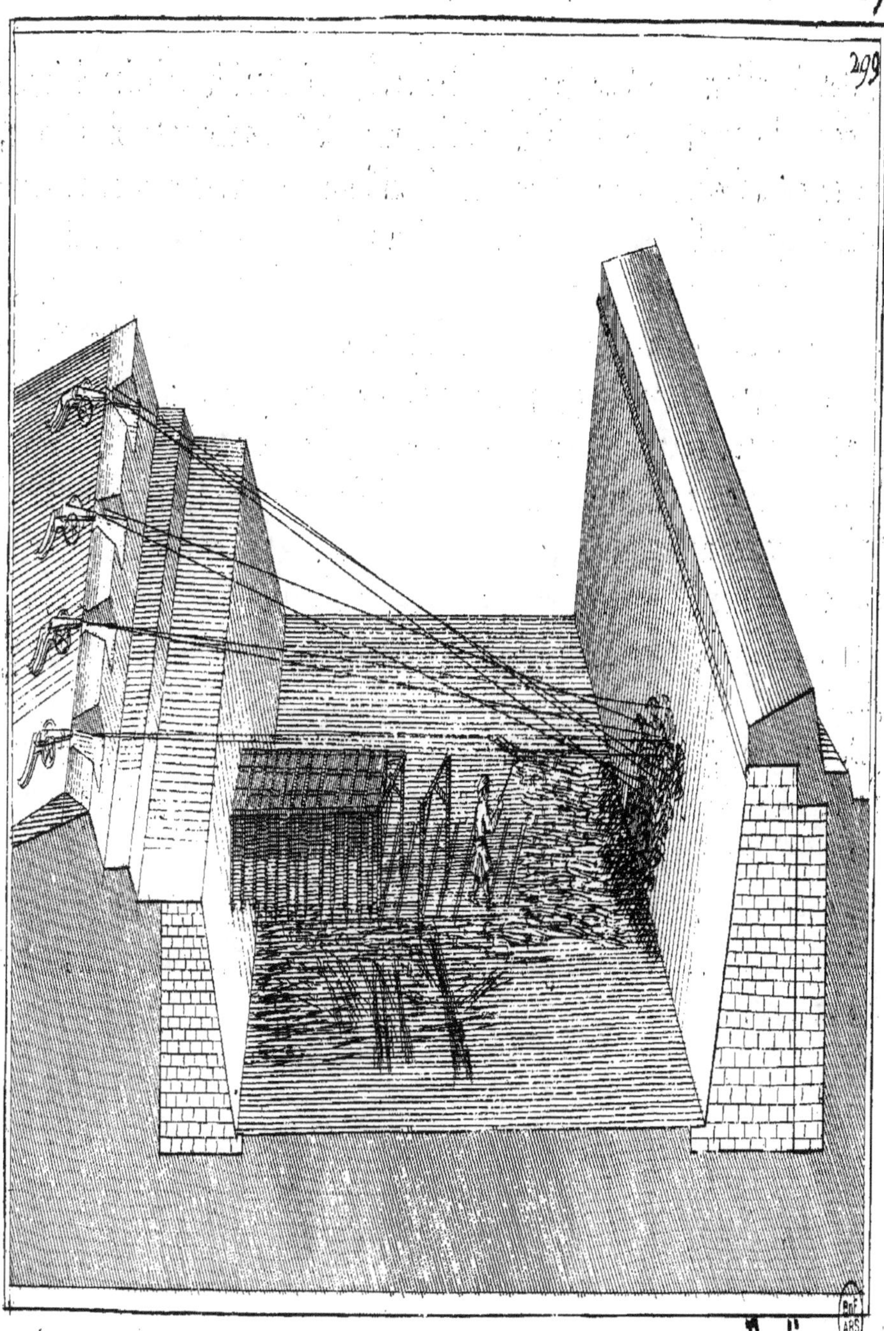

SUppofé que le rampart A foit de 30 pieds de haut, il faut donner à la profondeur de la galerie dans les terres fur le pied de la moitié de la hauteur; de forte qu'ayant 30 pieds de haut, le Mineur doit s'enfoncer de 14 à 15 pieds dans l'épaiffeur du rampart, & prenant la neuviéme partie de cette épaiffeur jufqu'à la mine, l'on aura 1 pied 8 pouces pour la mefure de la chambre en tous fens pour les poudres.

Et pour avoir la quantité des poudres qu'il faut, prenez le cube de cette épaiffeur ou enfoncement qui eft 15 pieds, viendra 3375; & retranchant la derniere figure de cette fomme, reftera 337 livres qui eft la quantité de poudres qu'il faut, à 18 livres par toife cube; & fi l'on ne vouloit donner que 15 livres par toife cube, comme la différence de 15 à 18 eft un fixiéme, il faudra retrancher un fixiéme de 337 livres; enfin, fi l'on ne vouloit donner que 12 livres par toife cube, il faudroit retrancher un tiers, parce que 12 eft un tiers moindre que 18, ôtant un tiers de 337 livres, le refte fera la quantité de poudre néceffaire à une mine enfoncée de 15 pieds.

De forte que s'il s'agiffoit d'ouvrir un rampart de 30 pieds de hauteur, il faudroit donner 15 pieds de profondeur à la galerie, 1 pied 8 pouces quarrés de chambre, & environ 337 livres de poudres, pour fa charge à raifon de 18 livres par toife cube.

Il y a tant d'inégalité dans la force des poudres, que le plus fûr eft de fortifier toûjours la charge plus qu'elle ne doit l'être par les regles, ne pouvant guéres faire de mal, au lieu que le moins en fera beaucoup.

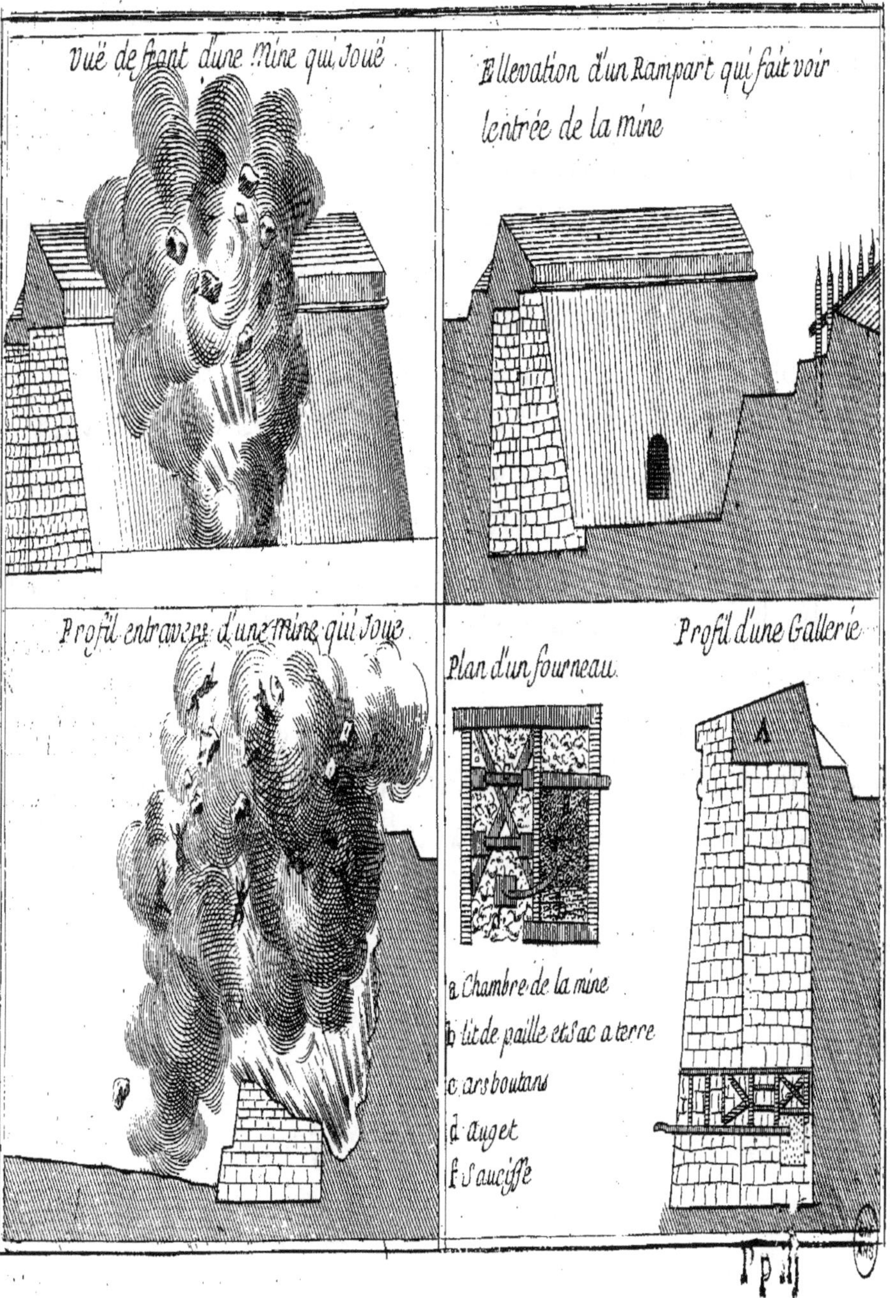
Vüe de front d'une Mine qui Joüe
Ellevation d'un Rampart qui fait voir
l'entrée de la mine
Profil entravers d'une mine qui Joüe
Profil d'une Gallerie
Plan d'un fourneau.
A
a Chambre de la mine
b lit de paille et sac a terre
c arsboutans
d auget
f Saucisse

IL y a de différentes Mines; sçavoir, la directe qui n'a qu'une chambre & une galerie, & qui se termine d'ordinaire à la racine des contreforts.

La Mine double ou en T, est celle qui après avoir percé l'épaisseur du revêtement, se sépare en deux rameaux, qui s'étendent derriere les revêtemens.

La Mine triple ou tréflée, est celle où non-content de deux fourneaux séparés, on en pousse un troisiéme dans les terres, qui va chercher le derriere des contreforts; celle-ci en embrasse ordinairement trois, & procure un grand éboulement de terre & une profonde excavation; ces fourneaux doivent être faits en égales distances les uns des autres, quand on le peut, mais les porte-feux doivent être nécessairement égales avec une grande justesse, avoir des augets & des saucisses prêtes, bien faites, celles-ci sont de long boudin de toille de grosseur à passer un œuf de poule, qu'on remplit de poudre, de maniere qu'elle y soit bien contenuë; pour construire la chambre des poudres, il faut faire le plancher de madriers, & répandre bien également sur ce plancher un pouce de paille recouverte par un tapis de sacs à terre vuides, après quoi on verse la poudre en tas, comme un monceau de bled.

Celui qui conduit la charge de la Mine, est un Officier Mineur, qui doit avoir grand soin d'introduire le bout de la saucisse dans le milieu des poudres; après cela on renferme la suite de la saucisse dans l'auget qui est conduit jusqu'à l'entrée de la Mine.

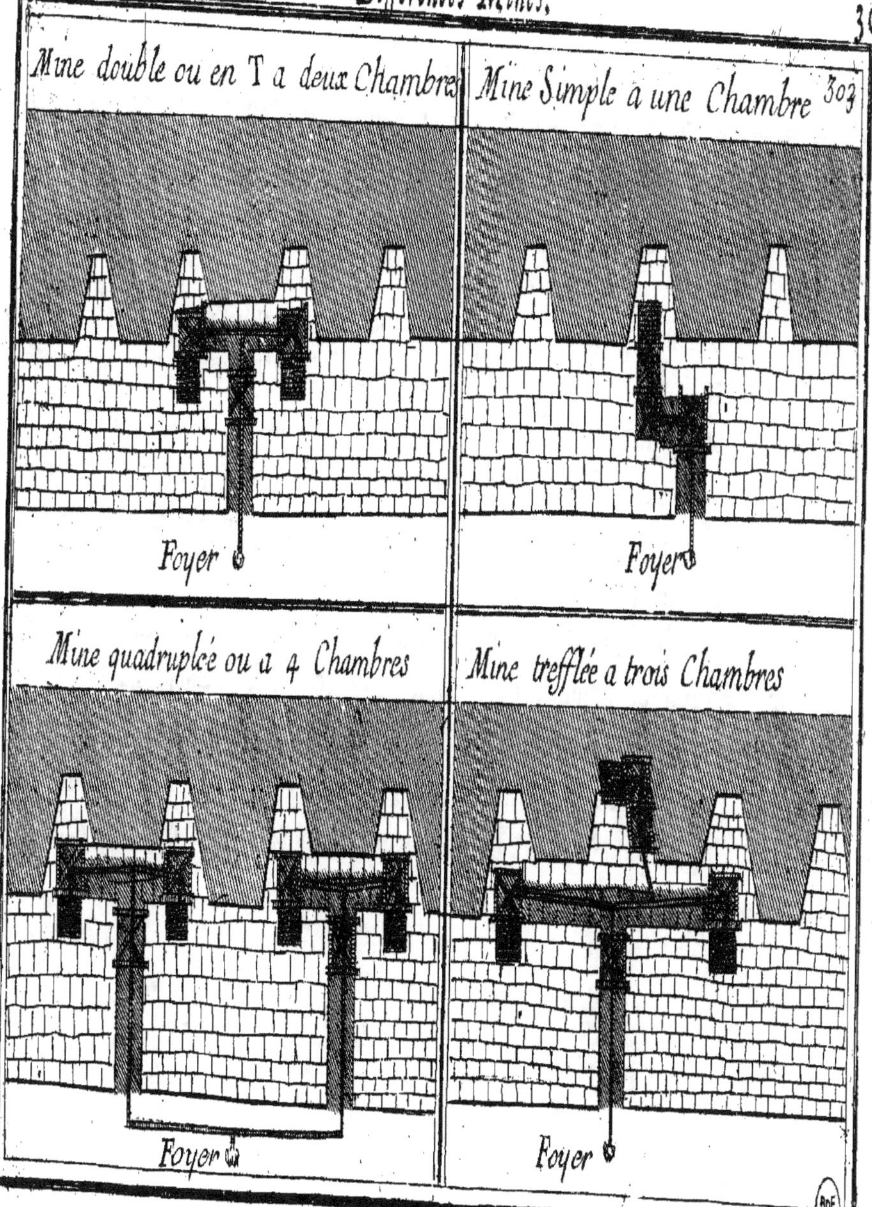
Mine double ou en T a deux Chambres
Mine Simple a une Chambre
303
Foyer
Foyer
Mine quadruplée ou a 4 Chambres
Mine trefflée a trois Chambres
Foyer
Foyer

LA Mine une fois chargée de la quantité de poudre qu'on y veut mettre, on travaillera à la boucher, & c'est ce qu'il y a de plus important à faire dans cette conduite ; la Mine se ferme par de bons madriers fort épais, joints l'un à l'autre, & bien contrebuttés ; on massonne tous les vuides avec de gros moëllons & du fumier qui lui sert de mortiers, serrant les joints avec quantité de bois.

Et on traverse souvent la galerie de madriers bien soûtenus ; ce qui s'observe dans toute sa longueur à la porte de la chambre ; au premier retour on se barre avec encore plus de soin avec des madriers bien contrebuttés d'étais, & on continuë de massonner avec la même application jusqu'à trois ou quatre retours qu'on ferme toûjours de même, prenant sur cela toutes les précautions possibles ; il faut aussi prendre garde que les augets ne se dérangent, & que la faucisse soit bien conduite & tenuë séchement.

Quand on juge que la Mine est suffisamment bouchée en-dedans, on en demeure là, & pour lors on établit le foyer ou le milieu de la Mine qu'on couvre soigneusement, en attendant l'ordre d'y mettre le feu & de se retirer ; après que la Mine a fait son effet, on fait reconnoître la brêche par les Ingénieurs, & les batteries de toutes espéces se tiennent en état de battre pour achever de l'applanir, & pour empêcher l'ennemi de s'y présenter, & les inquiéter dans leurs retranchemens.

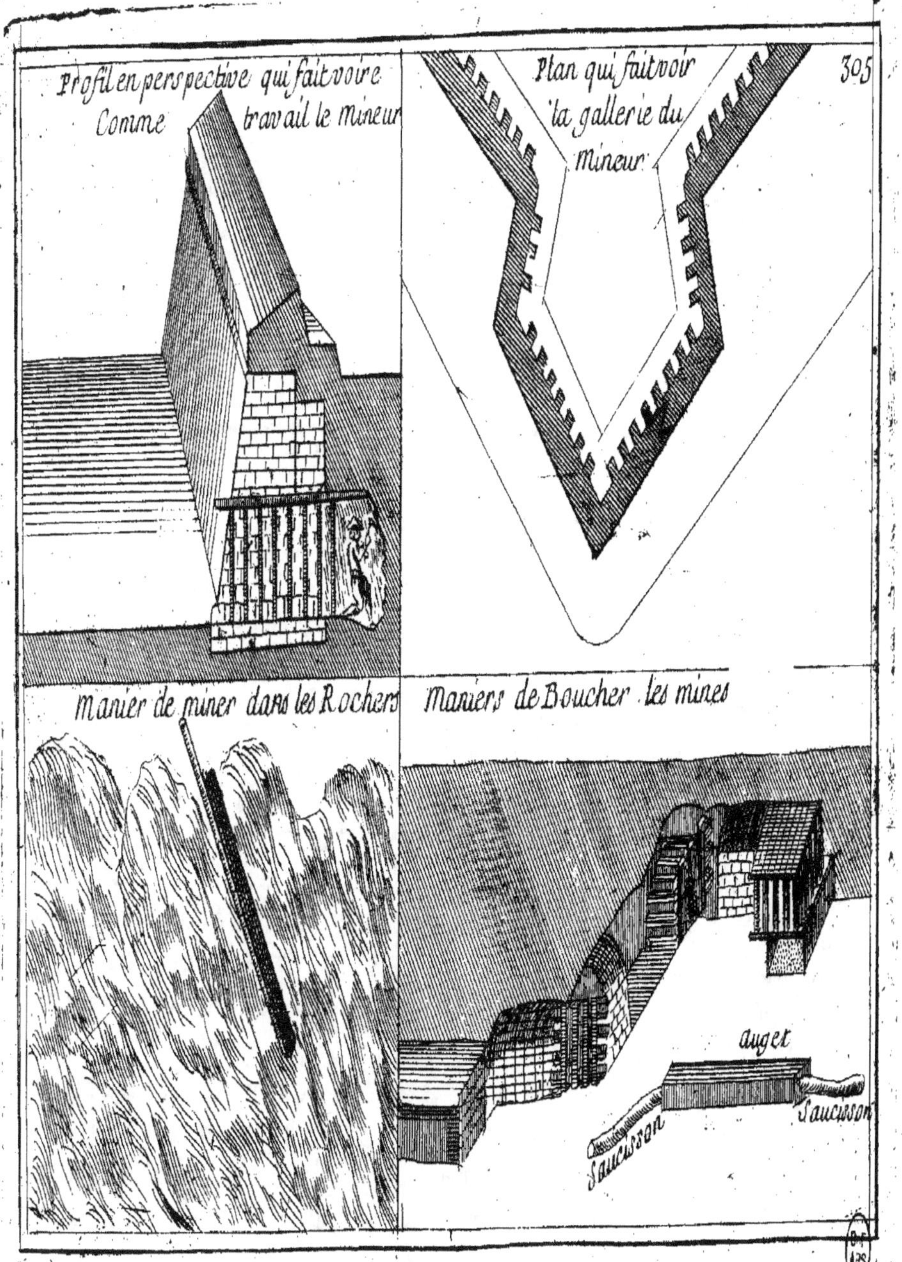
Profil en perspective qui fait voire
Comme travail le Mineur
Plan qui fait voir la gallerie du mineur
305
Manier de miner dans les Rochers
Maniers de Boucher les mines
auget
Saucisson
Saucisson

APPROBATION.

J'Ai lû par ordre de Monseigneur le Garde des Sceaux un Manuscrit intitulé ; *Ecole Militaire, ou la Fortification moderne.* Fait à Paris ce 22 Décembre 1734.

Signé PITAU.

PRIVILEGE DU ROY.

faire ledit Ouvrage ci-deſſus expoſé, en tout ni partie, ni d'en faire aucuns Extraits ſous quelque prétexte que ce ſoit, d'augmentation, correction, changement de titre ou autrement, ſans la permiſſion expreſſe & par écrit dudit Expoſant ou de ceux qui auront droit de lui, à peine de confiſcation des Exemplaires contrefaits, de trois mille livres d'amende contre chacun des contrevenans, dont un tiers à Nous, un tiers à l'Hôtel-Dieu de Paris, l'autre tiers audit ſieur Expoſant, & de tous dépens, dommages & interêts; à la charge que ces Préſentes ſeront enregiſtrées tout au long ſur le Regiſtre de la Communauté des Libraires & Imprimeurs de Paris, dans trois mois de la date d'icelles; que l'impreſſion de cet Ouvrage ſera faite dans notre Royaume & non ailleurs; & que l'Impétrant ſe conformera en tout aux Reglemens de la Librairie, & notamment à celui du 10 Avril 1725. & qu'avant que de l'expoſer en vente, le manuſcrit ou imprimé qui aura ſervi de copie à l'impreſſion dudit Ouvrage ſera remis, dans le même état où l'Approbation y aura été donnée, ès mains de notre très-cher & féal Chevalier, Garde des Sceaux de France le ſieur CHAUVELIN; & qu'il en ſera enſuite remis deux Exemplaires dans notre Bibliotheque publique, un dans celle de notre Château du Louvre, & un dans celle de notre très-cher & féal Chevalier Garde des Sceaux de France le ſieur CHAUVELIN; le tout à peine de nullité des Préſentes : Du contenu deſquelles vous mandons & enjoignons de faire joüir ledit ſieur Expoſant ou ſes ayans cauſes, pleinement & paiſiblement, ſans ſouffrir qu'il leur ſoit fait aucun trouble ou empêchement. Voulons que la copie deſdites Préſentes, qui ſera imprimée tout au long au commencement ou à la fin dudit Ouvrage, ſoit tenuë pour dûëment ſignifiée, & qu'aux copies colationnées par l'un de nos amés & féaux Conſeillers & Secretaires, foi ſoit ajoûtée comme à l'Original. Commandons au premier notre Huiſſier ou Sergent de faire pour l'exécution d'icelles, tous actes requis & néceſſaires ſans en demander autre permiſſion, & nonobſtant clameur de Haro, Chartre Normande & Lettres à ce contraires : CAR tel eſt notre plaiſir. DONNE' à Verſailles le trentiéme jour de Décembre, l'an de grace mil ſept cens trente-quatre, & de notre Regne le vingtiéme. Par le Roy en ſon Conſeil.

Signé SAINSON, *avec paraphe.*

Regiſtré ſur le Regiſtre VIII. de la Chambre Royale de la Librairie & Imprimerie de Paris, N°. Fol. conformement au Réglement de 1723. qui fait défenſes, Art. IV. à toutes perſonnes de quelque qualité qu'elles ſoient, autres que les Libraires & Imprimeurs, de vendre, débiter & faire afficher aucuns Livres pour les vendre en leurs noms, ſoit qu'ils s'en diſent Auteurs ou autrement; & à la charge de fournir les Exemplaires preſcrit par l'Article CVIII. du même Réglement. A Paris le 19. Janvier 1735.

Signé MARTIN, *Syndic.*

IL se trouve peu ou point de grandes Places qui soient absolument régulieres, la plûpart tiennent bien quelque chose du régulier, mais beaucoup plus de l'irrégulier, parce que les Villes ayant été bâties & fermées de murailles, ou fortifiées à l'antique, avant que la Fortification moderne fût en usage, on a profité autant qu'on a pu de ce que la vieille avoit de meilleur, pliant, accommodant, & même altérant les régles de la nouvelle Fortification en faveur de ce qu'on a trouvé de bon de la vieille ; c'est ce qui fait qu'on voit peu de Fortifications de grandes Places qui soient régulieres.

Tout est plein d'irrégularités & de pieces accommodées à la situation, hautes ou basses, plates ou coupées de Rivieres, ou accommodées à ce qu'il y a de vieux fait, & très-souvent, selon le caprice de ceux qui les ont bâties : on prend seulement garde qu'il n'y ait rien de contraire aux bonnes maximes de la Fortification, & c'est le mieux qu'on puisse faire ; & tout cela se réduit à observer que toutes les pieces se flanquent bien, que la ligne de défense ne soit pas trop longue, que les parties se soûtiennent l'une & l'autre, & se puissent entre-communiquer, & que tous les Parapets soient à l'épreuve du Canon, & ces mêmes pieces environnées de Fossés & Chemin couvert, palissadés, &c.

Quand tout cela est à peu-près observé, le reste tombe dans des régles fort communes, pour lesquelles on n'a souvent eu que de foibles attentions ; ainsi la diversité des situations contraint souvent les régles de se relâcher, & même de ceder & d'admettre des figures fort bisares, qui ne laissent pas que d'avoir du bon.

Il arrive aussi que le fort & le foible des Places se présentent fort diversement, & que les accès à ces mêmes Places y causent une infinité de diversités par la maniere dont la Fortification se présente aux attaques par l'inégalité des accès hauts & bas, par les entre-coupemens de leurs avenues, de Rivieres, Ruisseaux, Marais, & par la bisarrerie des couverts qui les environnent, par les multiplicités des dehors, bâtis en différens tems, & par des génies très-différens, par le refferrement des efpaces qui peuvent nous y conduire, & par je ne fçai combien d'autres accidens de terrain qui accompagnent prefque toujours les vieilles Fortifications.

Il faudroit autant de régles qu'il y a de Places, fi on vouloit propofer leurs attaques, c'eft ce qu'on n'entreprendra pas de faire, cela méneroit trop loin, on fe contentera de propofer une certaine quantité de Places de différentes figures, comme autant d'exemples capables de nous donner les diverfités néceffaires à l'introduction de celles qui peuvent avoir rapport avec elles.

PREMIER EXEMPLE.

Attaque d'un front de Place couvert d'un Ouvrage à Cornes.

De tous les dehors ajoutés à la Fortification, aucun n'égale en mérite les Ouvrages à Cornes bien placés, non fur le milieu des Courtines, comme on le fait communément, mais fur les capitales des Baftions, dont ils embraffent les faces entieres; en cet état leurs longs côtés font défendus du Canon des Courtines à feu rafant, & les mêmes côtés par deux demi-Lunes collaterales, qui leur donnent des flancs fichans de 40. à 50. Toifes chacun, qu'on ne leur peut ôter, parce que la tête de cet Ouvrage voit de revers fur l'attaque de ces pieces, & les foûtient jufqu'à ce qu'on s'en foit rendu maître.

Or, fuppofé la Place bien revêtue, l'Ouvrage à Corne, fa demi-Lune avec les deux demi-Lunes collaterales auffi revêtues, leurs foffés profonds & revêtus, & le tout envi- ronné d'un Chemin couvert bien conditionné, il eft certain que ce feroit une des plus grandes perfections qu'on put donner à la Fortification ; car il ne faut pas moins de tems, de précaution & de travail pour se rendre maître de ce seul Ouvrage que pour le front du corps d'une Place bien bastionnée, & quand cet Ouvrage à Corne est pris, la Place demeurant en son entier, il faut faire de nouvelles attaques contre la Place par le dedans de la gorge, qui est toujours un lieu fort difficile & fort dangereux ; jugez de son mérite par rapport à ceux qu'en érige sur la Courtine. Il faut sçavoir que pour s'en pouvoir rendre maître, il faut prendre son chemin couvert, sa demi-Lune, l'Ouvrage à Corne avec toutes les traverses, les deux demi-Lunes collaterales, ce qui ne vous méne qu'à un Bastion, que vous êtes après obligé d'attaquer par les deux faces avec beaucoup d'incommodité ; cependant tout cela ne produit que l'équivalent d'une attaque, & voilà cinq pieces à prendre contre les retranchemens intérieurs de cet Ouvrage, qui mérite encore considération ; mais quand ces Ouvrages à Cornes sont situés sur le milieu des Courtines, l'on n'a à prendre que le Chemin couvert, la demi-Lune de sa téte, la corne avec les traverses, quelquefois une demi-Lune, qui pour l'ordinaire est petite & de peu de défense, pour les supériorités que l'élévation du Rempart prend sur elle, tout cela ne fait que quatre pieces à prendre : cependant la prise de cet Ouvrage vous méne aux deux Bastions de la Place avec bien plus de commodité, que la premiere Corne ne fait à l'unique Bastion ; d'où il suit, que les Ouvrages à Cornes placés sur les capitales prolongées des Bastions, font en tout & pour tout préférables à ceux qui sont sur les Courtines, ce qui se pratique aussi présentement, autant que le terrain le peut permettre.

Lorsqu'une Place sera accompagnée de semblables pieces, on fera bien d'éviter autant que l'on pourra de les attaquer ; mais lorsque l'on sera obligé de le faire, il faut s'y prendre comme au corps de la Place, & y employer les Tranchées, Places d'Armes, Cavaliers, Batteries, Aricochets, &c. de même que par tout ailleurs ; & comme elles n'ont rien que de semblable aux attaques que nous avons déja décrites, nous n'en dirons rien de plus particulier jusqu'à la prise de la Corne ; mais lorsque l'on en sera maître, il faudra loger trois ou quatre pieces de Canon sur chacun des deux demi-Bastions, & six ou huit sur le milieu de la Courtine, pour être employés premierement contre les retranchemens & traverses du dedans, & 2°. contre le Bastion même, dont il faudra battre les défenses, & si on pouvoit le plonger assez bas pour battre en breche ce seroit le mieux ; si cela ne se peut, il faut occuper son Chemin couvert à l'ordinaire, & y établir des Batteries, comme il a été déja expliqué, pour faire breche aux deux faces dans le tems qu'on travaillera aux passages de leurs fossés. Pendant que la tranchée s'avancera par le dedans de l'Ouvrage à Cornes, on marchera aux demi-Lunes collaterales, dont la prise suivra celle de ce grand Ouvrage à quelques jours près : les dispositions de ces attaques sont les mêmes que les précédentes, depuis le Chemin couvert jusqu'à la Place, de même que la situation des Batteries intérieures, & les ruptures & rasement de Rempart à faire pour faciliter le chemin du Canon aux Batteries du Chemin couvert, c'est pourquoi je ne fais point de répétition.

SECOND EXEMPLE.

Attaque d'une Place située sur une grande Riviere.

Soit une Place dont l'attaque a été résolue, bâtie sur le bord d'une Riviere de 80. ou 100. Toises de large avec un Pont dessus fait de Bateaux, ou sur Pilotis, soûtenue à la tête par une espece de dehors ou petit Fort, & le front attaqué de cette Place renforcés par un Ouvrage à Cornes, & la tranchée supposée avancée jusqu'à la troisiéme Place d'Armes, nous reprendrons les attaques pour les conduire à leurs fins, suivant l'ordre ci-devant prescrit pour la disposition générale des attaques, dont il ne faut jamais s'éloigner jusqu'à la prise de la Corne, qui se fait comme à un front de Place; ce qui étant fait, il faudra établir des Batteries sur les demi-Bastions de la même Corne, comme dans le premier Exemple, & percer dans l'Ouvrage par les angles rentrans de la Courtine & des flancs, &c. & de-là marcher en avant vers les traverses.

A mesure qu'on se rend maître de cette Corne on doit couler le long des Chemins couverts de ces longs côtés, continuer la tranchée vers les Bastions : se dirigeant par les capitales, on s'approchera des angles du Chemin couvert, dont on se pourra emparer fort peu après la prise de la Corne ; le surplus se doit conduire à l'ordinaire, & pendant les prises de ces Ouvrages, il conviendra placer de l'autre côté de la Riviere des Batteries pour tirer au Pont & le couper, comme aussi aller par tranchée au petit Fort qui couvre ledit Pont ; le surplus de ces attaques tombant dans la conduite ordinaire, n'a pas besoin de plus grande explication.

TROISIE'ME EXEMPLE.

Attaque d'une Place entourée de fausses Brays.

S'il étoit question de l'attaque d'une Place où il y eût des fausses Brays, qui est une défense double, basse & rasante, très-contraire au passage du fossé de la Place, on pourra la rendre inutile par l'effet du ricochet qui est leur grand destructeur, & par les Batteries du Chemin couvert qui les enfilent de revers & de plongées ; de sorte qu'on les fait aisément abandonner. Comme l'ennemi y peut revenir de tems en tems, & faire abandonner le passage du fossé avec grande perte, pour peu qu'on y demeure, le mieux est d'en couvrir la tête par cette montagne de fascines, dont il est parlé au passage du fossé ci-devant : il faut ajoûter l'usage, toûjours prêt des Bombes & des Pierres.

QUATRIE'ME EXEMPLE.

De l'Attaque d'une Place ayant une vieille enceinte couverte de dehors à la moderne.

Quand on attaque de vieilles Places, dont les corps ne sont flanqués que par des tours à revêtemens, terrassés & fondés sur Berines ; comme il s'en rencontre assez communément, qui ayant de bons fossés sont d'ailleurs environnés de dehors, qui suppléent assez bien au défaut des Bastions, comme Tournay, Douay, Barcelone & autres, on attaque celle-ci par tranchée & batterie, auquel cas les Ricochets, Places d'Armes & sapes y peuvent être d'usage comme aux autres Places.

Soit donc un front de Place attaqué, ayant ses Remparts à l'ordinaire environnés d'un bon fossé tout autour & d'une ceinture de dehors.

Il en faudra diriger les attaques à l'ordinaire, y employant les trois Places d'Armes, les Lignes de directions, Batteries, sapes & tranchées, ainsi qu'à tous les autres. Il y a beaucoup de vieilles Places qui sont fortifiées de la sorte, & qui ne laissent pas d'être assez bonnes, mais cette bonté ne va pas bien loin ; car si le fossé est sec, & les dehors de terre non revêtue, de grosses Batteries bien placées les mettront bientôt en désordre par la rupture de leurs fraises & palissades, & par le déchirement de leurs gazonnages, & de leurs hayes vives, s'ils en ont.

Rarement après le Chemin couvert perdu, & les descentes & passages de fossés avancés, les Garnisons attendent une insulte générale, principalement si le corps de la Place est fort endommagé & ouvert ; c'est pourquoi il faut aussi se prolonger sur les Batteries à ricochets, & battre en bréche de celle des Places d'Armes en même-tems qu'on travaille au passage des fossés ; la défense de ces dehors de terre à fossés secs est fort dangereuse quand les Batteries des Assiégeans font bien leurs devoirs ; car croisant de toute part, il n'y a guére de fraise ni de palissade qui n'en soient rompues.

Si les fossés sont pleins d'eau, c'est autre chose, on peut attendre le passage du fossé à toutes les piéces, tant que leurs communications avec la Place peut subsister, mais quand elles sont rompues, il est fort dangereux de les soûtenir de vive force ; car si elles sont vivement battues de Canon & de Bombes, il est difficile que les retranchemens, non plus que les communications puissent subsister, auquel cas le plus sûr pour ceux qui les défendent, quand ils se voient en cet état, est de n'y hasarder que peu de monde à la fois, & de ne pas attendre l'extrémité.

Il n'en est pas de même du corps de la Place s'il a un bon fossé : comme on ne pourra l'aborder que par les comblemens & passage qu'on y fera, la Garnison selon qu'elle sera forte pourra hasarder d'y soûtenir un assaut ou deux, parce qu'on ne pourra aller à eux qu'en défilant ; mais il n'en seroit pas de même, s'il y avoit des Batteries à ricochet qui enfilassent le Rempart par les deux bouts, pour lors il ne seroit pas au pouvoir de la Garnison de s'y présenter en grosse troupe, à moins d'être fréquemment traversée, ce qui ne seroit pas capable d'empêcher qu'ils ne fussent emportés si les bréches étoient grandes, & les Assiégeans en état de s'assembler au pied des bréches avant que de monter.

CINQUIE'ME EXEMPLE.

Attaque d'une Place située dans un Marais.

Suppofons une autre Place tellement environnée de Marais, qu'on ne la puiffe aborder que par des chauffées.

Si le Marais a quelque écoulement, il ne faudra pas manquer de le rechercher & de le deffécher tant qu'on pourra, c'eft-à-dire, en tout ou en partie, & de détourner en même-tems les eaux qui les forment & entretiennent, foit Ruiffeaux ou Rivieres, ce qui fe doit faire dès le commencement du Siége, & fe fait affez facilement en pays plat; mais fi tout cela ne fuffit pas & qu'on n'en puiffe venir à bout, il faudra s'y prendre d'autre façon, & tâcher de l'aborder par les chauffées, auquel cas on examinera la largeur, l'élevation au-deffus du Marais, & le terrain fec de leur droite & de leur gauche qui les bordent, & fur-tout fi elles font enfilées de la Place en tout ou en partie; fi les chauffées n'ont d'élevation que celle qui eft néceffaire au deffechement des chemins, c'eft-à-dire, prefque au niveau du Marais, cela ne vaudra rien, parce qu'on ne fe pourra enfoncer fans trouver l'eau.

Si la chauffée eft étroite comme de deux Toifes ou au-deffous & enfilée, elle ne vaudra rien non plus, parce qu'on ne s'y pourra conduire par détours, fi elle n'eft point accompagnée à droite ou à gauche de quelque terrain fec qui puiffe fervir à placer du Canon, il n'y aura pas moyen d'y rien faire; mais fi la chauffée étoit de 5, 6 & 7 Toifes de large fur 3 ou 4 pieds, ou 5 pieds de haut, avec de bons taluds des deux côtés, qu'il y eût quelque terrain aux environs élevé d'un pied, ou deux ou trois pieds au-
deffus

deſſus de la ſuperficie du Marais, & que pluſieurs autres chauſſées pareilles concourent à la même avenuë, on pourra s'en ſervir faute de mieux.

Il faudra examiner où on pourra placer les Batteries à ricochets & à bombes, & le faire à droite & à gauche des chauſſées tant que l'on le pourra, pour n'en point embaraſſer la tranchée que le moins qu'il ſera poſſible; que ſi le terrain eſt ſi ingrat qu'on ne puiſſe trouver où les mettre, on les placera ſur les chauſſées en les faiſant à redans.

Le Siége de Mons a été une eſpece de compoſé de tout cela; car on détourna la Troüille de ſa place, & tant que le Siége dura, on travailla à l'écoulement des Marais qui avoiſinent la ſortie de cette Riviere de la Ville, & on marcha toûjours par des avenuës fort étroites.

SIXIE'ME EXEMPLE.

Attaque d'une Place ſituée ſur une hauteur.

Suppoſons préſentement une Place d'une autre eſpece, ſituée ſur une hauteur qui préſente par ſon foible un front ſi élevé & dont l'avenuë ſoit ſi étroite, qu'on ne puiſſe trouver où placer le ricochet, tel à peu près qu'au front attaqué de Charleroy & Château de Namur, & qu'il eſt au Fort S. Pierre de Fribourg, au Fort S. André de Salins, & aux Citadelles de Perpignan & de Bayonne, où l'on ne peut pas y obſerver toutes les régles ci-devant preſcrites, ni poſter des Batteries à ricochets par tout où il en ſera beſoin; en ce cas il faut faire en partie ce qu'on ne peut faire en tout, & les placer où on peut; car il n'y a point de Place quelque avantageuſe ſituation qu'elle ait, qui ne préſente toûjours quelque partie foible qui peut être priſe.

Si la ſituation eſt bien reconnuë & le ricochet placé, il eſt rare qu'on ne trouve moyen d'enfiler quelqu'unes des piéces attaquées ; & c'est à cela qu'il se faut principalement attacher, sans toutefois cesser d'agir contre les autres par les voies ordinaires. Quant à celles qui ne peuvent être battuës à ricochet pour être trop élevées, il faut voir à quoi peut aller cette élévation à peu près ; car si une piéce n'est élevée au-dessus de la situation du ricochet que de 5, 10, 15 à 20 Toises, & que la Batterie soit distante de 250 à 350 Toises, on pourra l'enfiler par plongées : il n'y a qu'à bien régler la charge & molir le ricochet, jusqu'à ce qu'on voye entrer le boulet dans la piéce en fleurant le parapet.

Quand on ne pourra pas plonger le ricochet directement sur l'enfilade, il faudra l'ajuster un peu plus au-dessus ou au-dessous, il ne laissera pas d'être encore bon & de faire effet, mais moins grand que quand il est direct.

Au surplus lorsque la situation est tellement avantageuse qu'on ne peut pas trouver où placer les Batteries à ricochet, il faut avoir recours aux Batteries directes, & les faire croiser tant qu'on peut. Mont-Royal, ci-devant l'une des meilleures Places de l'Europe, étoit absolument inaccessible au ricochet, quelque côté qu'on pût tourner.

Toutes les Places qui sont situées sur des élévations plus grandes que 12 ou 15 Toises, sont presque hors d'atteinte du ricochet, parce que quand il faut pointer le Canon si haut, l'affut ne le peut soûtenir ; ou bien il faut mettre une charge si foible, que le boulet n'a pas la force de s'élever contre ces sortes de Places ; on trouve ordinairement de l'avantage à couler le long des Remparts, on n'y est pas fort vû, & le terrain est meilleur ; mais il faut en même-tems marcher par le haut, autrement les sorties seront fort dangereuses pour les tranchées qui se trouvent dans le bas.

Il y auroit beaucoup d'autres choses à dire sur l'attaque des Places de toutes especes, mais on n'auroit jamais fait ; car comme il n'y en a pas une qui se ressemble de figure ni de situation, il n'y en a point qui ne nous oblige à mettre quelque diversité dans nos attaques, & lorsque l'observation des régles devient impossible en tout ou en partie, il faut que le bon sens y supplée, mais il faut toûjours avoir en vûë de ne s'en éloigner que le moins que l'on peut; il y en a même de générales qui se peuvent observer presque par-tout, comme de ne se pas enfiler sans couvrir l'enfilade par des traverses, de ne point faire de ligne inutile, de marcher à la sape dès que la tranchée devient dangereuse, d'appuyer toûjours la tranchée par de bonnes lignes paralleles ou Places d'Armes, & de placer la derniere tout contre le chemin couvert; à quoi si l'on ajoûte le bon usage des Batteries de toute espece, on ne fera que très-peu de fautes, quelques Places que l'on puisse assiéger.

SEPTIE'ME EXEMPLE.

De l'attaque des Places situées sur des sommets de Montagnes & sur des Escarpemens.

Dans l'exemple précédent nous avons supposé que la Place étoit située sur une hauteur médiocre, mais il s'en trouve de beaucoup plus élevées sur des sommets de Montagnes, & sur des Rochers presque inaccessibles, avec des escarpemens naturels ou faits à la main qui les avantagent considérablement; & qui méritent bien qu'on en éclaircisse les attaques un peu plus amplement.

Il y en a qui n'ont d'accessible que par les avenues de leurs entrées, qui sont pour l'ordinaire étroites, pierreuses & pleines de rocs, dont la superficie est pelée & les abords très-peu spacieux pour des attaques, & nullement propres pour les Batteries à ricochet & les Places-d'Armes, ni même pour les petits cavaliers du chemin couvert; telle est en partie Luxembourg, & telle étoit Mont-Royal, la Motte-Clermont, Hombourg & Bitche;

petites Places qui étoient très-bien fortifiées en leurs tems, & dont la plûpart font démolies.

De telles Places font ordinairement petites, incommodes pour les abords du commerce néceffaire à leur entretien, fujettes à manquer d'eau, très-aifées à bloquer, & de très-petite conféquence pour la Guerre de Campagne, à moins qu'elles n'ayent des Villes qui leur foient attachées, aufquelles elles fervent de Citadelle; celles qui n'en ont point ne font bonnes qu'à établir les contributions, inquieter les Pays voifins & les Armées par leurs partis, comme en Franche - Comté, le Château de Joux, le Fort S. André & le Château Bellin, & plufieurs autres; & telles furent encore Longuy & Clermont, Sirek & Moufon.

Dans les Siécles paffés il y en avoit une infinité d'autres; car on ne fortifioit guere que fur des hauteurs prefque inacceffibles, qui ont été démolies & la plûpart abandonnées à caufe de la difficulté de leur accès, parce que ces Places ne pouvant contenir que des Garnifons foibles & de peu d'entreprife, on ne peut faire d'entre-pôts ni de magafins pour les Armes, à caufe de leur petiteffe & de la difficulté de leurs abords toujours roides, difficiles & embaraffans pour les Chariots, mais elles font excellentes pour contenir le Pays conquis à peu de frais, inquieter le Pays ennemi, & y attendre la contribution.

Il en refte encore un grand nombre de femblables dans les pays de Montagnes : il y en a fur-tout dans les Royaumes d'Arragon, de Valence & dans la Catalogne, qui ont donné beaucoup d'affaire aux Armées du Roy d'Efpagne, & qui ont empêché pendant long-tems la reddition entiere de ces Royaumes, comme Venafque, Cardonne & autres.

Les Siéges les plus convenables à la réduction de ces Places font des Blocus de 3, 4, 5, 6, 7 & 8 mois, pendant ce tems-la leurs munitions fe confomment, & leurs Garnifons s'affoibliffent par la défertion; fi cela ne fuffit pas pour la réduire, on prend fon tems pour les attaquer ; c'est ainsi que se firent les Lignes de Clermont & de Mouroy, après avoir été bloqués cinq ou six mois.

Quand des Lignes commencent par des blocus, on saisit les avenues, on resserre la Place le plus près que l'on peut, on les circonvalle quelquefois avec des Lignes & des Forts, quand elles sont un peu considérables.

On prend enfin toutes les mesures possibles pour empêcher qu'il n'y entre ni secours ni vivres : de tels Blocus ne se pratiquent plus gueres, & depuis le Siége de Perpignan par le feu Roy, nous n'en avons point vû en France, que celui de Montmelian & de Bercelles, en Italie pendant les dernieres Guerres en Allemagne, Hongrie, Transsylvanie, Croatie & Dalmatie ; on a eu souvent recours à cet expedient pendant ces dernieres Guerres de l'Empereur & des Venitiens contre les Turcs, qui ont été terminées par le Traité de 1698.

Lorsque les Blocus se font par des corps médiocres, ils prennent des quartiers à quelques distances de la Place, d'où ils harcellent sans cesse la Garnison & les Habitans par des partis, & en rodant tout au tour, battant l'estrade le jour & la nuit sur les avenues, pour empêcher que rien n'y entre ni en sorte. Quand le Blocus se convertit en Siége réglé, on resserre davantage la Place, après avoir pris toutes les précautions possibles contre les secours, & fait des préparatifs nécessaires, on ouvre enfin la tranchée par les avenues les plus praticables ; sur quoi on doit observer trois choses, 1°. D'éviter tous les endroits inaccessibles ; 2°. De ne point attaquer par des rampes unies & fort roides, le long desquelles les ennemis puissent rouler de grosses pierres, bombes, barils, foudroyans, chevaux de frise roulans, chariots de pierres & de feux, & d'autres artifices ; 3°. De ne point attaquer par des lieux trop sujets aux plongées de la Place, & tout-à-fait dénués de situation qui puisse avantager les Batteries & Places-d'Armes, mais bien les plus accessibles, & où le terrain sera moins contraire ; car il est certain qu'il n'y a point de Places élevées, où il n'y ait des accès plus favorables les uns que les autres.

Après donc que par d'exactes observations on sera bien assûré du fort & du foible de la Place, & ensuite déterminé sur le choix des attaques, il faudra faire comme aux autres Places, dont il a été parlé ci-devant, & y employer le couvert & découvert, la sape, les Places-d'Armes & les Batteries directes, au défaut des ricochets, & pour que les Lignes ou Places-d'Armes ne puissent envelopper le front de l'attaque, autant qu'il sera à desirer, il ne faut pas laisser d'en accompagner la tranchée, quand elle n'auroit que 50, 60 à 100. toises d'étendue, afin de pouvoir soûtenir ce que l'on poussera en avant, placer du mieux qu'il sera possible les Batteries, & sur-tout qu'elles découvrent bien ce que l'on voudra battre, qu'elles croisent autant qu'il sera possible sur les défenses, il les faut grossir de plusieurs piéces, afin qu'elles puissent faire de grands effets en peu de tems.

Les Batteries à bombes & à pierres bien placées doivent aussi être d'un bon usage contre ces petits lieux, qui étant pour l'ordinaire serrés, pierreux, pleins de rocs & rocailles, sont sujets à beaucoup d'éclats ; c'est à la faveur de toutes ces Batteries qu'il faut pousser la tranchée jusqu'au pied du glacis, & là établir la demi-Place d'Armes à 14 ou 15. toises du chemin couvert s'il y en a, pour après qu'elle sera bien achevée, & abondamment munie de tout ce qui lui sera besoin, pouvoir insulter le chemin couvert avec avantage, & après avoir bien ruiné les défenses & labouré le haut de son parapet, & mis sa palissade dans le plus grand désordre qu'il sera possible par le Canon & par les Bombes ; mais parce que ces palissades ne se ruinent pas à beaucoup près si facilement par les Batteries directes que par les revers & ricochets, il faudra faire de grands amas de facines, de sacs à terre avant l'attaque, tant pour fournir au logement du chemin couvert, que pour en pouvoir faire jetter une quantité entre les palissades & le bord de son parapet par les gens armés, afin de se faire un passage.

Ce logement fait & bien établi, il faudra suivre les régles générales le mieux qu'on pourra, c'est-à-dire, placer du Canon sur le haut du parapet du chemin couvert pour battre en bréche, faire des trous de Mineurs & travailler aux descentes, soit en perçant par-dessous le chemin couvert, si le Fossé est profond, ou à ciel ouvert, s'il ne l'est pas, trouver après cela moyen de battre les flancs du Canon, des Bombes & des Pierres, ce qui n'est pas toûjours aisé.

A Montmedy on ne put battre le flanc de la droite de l'angle rentrant du chemin couvert vis-à-vis le milieu de la courtine, l'angle faillant opposé manquant d'espace, & étant d'ailleurs trop sous le feu des grenades du Bastion devant lui, & trop opposé au revers & écharpes de sa gauche ; comme ce flanc étoit couvert d'un petit orillon, on fut assez long-tems à l'abattre, sans le pouvoir démonter tout-à-fait.

Il se trouve souvent que les revêtemens de ces Places sont de grands escarpemens de roc au pied, il en faut bien examiner la hauteur pour voir si l'éboulement des bréches à Canon pourroit s'élever jusqu'au défaut du roc, & s'il n'y a point de défaut ou veine dans le Rocher qui puisse favoriser l'attachement du Mineur ; & enfin si le roc est dur, mol, à bancs rompus, ou par feüillets.

A Montmedy on trouva bien un grand escarpement au pied du Bastion, mais en même-tems le roc étoit plein de veines, dont on se servit pour l'attachement du Mineur : il est aussi à remarquer, qu'on perça dès la moitié du glácis par-dessous le chemin couvert de cette Place, trois descentes de Fossés, qui débouchérent en même-tems au niveau de son fond, ce qui donna moyen d'y mettre du monde, pour attacher & soûtenir le Mineur, qui sans ce secours n'y auroit pû tenir, parce que le Canon du flanc gauche tourmentoit beaucoup son logement, & y tua du monde avant que le flanc fût démonté ; l'ennemi y jetta d'ailleurs une infinité de feux d'artifices, Bombes & Grenades qui firent beaucoup de peine, jufqu'à ce que le Mineur fût tout-à-fait enfoncé dans le roc; c'eft fur quoi il faut extrêmement fe précautionner.

A Stenay les Affiégés allumerent un grand feu au pied du Baftion de la gauche devant le trou du Mineur, qui l'en chaffa fans retour.

Au premier Siége de S. Menehould, les Mineurs furent chaffés de leurs trous, & l'ennemi obligé de changer d'attaque. Au Siége de Mouron les Affiégés firent un fi grand feu au pied de la bréche, qu'on fut deux jours fans en pouvoir approcher; cela s'eft vû à plufieurs Places, & l'on avoit propofé de faire la même chofe au dernier Siége de Lille, fi les munitions avoient permis d'attendre l'affaut. A Clermont on s'y prit autrement, on attacha trois Mineurs prefqu'en même tems, l'un fous la pointe d'une grande demi-Lune, bâtie fur le panchant de la Montagne qui couvroit l'unique partie de cette Place, dont le revêtement étoit beau & très-épais fans contre-forts; c'eft pourquoi les faces n'étoient point terraffées, mais feulement les flancs d'une épaule à l'autre, foûtenus par un deuxiéme revêtement formé en portion de cercle; les deux autres mines étoient ouvertes à moitié du glacis, les galleries étant pouffées plus de trente pieds au-deffous du Chemin couvert, dont on ne pouvoit fe rendre maître à caufe de la trop grande proximité des Baftions, dont le pied ne laiffoit que deux toifes entre lui & le parapet du Chemin couvert, fans foffés entre-deux : on pénétra plus de trente pieds fous le corps de la Place, & on y fit trois mines, dont la premiere devoit être chargée de 1600 livres de poudre, la deuxiéme de 6000 liv. & la troifiéme du côté du Bourg, pouffée fous la partie appellée Donjon, devoit l'être de 16 à 18 mille livres.

Ces mines étoient prêtes à charger, & on en attendoit de terribles effets; mais il eft fûr que celle de la demi-Lune n'auroit fait qu'ouvrir le premier revêtement, & que le refte n'auroit pas fuivi, parce qu'il n'y avoit rien que le retranchement derriere qui étoit long & très-bien revêtu.

Il

Il y avoit beaucoup d'apparence que les deux autres auroient fait de grands escarpemens, & que les bréches n'auroient pas été accessibles, on les fit voir aux Ennemis dans
le tems qu'on les alloit charger, ils en eurent peur, & se rendirent ; s'ils avoient été bien
habiles en fait de mines, ils ne l'auroient pas fait, & se feroient tirés d'affaire avec bien plus
d'honneur qu'ils ne firent.

HUITIE'ME EXEMPLE.

De l'Attaque des Places fortifiées de Tours.

Il y a encore fort peu de Places fortifiées à Tours, mais le systême en étant fort bon
par rapport aux Siéges de ces tems-ci, il ne faut pas douter qu'on ne fortifie des Places
qui suivent ses régles.

Quand donc il y aura lieu d'en attaquer de semblables, il faudra s'y conduire comme
à celles qui sont fortifiées selon l'usage ordinaire, & y employer les tranchées, Place-
d'Armes, Ricochets, Cavalier, Logemens de Chemin couvert & passages de fossé, jusqu'à la prise des contre-gardes, desquelles le logement sera sans doute plus difficile, &
contesté avec beaucoup plus davantage de la part des Ennemis que ceux des Bastions ordinaires, parce qu'étant détachés & soûtenus par les retranchemens revêtus, qui mettent
le corps de la Place en sûreté, & en état de faire sa défense particuliere bien mieux que
celles des Bastions attachés, qui ne sont retranchés que par des parties de vieux corps de
Places qui passent par leurs gorges, lesquels n'ayant pas été bâtis dans les mêmes vûes,
n'ont pas les mêmes avantages. Ce qu'il faut donc faire à celle-ci, sera, 1º. d'employer
les batteries qui auront servi contre les flancs des contre-gardes pour rompre les coins de

ces mêmes flancs, qui empêchent la vûe de ceux des Tours baftionnées, afin de les découvrir, & d'en pouvoir battre le haut & le bas de mêmes Canons fans les changer de place. 2°. Occuper entierement le dedans des contre-gardes, en coulant par le haut & le bas
de leurs Remparts vers le derriere de leurs flancs, & fe loger fur le bord du foffé qui les
fépare des Tours, laiffant le milieu de la piéce libre. 3°. De rafer un efpace dans la
pointe des contre-gardes de 15 ou 18 toifes chacune de large, pour donner jour au feu
de cinq ou fix piéces de Canons. De la pointe du Chemin couvert on difpofera les embrafures & plate-formes pendant qu'on fera occupé à ce rafement, qu'il faudra abaiffer auffi
bas que le Chemin couvert, afin de pouvoir battre en fape les Tours le plus bas qu'il fera
poffible, pour les ouvrir entierement & les pouffer jufques dans le fond de leurs voûtes, &
pour lors outre que l'ouverture que le Canon y fera, fera de toute la capacité de la Tour,
il en rendra les flancs hauts & bas inutiles, & cela ira même jufqu'à rompre les petites défenfes du derriere, & le pilier qui foûtient le milieu de la voûte, ce qui la fera tomber
tout-à-fait, moyennant quoi il n'y reftera que la carcaffe des flancs ; on pourra même, s'il
y a jour, battre encore à droite & à gauche des mêmes Tours pour en chaffer le Canon
Ennemi, qui de-là ne manqueroit pas d'incommoder nos Logemens.

Pendant que cela fe fera, comme on aura occupé le terreplain du Rempart des contre-
gardes, quand on fera parvenu aux flancs, il faudra percer au travers, & y faire de petits
logemens pour chaffer l'Ennemi des tenailles. A l'égard du dedans de la piéce, il eft à
préfumer qu'on aura joint le bord du foffé, où étant parvenu, il y aura deux chofes à
faire ; l'une doit confifter au paffage dudit foffé de part & d'autre des Tours, & l'autre à
faire des mines fous le bord du même, pour le renverfer dedans & faciliter fon com-
blement.

Cela étant exécuté à propos, on fe rendra aifément maître des Tours ; la Place ne fera pas cependant encore ouverte, mais comme elle sera bien prête de l'être, & qu'il ne restera plus de flanc aux Ennemis, ils battront apparemment la chamade, une plus grande résistance ne servant qu'à empêcher leurs conditions & à les faire prendre prisonniers de Guerre ; c'est pourquoi je ne vois pas lieu de douter qu'ils ne se rendent aussi-tôt, sur-tout si pendant les attaques de la contre-garde & de la Tour on a eu soin de bien tirer des bombes, & des pierres dans les derrieres & aux environs des Tours ; que s'ils ne le fai-soient pas, il faudroit s'établir dans la ruine de ces Tours, s'y fortifier & rompre les gal-leries de la droite & de la gauche par des fougasses, & ensuite en venir à de plus grandes mines, dont l'effet acheveroit d'ouvrir la Place, si l'Ennemi soigneux de son salut ne nous prévient par une prompte reddition, surquoi on sera pour lors en état de leur faire des conditions fort dures.

APre's avoir expofé dans tout ce qui eft dit précédemment, tout ce qu'on a jugé de meilleur & de plus utile pour l'attaque des Places ; il refte encore à expliquer la conduite que les Affiégeans peuvent tenir pour empêcher les Secours. Pour y parvenir, 1°. il eft néceffaire que les Lignes foient bonnes, bien faites, achevées & paliffadées, s'il eft poffible, en tout ou en partie, non fur le haut du parapet, comme on l'a pratiqué en quelques endroits, ou dans le fond du foffé, comme on a fait en d'autres lieux ; mais le long du bord extérieur, comme on fait au Chemin couvert. Les Paliffades ne valent rien ailleurs, ou fort peu de chofe. Il faut obferver que l'élévation de fa pointe ne doit furpaffer celle du fommet du Parapet que de 15 ou 18 pouces au plus, autrement elle pourroit nuire au feu de la ligne, & encore mieux la planter tout-à-fait hors de ladite ligne à 25 ou 30 pas du foffé, auquel elle doit être parallele, & pancher la pointe vers le dehors d'environ de 45 dégrés, enterrée de 3 pieds & de 4 pieds de faillie hors de terre : en cet état elle ne fera que peu ou point d'empêchement au feu de la ligne, & l'Ennemi ne la pouvant couper ni fauter, elle l'arrêtera tout court un efpace de tems affez confidérable, pendant lequel le feu de la ligne le fera beaucoup fouffrir ; mais ce moyen eft plus à defirer qu'à efpérer, à caufe de la difficulté, & prefqu'impoffibilité d'avoir une affez grande quantité de Paliffades, & du long tems qu'il y faudroit employer qui eft abfolument contraire à la diligence avec laquelle on eft obligé de faire les lignes ; il faut donc fe réduire à la façon commune, les faire bonnes, & leurs Parapets à deux banquettes quand on ne peut faire autrement.

20. Mais comme elles ne font pas toujours acceffibles de tous côtés, & qu'il fe peut trouver des Rivieres, Etangs, Marais, quelques grands Ravins ou Efcarpemens qui en fortifient les approches, on en couvre une partie. Il peut arriver que la Place affiégée fe

trouve dans un pays de Bois, on pourroit en armer les endroits les plus foibles, en ce cas il ne faudroit pas manquer de faire les palissades, & faire, s'il est possible, quantité d'épaulemens à la moitié de la distance entre la ligne & la tête des Bataillons, paralleles à l'un & à l'autre ; ces épaulemens ayant environ 40 Toises de long, & 9 à 10 pieds d'épaisseur, mesurés au sommet sur autant de hauteur, en distance les uns des autres de 50 à 60 Toises, servent à couvrir la Cavalerie qui se met derriere, & même les Bataillons contre les plongées du Canon & du Mousquet pendant une attaque.

Les Princes d'Orange, Maurice & Frederic-Henri se faisoient une si grande application de bien faire leurs Lignes, qu'ils y employoient des mois entiers, aussi étoient-elles si bonnes qu'on ne les a jamais forcées, quoiqu'elles ayent été souvent attaquées : ils ne se contentoient pas de faire de bonnes Lignes, ils ajoutoient des Forts particuliers de distance en distance, & fortifioient leurs quartiers séparément selon l'usage de leurs tems ; ils ajoutoient même des dehors sur les avenues plus exposées qui arrêtoient les Ennemis, & donnoient le tems aux Troupes des quartiers voisins d'arriver & de découvrir les endroits attaqués, ce qui les a toujours fait échouer & mis en danger d'être battus dans leurs retraites ; on y faisoit aussi des avant-fossés, mais l'expérience a fait connoître qu'ils n'étoient bons qu'à fournir un grand couvert à l'Ennemi.

3°. Il faut faire des Buchers de deux ou trois charretées de bois sec à quelque 40 ou 50 pas, hors de la Ligne vis-à-vis des angles flanqués & sur le milieu des Courtines, également espacés, & mettre le bois de bout, garnissant le milieu de menu bois & de paille séche, avec un petit trou pour y mettre le feu quand on a donné le signal ; voilà quels peuvent être les préparatifs les plus praticables des Lignes contre les Secours ; mais il faut avouer que toutes les précautions toujours mal observées, ne nous garantissent pas d'insulte ; l'exemple reçu de Turin en est une preuve, & il faut avouer que lorsqu'on

T t iij

peut avoir une Armée d'obfervation, elle remedie fans contredit à tous les inconveniens des Secours, & pour lors il n'eft pas néceffaire de fe tant précautionner. Il n'y a que quatre manieres de fecourir les Places qui font, 1º. d'y introduire des Secours à la dérobé, comme il eft arrivé à Lille, ce qui n'oblige pas toujours à la levée du Siége ; 2º. De vive force quand l'Affiégeant fortant de fes Lignes va au-devant de l'Armée de Secours & lui donne Bataille. 3º. Quand l'Ennemi prend le parti le plus fûr, qui eft de faire diverfion en attaquant une des Places des Affiégeans qui puiffe lui tenir lieu d'une efpece d'équivalent. 4º. Enfin, quand il prend le parti d'attaquer les Lignes de jour ou de nuit.

Nous avons dit à peu près ce qu'il y a à dire fur le premier, il nous refte à nous expliquer un peu au long fur les trois autres. Il arrive donc affez fouvent que quand l'Armée affiégeante fe fent fupérieure ou égale à celle de Secours, elle fort des Lignes, marche au-devant, fe pofte le plus avantageufement qu'elle peut, & lui préfente Bataille.

Pour fe mettre en cet état, l'Affiégeant laiffe au moins la Tranchée garnie & fortifiée de quelques Troupes, & le furplus foiblement invefti de quelques autres pour garder le Camp & les bagages ; ce moyen eft très-hazardeux & peu fûr, fi l'Armée affiégeante n'eft très-fupérieure à celle de Secours, qui profitant fouvent de la fortie des Troupes hors des Lignes, jette des Secours de Troupes & de Munitions dans la Place pendant qu'elle vous amufe d'un autre côté, par une difpofition apparente de fe préparer à combattre ; c'eft pourquoi ce moyen ne fe doit employer qu'à bonnes enfeignes, & en prenant bien fes mefures & avantages pour n'être point furpris.

Il y a celui de la diverfion, quand l'Ennemi au lieu de fecourir la Place prend le parti d'en affiéger une de fon côté, cela ne fecoure pas la place affiégée, mais il cherche à fe confoler de fa perte par la prife d'une autre Place, qui lui puiffe tenir lieu d'équivalent. Ce qu'il y a à faire pour le premier affiégeant, eft de hâter d'achever le Siége entrepris & de marcher promptement au Secours de celle que l'Ennemi affiége, & la fauver s'il le peut.

Venons à la maniere la plus ordinaire de donner fecours à une Place affiégée. Une Armée qui fe difpofe à fecourir une Place fe précautionne, 1°. de tous fes befoins ordinaires & extraordinaires. Les ordinaires font les outils à remuer les terres & couper du bois, le Canon & fon attirail, ceux-la la fuivent partout. Les extraordinaires confiftent à fe munir de beaucoup de facines & de clayes pour combler les foffés des Lignes; ceux-ci fe trouvent fur les lieux, & dans le tems & felon que les befoins le requereront; cette Armée ne manque pas de tirer auffi tout ce qu'elle peut de Troupes de fes Garnifons pour fe renforcer. Cela fait & l'Armée en corps, elle s'approche peu à peu, & prend pofte près des Lignes le plus avantageufement qu'elle peut. A Arras l'Armée Françoife fe campa à Mouchy Lepreux, pofte avantageux & s'y retrancha. A Valencienne les Ennemis fe pofterent à Famars, autre pofte avantageux où ils fe retrancherent pareillement. Il ne faut pas douter que toutes les Armées de Secours n'en faffent autant, & qu'elles ne commencent par-là; car elles n'iront pas étourdîment donner dans des Lignes au moment de leur arrivée; on veut voir clair à ce que l'on fait, & de plus comme il eft bon de laiffer affoiblir les Affiégeans, elle mefure fon tems & fe choifit une fituation avantageufe à une lieue ou environ des Lignes. Là elle fe retranche & attend le moment favorable, pendant lequel elle fe faifit des petits poftes avantageux des Ennemis qui peuvent lui être bons à quelque chofe. Après cela elle fait reconnoître les Lignes & ne manque pas de donner toute la jaloufie poffible aux Affiégeans, & cela de tout côté, ce qui ne fe paffe guéres fans plufieurs efcarmouches de Cavalerie, qui ne décident rien, & qu'on n'engage de la part des Ennemis que pour avoir lieu d'approcher des

Lignes de plus près & d'en reconnoître mieux les approches, & de la part des Affiégeans pour les en empêcher. Pendant que cela se passe, l'Armée de Secours se prépare des
chemins, fait des ponts sur les Rivieres, s'il y en a, & qu'il lui soit nécessaire d'en
avoir, & se met en état de donner de la défiance aux Affiégeans de tous côtés, donne de
ses nouvelles à la Place & reçoit des siennes, & se concerte avec elle pour le tems & la
maniere de l'attaquer. Les Affiégeans qui l'observent & qui ont dû se tenir pour bien
avertis depuis qu'ils ont vû l'Ennemi prendre poste près d'eux & s'y retrancher, donnent
de leur part tout le bon ordre qu'ils peuvent à leurs affaires, en réglant & partageant
les postes que chaque Régiment doit soutenir. On couche réglement au Bihouac pour
n'être pas surpris pendant la nuit; on ordonne des Piquets & des Corps de réserve pour
tous les Quartiers, afin de se pouvoir poster en diligence aux lieux attaqués, à quoi les
Dragons sont plus propres que les autres Troupes, parce qu'ils se peuvent porter avec
promptitude sur les lieux, suppléer au défaut d'Infanterie, border la Ligne pour un
tems, & charger à Cheval quand il en est besoin. On distribue des Munitions aux Troupes, afin qu'elles n'en manquent pas; on fait de petits magasins aux postes; on dispose
le Canon aux endroits où on le croit mieux placé; on envoie de grands & petits Partis hors des Lignes pendant la nuit, pour avoir des nouvelles des Ennemis, & tâcher de
découvrir leurs mouvemens, & on réveille les intelligences & les Espions. Le tems pris
pour l'attaque étant venu, elle se fera de jour ou de nuit; si c'est de jour toutes feintes
étant inutiles, l'Ennemi se met en Bataille, l'Infanterie en premiere & deuxiéme lignes,
& la Cavalerie derriere elle en deux ou trois autres, chaque Bataillon portant des facines
pour combler les fossés de la Ligne; en cet état, & après avoir choisi l'endroit qu'il veut
attaquer, il marche droit à la Ligne toujours en Bataille, avec nombre de détachemens
devant lui pour essuyer les premiers feux.

L'Affiégeant

L'Affiégeant qui a dû fe préparer à tout événement, voyant l'Ennemi venir à lui ne dort pas, il régle fes difpofitions fur les fiennes & fait border fes retranchemens le plus épais qu'il peut, ce qui lui tient lieu de premiere Ligne, derriere laquelle il en range une feconde pour fervir de renfort à la premiere, & derriere celle-ci une ou deux de Cavalerie, & tout cela compofé des Troupes tirées des Quartiers éloignés, qui ne paroiffent pas pouvoir être attaqués. Quand on a le tems de fe préparer de la forte, il n'eft guéres poffible que l'Ennemi puiffe forcer la Ligne, & je n'ai point ouï dire qu'on y ait réuffi depuis très-long-tems, fi ce n'eft à celle de Cazal par M. le Comte d'Harcourt qui en vint à bout comme par miracle, après y avoir été repouffé trois ou quatre fois, & il y a plus de quatre-vingt ans que cela eft arrivé. L'exemple de ce qui eft arrivé devant Turin en 1706. ne prouve pas qu'on doive attendre de grands fuccès de ces attaques; les Lignes y étoient mal formées, les retranchemens trop ferrés, enforte que la Cavalerie ne s'y pouvoit tourner, & que l'on n'y pouvoit déployer dix ou douze Bataillons; ajoutons à cela la méfintelligence des Généraux.

Si l'Ennemi prend le parti d'attaquer de nuit, c'eft-à-dire à la pointe du jour, l'affaire fera bien plus furieufe: comme il dérobera fa marche & cachera fon deffein, le plus qu'il lui fera poffible, fera mine de vouloir attaquer par un endroit de la Ligne, pendant qu'il fe préparera à tomber fur l'autre, tâchant par tout moyen de donner le change par de fauffes apparences, pour obliger l'Affiégeant à demeurer fur fes gardes également partout.

C'eft hazard fi on ne réuffi quand l'affaire eft bien ménée; car telle partie qui fera gardée par mille hommes, peut être attaquée par mille qui fe portant vigoureufement, & fe foutenant par plufieurs corps l'un devant l'autre, il eft bien difficile d'empêcher que l'Ennemi ne parvienne jufqu'à la Ligne, & que s'attachant au parapet, il ne le borde d'un côté

Vu

& ne chaſſe les Aſſiégeans de l'autre par un feu ſupérieur à celui de dedans, pendant qu'avec les Travailleurs il y fera des ouvertures pour faciliter l'entrée de ces Troupes ; ce coup eſt d'autant plus à craindre, que ſi on n'eſt pas bien averti du deſſein de l'Ennemi, on ſe tient à peu de choſe près également par-tout ſur ſes gardes, ce qui eſt un très-mauvais parti à prendre.

Comme une Ligne en cet état ne peut être que très-foible, l'Ennemi y a de grands avantages ſur elle ; car il ſe porte à la faveur de l'obſcurité juſques fort près du foſſé avant que d'être découvert, ou ne trouvant qu'une foible réſiſtance, il force les Lignes avant que le Piquet, & les Secours de l'Aſſiégeant ſoient arrivés au lieu de l'attaque ; c'eſt ainſi que les Lignes de Lerida en Catalogne, d'Arras & de Valenciennes en Flandres furent antrefois forcées, & que toutes celles qu'on attaquera de la ſorte le feront, ou feront en grand danger de l'être, ſi l'on ne prend pas des meſures plus juſtes que celles qu'on prend ordinairement.

Ce qu'on doit faire en cas pareil, eſt donc de tâcher en toutes manieres de découvrir le deſſein de l'ennemi, ſur le lieu & le tems qu'il doit attaquer.

Ce deſſein qu'il a interêt de cacher ne peut être découvert que par une exacte obſer-vation de ſes mouvemens, & ayant pluſieurs Eſpions dans ſon Camp qui doivent ſe jet-ter journellement dans l'autre, ſur-tout dans le tems qu'ils le verront partir pour venir aux Lignes, & par les priſonniers que l'on fera.

Si on voit l'Ennemi s'attacher à reconnoître un côté de la Ligne plus que les autres, & que ce côté ſoit aſſez près de lui pour qu'il puiſſe s'en approcher aſſez dans une nuit de marche pour pouvoir l'attaquer le lendemain au point du jour.

Si la Place ou l'enclos des Lignes eſt traverſée par des Rivieres, dont l'un des côtés ſoit ſeulement occupé par l'Ennemi, & qu'il faſſe pluſieurs Ponts deſſus, trois, quatre ou cinq, c'est un signe évident qu'il a dessein d'y faire passer plusieurs colomnes à la fois; de même s'il se saisit de quelque Château ou Maison forte au-delà de cette Riviere, qui ne lui soit nécessaire que pour l'aider à cacher son dessein.

Joignant toutes ces apparences ensemble, on pourra conjecturer que l'Ennemi a dessein d'attaquer par le côté plus à portée de ces Ponts, principalement si l'inégalité du terrain peut cacher sa marche, ou qu'il soit composé de plaines unies & non entre-coupé de rien qui puisse retarder sa marche, & compter qu'il ne fera que de fausses attaques vis-à-vis de son Camp & partout ailleurs, ce qui arrivera infailliblement.

Une autre observation importante à faire, est que si après avoir estimé la distance qu'il y a des autres côtés de la Ligne au Camp de l'Ennemi, on trouve qu'il n'en puisse faire le chemin, ni arriver avant le jour par la marche d'une nuit d'Eté qui ne dure que cinq ou six heures, & voir si le tems qu'il lui faut peut s'accorder avec ce que l'on aura appris des Espions, des prisonniers & des rendus; à l'égard des Espions, je croi qu'on n'en sçauroit trop avoir, & qu'il seroit à souhaiter qu'on en pût recevoir tous les jours, plûtôt deux fois qu'une, principalement quand l'Ennemi se prépare à nous attaquer, & enfin quand il se mettra en marche pour venir aux Lignes, c'est alors qu'ils peuvent en observant de quel côté l'Ennemi tourne la tête, voir sur quelle partie de la Ligne il va tomber. Si à tout ce qui vient d'être dit, on ajoûte encore la découverte des grands & petits partis qui doivent battre l'estrade pendant la nuit sous la portée du Canon des Lignes; il est presqu'impossible que l'Ennemi puisse empêcher qu'il ne soit découvert de fort bonne heure, auquel cas il faudra achever de bien garnir les côtés de la Ligne par où il peut aborder, en tirant des Troupes de ceux qui ne sont pas à portée par leur grand éloignement; il ne faut pas oublier de garnir la Ligne de Canon de ce côté-la quelques-jours auparavant, & de le tenir en bon état, de faire garder les Buchers s'il y en a, par deux ou trois Soldats à chacun, qui auront ordre d'en allumer le feu au signal, qui se fera par un certain nombre de coups de Canon dont on sera convenu, ce qui étant fait, & quand on sera assuré du côté par où l'Ennemi s'approche, on donnera le signal, quand il sera aux deux tiers de la portée du Canon près, & aussi-tôt on allumera les Buchers, & l'on fera retirer les boute-feux dans la Ligne par des endroits qui leur auront été marqués ; ces feux allumés suppléeront au défaut de la lumiere qui pourroit encore manquer, & feroit un jour artificiel d'autant plus dangereux pour l'Ennemi, qu'on tire beaucoup mieux & plus droit à la lueur du feu pendant la nuit que de jour. Si toutes ces observations sont faites avec soin, je me persuade qu'on parviendra à corriger le malheur des Lignes attaquées de nuit, par la raison qui ne provenant que de l'incertitude où l'Ennemi nous tient, elle sera levée si-tôt qu'on sera averti de son dessein.

Après tout, il faut convenir de bonne foi que tous les retranchemens que la Guerre emploie pour attaquer & défendre, aucun n'est si mauvais que les Lignes de circonvallation ; la raison est, que leur circuit est de beaucoup trop grand pour le nombre des Troupes qui doivent les défendre ; car supposé le diametre d'une circonvallation de trois mille quatre cens Toises qui est le moins qu'il puisse avoir, comme on l'a déja dit, compris les redents & les détours de la circonférence, feront au moins douze mille Toises, ou près de cinq lieues communes de France ; que si pour border une Ligne de cette étendue on donne seulement trois pieds à chaque Soldat, viendront vingt-quatre mille hommes par un seul rang, & pour trois de hauteur soixante-douze mille hommes de pied, sans rien compter pour la seconde Ligne, ni pour les tranchées & les autres gardes, qui demanderoient bien encore autant de monde, pour que tout fût suffisamment garni. Où trouver des Armées de cette force ! & quand on dégarniroit la moitié des Lignes les moins exposées pour renforcer celles qui le seroient le plus, l'on ne parviendroit pas à les garnir suffisamment à beaucoup près, d'autant plus que si les Places assiégées sont un peu considérables, la circonvallation deviendra bien plus grande que celle qui est ici supposée, ce qui éloigne encore plus de la possibilité de les pouvoir bien garnir; c'est pourquoi on peut hardiment assûrer, que de tous les retranchemens d'Armée la circonvallation des Places est toujours la plus mauvaise, quelques soins qu'on puisse prendre de la rendre bonne, & que le mieux qu'on puisse faire dans un Siége, est d'avoir recours aux Armées d'observation.

ARMÉES D'OBSERVATION.

Examinons maintenant quelle doit être la force d'une Armée d'observation par rapport à celle des Secours, cela n'est pas fort aisé. Il est certain néanmoins qu'elle doit toujours être proportionnée aux forces de l'Ennemi, & pour bien éclaircir ceci, ayons recours à quelques exemples. Je dis donc qu'il est absolument nécessaire d'être bien informé des forces que l'Ennemi peut mettre en Campagne, & c'est à quoi on ne sçauroit donner trop d'attention, supposons après cela qu'il puisse y mettre vingt-cinq mille hommes, & nous trente-cinq mille; s'il s'agit d'un Siége, on pourra faire une Armée d'observation, & si on peut se donner quelques jours d'avance pour faire les Lignes, la chose en sera plus aisée; que cela soit ou non, si l'Ennemi se met en état de s'approcher, on pourra lui opposer dix-huit ou vingt mille hommes en observation, qui prenant un poste avantageux à portée des Lignes s'y doivent bien retrancher; car si une Armée bien postée, ajoute un bon retranchement aux avantages de la situation qu'elle occupe, elle fera aisément tête à une qui sera d'un tiers plus forte qu'elle, quand même elle le seroit davantage.

Si l'Armée d'obſervation ſçait bien ſe conduire, il eſt ſûr que l'Ennemi n'oſera l'attaquer, parce que lorſqu'elle ſe trouvera preſſée, elle pourra encore tirer des ſecours de l'Aſſiégeant, de même qu'elle pourra lui en donner de ſon côté. Ce qui eſt ici propoſé par cet exemple, peut s'appliquer à de plus grandes Armées & s'y reſtraindre à de plus petites ſelon la force de l'Ennemi à qui l'on a affaire; que s'il ſe préſente à quelque côté de la Ligne éloignée de l'Armée d'obſervation, il ſera au choix de celle-ci d'entrer dans la circonvallation, & de ſe préſenter ſur deux lignes du côté qu'il pourra attaquer, ou de prendre poſte à côté de lui pour le charger en flanc, pendant qu'il attaquera de front; le tems, les circonſtances, les ſituations des lieux, les conſéquences qui en viennent, déterminent au parti que l'on doit prendre.

Récapitulation des principes qui ont été établis dans ce Traité.

Après avoir expliqué en détail & auſſi éxactement qu'il nous a été poſſible dans ce Traité tout ce qui pouvoit regarder les attaques des Places, nous avons crû qu'il ne ſeroit pas inutile de renfermer en peu de mots, ſous le nom de Maximes générales ce qu'il y a, afin qu'il ſe préſente plus aiſément à l'eſprit.

Maximes générales pour ſervir à la conſtruction des Lignes.

1. Les faire bonnes, & profiter de tous les avantages du terrain autant que l'on peut.

2. Donner à leur circuit tout l'eſpace néceſſaire & rien plus.

3. Ne point expoſer les Camps ſous la portée du Canon de la Place.

4. Ne point commettre au commandement extérieur du dehors qui puiſſe en incommoder le dedans du Canon & du Mouſquet.

5. Occuper tous les commandemens des environs qui pourroient nuire à la Ligne & au Camp, soit pour la Ligne même, ou pour des Forts & Redoutes détachés plûtôt que d'hazarder à les laisser occuper par une Armée de secours.

6. L'observation de ces Maximes présupposée, il ne doit rester d'étendue au circuit des Lignes, que celle qu'elles doivent précisément occuper.

7. Si la Ligne est coupée de Rivieres ou de Canaux, y faire le plus de ponts qu'on pourra, c'est-à-dire plûtôt deux qu'un, ou plûtôt trois que deux; & afin de faciliter le prompt transport des Secours d'un côté à l'autre, & éviter la confusion où on se trouva à la levée du premier Siége de Valenciennes, où ce défaut fit périr une partie de l'Armée, & en dernier lieu à Denain, où un semblable défaut a couté la vie à plusieurs milliers d'hommes.

8. Employer les Bois, Rivieres, Ruisseaux, Etangs, Marais, Ravins, Fossés, Escarpement, Chemin creux, & généralement tout ce qui peut favoriser la situation des Lignes & s'appliquer à leurs fortifications; sçavoir, les Bois pour les abatis, les Rivieres & Ruisseaux pour en rompre les quais & les faire servir d'avant-fossés aux Lignes, les Etangs en les mettant entre vous & l'Ennemi, les Marais en augmentant, s'il se peut, leurs eaux & les mettant devant les Lignes, les Ravins, grands Fossés & Escarpement en les y plaçant à même fin.

Enfin, faire servir toutes les diversités de terrain à leurs fortifications, comme autant d'avantages favorables que la nature nous présente, & qu'il ne faut pas négliger.

9. Les avant-Fossés des Lignes ne sont raisonnables qu'autant qu'ils peuvent être remplis d'eau, de toute autre façon ils ne valent rien, parce qu'ils ne servent qu'à cacher l'Ennemi, quand il a tant fait que de s'avancer jusques-là.

10. Que la distance de la tête des Camps à la Ligne ne soit pas éloignée plus de 120 Toises, ni plus près de 60.

11. Que l'éloignement de la pointe d'un Redent à l'autre ne soit gueres plus de 120 Toises & moins de 80 Toises, à moins que l'on n'y soit contraint par les inégalités du terrain.

12. Que les Lignes de contrevallation puissent au besoin être approchées de la Place assiégée jusqu'à l'extrémité de la portée du Canon, & pas davantage.

Régles ou Maximes générales qui peuvent servir à l'attaque des Places.

1. Etre toujours bien informé de la force de la Garnison avant que de déterminer les attaques.

2. Attaquer toujours par le plus foible des Places, & jamais par le plus fort, à moins que l'on n'y soit contraint par des raisons supérieures, qui comparées aux particulieres, font que ce qui est le plus fort dans les cas ordinaires, se trouve le plus foible dans les extraordinaires, ce qui se prend des lieux, des tems, & des saisons que les Places sont attaquées, & des différentes situations où l'on se trouve.

Quand le Roy de glorieuse mémoire, assiégea Valenciennes, Sa Majesté n'ignoroit pas que le front de la Porte Danzain ne fût le plus fort de la Place, cependant il la fit attaquer par là. Premierement, à cause de la facilité des approches par la chaussée de Rhume, qui étant pavée, amenoit toutes les munitions depuis Dunkerque, Ipres, Lille, Douay & Tournay jusqu'à la queue des tranchées, ce qui ne se trouvoit pas partout ailleurs. 2°. De la facilité d'avoir des facines y ayant des grands Bois près de-là, qui pouvoient abondamment fournir toutes celles dont on avoit besoin. & 3°. De pouvoir contrevaller, comme on fit par la tranchée, toute cette partie qui s'étend depuis l'inondation au-dessous de la Place, jusqu'à celle au-dessus, ce qui étant répété par deux Places-d'Armes l'une de-

vant

vant l'autre, & par tout les plis & replis de tranchée, l'ennemi fut enfermé dans sa Place, & réduit à ne pouvoir pas sortir 4250 hommes hors de son chemin couvert, depuis la Porte de Tournay jusqu'à la Porte Notre-Dame; de sorte que s'il se fût présenté un grand secours, le Roy auroit pû, en renforçant la tranchée de deux Bataillons & trois ou quatre Escadrons, lever tous les Quartiers de ce côté-là, qui faisant les deux tiers du circuit des Lignes pour en renforcer son Armée & se présenter aux Ennemis, sans que les attaques eussent cessé de faire leur chemin.

Ces raisons ou autres semblables prévalent quelquefois sur les communes très-avantageusement; c'est pourquoi où cela se trouve, on ne doit pas hésiter à les faire valoir : de semblables raisons ont déterminé le Prince Eugene à attaquer Lille par où il a fait, qui est certainement un des plus forts de la Place.

3. Ne point ouvrir la tranchée que les Lignes ne soient fort avancées, & les munitions & matériaux nécessaires en place, prêts & à portée; car il ne faut point languir par ce manquement, mais avoir toujours les besoins nécessaires sous la main.

4. Embrasser toujours tout le front des attaques, afin d'avoir l'espace nécessaire aux Batteries & Places-d'Armes.

5. De faire toujours trois grandes Lignes paralleles ou Place-d'Armes, les bien situer & établir, leur donnant toute l'étendue nécessaire.

6. Les attaques liées sont préférables à toutes les autres.

7. Employer la sape dès que la tranchée deviendra dangereuse, & ne jamais faire à découvert ni par force, ce que l'on peut par industrie, attendu que l'industrie agit toujours sûrement, & que la force ne réussit pas tous les jours & hazarde pour l'ordinaire beaucoup.

8. Ne jamais attaquer par les lieux serrés & étroits ni par des marais, & encore moins

par des chauffées, quand on le peut par des lieux fecs & fpacieux.

9. Ne jamais attaquer par des angles rentrans qui puiffent donner lieu à l'Ennemi d'envelopper ou croifer fur la tête des attaques, parce qu'au lieu d'embraffer, il fe trouveroit par les fuites que la tranchée feroit enveloppée.

10. De ne point embaraffer la tranchée de Troupes ni de Travailleurs, ni de matériaux, mais ranger les uns & les autres dans les Places-d'Armes de la droite & de la gauche, & laiffer les chemins libres pour le fervice du travail, & pour les allans & venans.

11. Le moyen le plus fûr de bien réuffir à un Siége, eft d'avoir une Armée d'obfervation.

12. Ne jamais pofter un ouvrage en avant près l'Ennemi, que celui qui le doit foûtenir ne foit en état de le faire avantageufement.

13. Que les Batteries plongeantes appellées à ricochets, foient toujours fituées fur les enfilades & revers des piéces attaquées, & non autrement.

14. Employer les Batteries à ricochets & les Cavaliers à la prife des Chemins couverts, par préférence aux attaques formées dans tous les endroits où il y aura poffibilité de le faire.

15. Obferver la même maxime à l'attaque de tous les dehors, & même du corps de la Place.

16. Ne jamais tirer aux Bâtimens de la Place, parce que c'eft perdre du tems & confommer des munitions mal-à-propos, pour des chofes qui ne contribuent en rien à leur reddition, & dont les réparations coûtent toujours beaucoup après la prife.

17. La précipitation dans les Siéges ne hâte point la prife des Places, la recule fouvent, & enfanglante toujours la fcéne, témoins Barcelone, Landau, &c.

18. La faifon la moins propre à l'attaque des Places eft l'Hyver, parce que c'eft

celle des mauvais tems & des grands froids, qui font beaucoup souffrir les Troupes.

19. Attaquer les Places entourées de marais dans les tems les plus secs de l'année, parce que vraisemblablement on y sera moins incommodé des eaux.

20. Aux Places régulieres il faut des attaques régulieres, mais aux Places irrégulieres il faut attaquer comme on peut, sans toutefois s'éloigner de l'observation des régles que le moins qu'il est possible.

21. Aux Places où il y a Châteaux & Cidatelle, il faut, autant qu'on pourra, attaquer par la Citadelle ; si d'autres raisons ne prévalent, comme il arrive souvent, parce que la Citadelle prise, la Ville suit nécessairement, au lieu qu'en attaquant la Ville la premiere, on a deux Siéges à faire pour un.

22. Ne jamais s'écarter ni s'éloigner de l'observation des régles, sous prétexte qu'une Place n'est pas bonne, de peur de donner lieu à une mauvaise de se défendre comme une bonne.

23. Les attaques par des lieux serrés sont toujours difficiles & sujettes à de grands inconveniens, parce qu'on n'y peut pas toujours observer les régles.

24. Toutes les Fortifications réglées par les Maîtres de l'Art, ont toujours quelque chose de régulier ou fort approchant, à moins que la situation n'y répugne tout-à-fait, il en doit être ainsi de la conduite des attaques bien entendues.

25. Les pays de Marais qu'on ne peut écouler ni épuiser, ne sont propres à l'attaque des Places qu'autant que la foiblesse de leurs Fortifications & de leurs Garnisons s'y accorde, & que les Digues par où on les peut aborder donnent moyen par leurs largeurs & hauteurs de conduire une tranchée tout le long avec les retours nécessaires, sans être contraint de s'enfiler, & qu'il se trouve quelque terrain sec à côté plus élevé que la superficie du Marais pour y pouvoir établir utilement des Batteries de toutes especes, qui

suppléent en partie aux conditions demandées dans les cas ordinaires.

26. Attaquer de jour quand la tranchée a tellement pris ses avantages, qu'il n'y a plus d'endroit dans tout le front attaqué qui soit exempt de la supériorité du Canon, des Bombes, des Pierres & de la Mousqueterie; & attaquer de nuit, quand une grande partie de ces endroits ne sont pas dans les cas précédens.

27. Tout Siége de quelque considération demande un homme d'expérience, de tête & de caractere, qui ait la principale disposition des attaques sous l'autorité du Général; que cet homme dirige la Tranchée & tout ce qui en dépend, place les Batteries de toutes especes, & montre aux Officiers de l'Artillerie ce qu'ils ont à faire, à quoi ceux-ci doivent obéir ponctuellement, sans y ajouter ni diminuer.

28. La même raison fait encore que ce Directeur des attaques doit commander aux Ingénieurs, Mineurs, Sapeurs, & tout ce qui a rapport aux attaques, dont il est comptable au Général seul, par la raison que quand il y a plusieurs têtes à qui il faut rendre compte, il est impossible que la confusion ne s'y mette, après quoi tout ou la plus grande partie va de travers, au grand désavantage du Siége & des Troupes.

29. Enfin, ne jamais s'éloigner de l'observation de ces maximes, parce qu'on ne le sçauroit faire sans manquer dans une chose ou dans l'autre, & souvent dans tout.

F I N.

Requêtes ordinaires de notre Hôtel, Grand-Conseil, Prevôt de Paris, Baillis, Séné-
chaux, leurs Lieutenans Civils, & autres nos Justiciers qu'il appartiendra ; SALUT. Notre
bien aimé le Sieur PIERRE-SAMUEL DESPREZ DE S. SAVIN, Ingénieur & Professeur
de Mathématiques, Nous ayant fait remontrer qu'il souhaiteroit faire imprimer & donner
au Public un Ouvrage qui a pour titre : *Nouvelle École Militaire ou la Fortification moderne,*
pour apprendre la Construction des Places, la maniere de former un Siége, ornée de 150 Planches
en taille-douce ; s'il Nous plaisoit lui accorder nos Lettres de Privilege sur ce nécessaires,
offrant pour cet effet de le faire imprimer en bon papier & en beaux caracteres, suivant la
feuille imprimée & attachée pour modéle sous le contre-scel des Présentes ; A CES CAUSES,
voulant traiter favorablement ledit Sieur Exposant, reconnoître son zele & lui donner les moyens de Nous les continuer ; Nous lui avons permis & permettons par ces Présentes, de faire imprimer ledit Ouvrage ci-dessus spécifié, en un ou plusieurs Volumes, con-
jointement ou séparément, & autant de fois que bon lui semblera, sur papier & caracteres
conformes à ladite feuille imprimée & attachée sous notredit contre-scel, & de les faire
vendre & débiter par tout notre Royaume pendant le tems de six années consécutives, à
compter du jour de la date desdites Présentes : Faisons défenses à toutes sortes de personnes, de quelque qualité & condition qu'elles soient, d'en introduire d'impression étran-
gere dans aucun lieu de notre obéissance ; comme aussi à tous Libraires, Imprimeurs &
autres, d'imprimer, faire imprimer, vendre, faire vendre, débiter ni contrefaire ledit Ouvrage ci-dessus exposé, en tout ni partie, ni d'en faire aucuns Extraits sous quelque prétexte que ce soit, d'augmentation, correction, changement de titre ou autrement, sans
la permission expresse & par écrit dudit Exposant ou de ceux qui auront droit de lui, à
peine de confiscation des Exemplaires contrefaits, de trois mille livres d'amende contre
chacun des contrevenans, dont un tiers à Nous, un tiers à l'Hôtel-Dieu de Paris, l'autre

tiers audit sieur Exposant, & de tous dépens, dommages & intérêts ; à la charge que ces Présentes seront enregistrées tout au long sur le Registre de la Communauté des Libraires & Imprimeurs de Paris, dans trois mois de la date d'icelles ; que l'impression de cet Ouvrage sera faite dans notre Royaume & non ailleurs, & que l'Impétrant se conformera en tout aux Réglemens de la Librairie, & notamment à celui du 10 Avril 1725, & qu'avant que de l'exposer en vente, le manuscrit ou imprimé qui aura servi de copie à l'impression dudit Ouvrage, sera remis dans le même état où l'Approbation y aura été donnée, ès mains de notre très-cher & féal Chevalier, Garde des Sceaux de France le sieur CHAUVELIN ; & qu'il en sera ensuite remis deux Exemplaires dans notre Bibliotheque publique, un dans celle de notre Château du Louvre, & un dans celle de notre très-cher & féal Chevalier, Garde des Sceaux de France le sieur CHAUVELIN ; le tout à peine de nullité des Présentes : Du contenu desquelles vous mandons & enjoignons de faire jouir ledit sieur Exposant ou ses ayans causes, pleinement & paisiblement, sans souffrir qu'il leur soit fait aucun trouble ou empêchement. Voulons que la copie desdites Présentes, qui sera imprimée tout au long au commencement ou à la fin dudit Ouvrage, soit tenue pour dûement signifiée, & qu'aux copies collationnées par l'un de nos amés & féaux Conseillers & Secretaires, foi soit ajoutée comme à l'Original. Commandons au premier notre Huissier ou Sergent, de faire pour l'exécution d'icelles, tous Actes requis & nécessaires sans en demander autre permission, & nonobstant clameur de Haro, Charte Normande & Lettres à ce contraires : CAR tel est notre plaisir. DONNE' à Versailles le trentiéme jour de Décembre, l'an de grace mil sept cens trente-quatre, & de notre Regne le vingtiéme. Par le Roy en son Conseil.

Signé, SAINSON, *avec paraphe.*

Regiſtré ſur le Regiſtre IX. de la Chambre Royale de la Librairie & Imprimerie de Paris, Nº. 33. Fol. 29. conformément au Réglement de 1723. qui fait défenſes, Article IV. à toutes perſonnes de quelque qualité qu'elles ſoient, autres que les Libraires & Imprimeurs, de vendre, débiter & afficher aucuns Livres pour les vendre en leurs noms, ſoit qu'ils s'en diſent Auteurs ou autrement; & à la charge de fournir les Exemplaires preſcrits par l'Article CVIII. du même Réglement. A Paris le 15 Janvier 1735.

Signé, **MARTIN**, *Syndic.*